VOYAGES
IMAGINAIRES,
ROMANESQUES, MERVEILLEUX, ALLÉGORIQUES, AMUSANS, COMIQUES ET CRITIQUES.
SUIVIS DES
SONGES ET VISIONS,
ET DES
ROMANS CABALISTIQUES.

CE VOLUME CONTIENT:

Les Aventures d'un Espagnol.

La Relation du Naufrage d'un Vaisseau Hollandois.

Le Naufrage et les Aventures de M. Pierre Viaud, Capitaine de Navire.

La Relation du Naufrage de Madame Godin, sur la Rivière des Amazones.

VOYAGES
IMAGINAIRES,
SONGES, VISIONS,
ET
ROMANS CABALISTIQUES.

Ornés de Figures.

TOME DOUZIÈME.

Première division d' la première classe, contenant les Voyages Imaginaires *romanesques*.

A AMSTERDAM,
Et se trouve à PARIS,
RUE ET HÔTEL SERPENTE.

M. DCC. LXXXVII.

AVENTURES
D'UN ESPAGNOL.

AVERTISSEMENT
DE L'ÉDITEUR.

CE volume est consacré à un choix d'histoires qui ne peut manquer d'intéresser vivement les ames sensibles. Il nous paroît terminer heureusement notre première classe des voyages purement romanesques. On y trouvera toutes les infortunes que peut essuyer un malheureux voyageur, & des tableaux fidèles de tout ce que peuvent lui faire éprouver de plus cruel, l'inconstance de la mer & la malice des hommes.

On voit dans les *Aventures d'un jeune Espagnol*, un capitaine de vaisseau trahi par les siens, abandonné, avec quelques amis, dans une île déserte, où il éprouve, pendant plusieurs mois, les besoins les plus preſſans. Indépendamment des tourmens que lui cauſe le dénuement le plus abſolu, il eſt encore obligé de défendre ſes jours contre les attaques des bêtes féroces & les pièges des ſauvages; & ce n'eſt que par une ſorte de miracle, qu'il parvient à conſerver ſa vie, & à retourner dans ſa patrie. Cette hiſtoire intéreſſante eſt tirée d'un ouvrage Eſpagnol, intitulé : *Mémoires de Don Varaſque de Figueroas*, dont nous ne connoiſſons pas l'auteur.

L'ouvrage qui ſuit, eſt la *Relation d'un Naufrage*, & des extrémités où ſe ſont trouvés les malheureux voyageurs. On y parcourera une ſuite d'infortunes encore plus cruelles que dans l'ouvrage qui précède. Il n'eſt pas poſſible de tracer un tableau plus terrible de la faim & des triſtes effets que produit en nous ce beſoin, lorſqu'il eſt extrême. Nous renvoyons nos lecteurs aux détails que contient la relation.

Nous donnons enfuite le *Naufrage & les Aventures de M. Viaud*. Quelques perfonnes feront furprifes de trouver cette relation dans un recueil deftiné à de pures fictions; cependant on doit nous favoir gré de l'y avoir employée, & nous croyons quelle y trouve naturellement fa place.

Nous ne penfons nullement à révoquer en doute l'exiftence de M. Viaud, non plus que la réalité des aventures douloureufes dont il nous a tranfmis le récit, quoique ces aventures foient accompagnées de circonftances fi extraordinaires, qu'elles fembleroient avoir été imaginées à plaifir.

Le but principal que l'on fe propofe, eft d'amufer, d'inftruire & *d'intéreffer*. Les aventures de M. Viaud ont complettement la dernière qualité : ce ne seroit cependant pas une raison pour sortir du genre que nous nous sommes prescrit ; mais nous n'en sortons point.

On a déjà vu dans les *Aventures de Robinson*, dans *le Solitaire Anglois*, & dans les *Mémoires du Chevalier de Gastines*, de malheureuses victimes de l'inconstance de la mer, jetées sur des côtes inconnues & abandonnées de tout secours humain ; mais on a vu que, la nécessité réveillant leur industrie, ils ont sû, les uns & les autres, se suffire à eux-mêmes, &, sans autres ressources que celles que leur fournissoit la nature, ils se sont procuré les choses nécessaires pour soutenir leur existence. A la suite de ces tableaux il en manquoit un, celui d'un homme abandonné de ses semblables & de la nature elle-même. Il falloit qu'il fût jeté dans une île non-feulement déferte, mais ftérile, fur un fol fec & ingrat, & fous le ciel le plus rigoureux. Il falloit qu'il s'y trouvâ tranfporté fans habits, fans armes, fans inftrumens d'aucune efpèce; c'étoit alors qu'en proie aux tourmens les plus affreux, il pouvoit peindre les nuances qui conduifent au plus grand défefpoir; c'eft ce que préfentent les aventures de M. Viaud, & fous ce point de vue, elles étoient néceffaires à notre recueil.

La préface qui précède cette relation, a été imprimée dans l'édition de 1780; comme elle donne des renfeignemens fur M. Viaud, & des atteftations de la réalité de fes aventures, nous n'avons pas cru devoir la fupprimer.

Enfin ce volume eft terminé par une relation de naufrage plus récente & non moins intéressante que celle de M. Viaud, c'est celle du *Naufrage de Madame Godin, sur la rivière des Amazones*. Tableau également touchant & fait pour accompagner ceux qui précèdent.

AVENTURES
D'UN ESPAGNOL.

LA sombre tristesse où mes parens me voyoient plongé, les engagea à me faire voyager. Il fut convenu que je commencerois par l'Italie. Suivi de mon gouverneur, M. de Beaune, je me rendis à Carthagène, où le hasard nous fit trouver une frégate françoise qui devoit faire voile pour Gênes. Le capitaine nommé M. de Courmelles, nous plut tellement, que nous résolûmes de passer sur son bord, & de nous embarquer avec lui. De son côté, il fut bien aise de cette rencontre, & en peu de jours nous nous liâmes d'une amitié si étroite, que nous étions inséparables.

De Courmelles étoit un homme d'environ trente-six ans, & bien fait de sa personne. Ses manières insinuantes lui donnoient plutôt l'air

A iv

d'un homme de cour que d'un marin. Avec cela il étoit d'une sagesse à toute épreuve; en un mot, il nous parut tel qu'il le falloit, pour nous rendre agréable un trajet qui, sans cette ressource, nous auroit semblé très-long & très-ennuyeux. Nous eûmes le tems de nous munir des choses nécessaires pour la route; de sorte qu'après un séjour d'environ trois semaines, nous saluâmes la ville de sept coups de canon, & nous mîmes en mer.

Les premiers jours de notre navigation furent des plus heureux. Nous avancions beaucoup, ayant le vent en poupe, & ne ressentions cependant aucune des incommodités de la mer. Je passois le tems avec une satisfaction infinie, que je n'aurois pas attendue de l'état de mon ame. Nous nous entretenions de mille choses amusantes; les jours bien souvent nous paroissoient trop courts, & nous ne nous séparions que pour aller attendre avec impatience le retour de l'aurore. Hélas! cette félicité ne dura guères; j'étois bien éloigné de voir la fin de mes traverses, ou, pour mieux dire, j'avois à peine fait les premiers pas dans la triste carrière à laquelle la fortune me destinoit.

Notre lieutenant étoit d'une humeur toute opposée à celle du capitaine, il étoit d'une brutalité insupportable. Jamais rien d'obligeant ne sortoit de sa bouche; ses discours étoient entremêlés des plus affreux blasphêmes ; il grondoit sans cesse & témoignoit un esprit turbulent & inquiet.

Ces mauvaises qualités étoient encore irritées par une noire jalousie qu'il avoit conçue contre l'aimable de Courmelles, parce qu'il s'imaginoit qu'on lui avoit fait un passe-droit en lui préférant ce brave homme, vu qu'il étoit plus ancien officier que lui. Craignant le ressentiment du capitaine, il s'étoit contraint pendant quelque tems ; mais son chagrin augmentant de jour à autre, il avoit enfin levé le masque ; tellement qu'il ne perdoit aucune occasion de découvrir la haine qu'il avoit tenu cachée jusqu'alors. Il ne remplissoit ses fonctions qu'avec une répugnance dédaigneuse ; il tranchoit de l'important, & il suffisoit que le capitaine proposât une chose, pour qu'il refusât opiniâtrément d'y consentir.

De Courmelles prévoyant la fâcheuse conséquence qu'entraîneroit après soi une mésintelligence si préjudiciable aux intérêts du roi & des particuliers, tâcha de le ramener par la douceur : il lui remontra son devoir plutôt en ami qu'en maître, & il n'oublia rien pour le convaincre du tort qu'il avoit de tenir une conduite si déraisonnable à l'égard d'un homme qui ne l'avoit jamais offensé personnellement, & qui ne cherchoit qu'à s'acquitter avec honneur de l'emploi qu'on lui avoit confié.

Une manière d'agir auſſi obligeante, ne fit que redoubler l'inſolence de Nigri, c'eſt le nom du lieutenant; il s'imagina qu'on le craignoit, & dans cette idée, il n'en devint que plus brutal & plus revêche. Les choſes allèrent ſi loin, que le capitaine fut obligé d'employer ſon autorité; de ſorte qu'après avoir aſſemblé le conſeil de guerre, il fut condamné aux arrêts pour quinze jours; après quoi, s'il ne rentroit dans ſon devoir, il ſeroit mis à terre au premier port où l'on pourroit aborder, & chaſſé indignement du navire. Cette affaire l'obligea de ſe modérer. Le terme étant échu, il fut relâché, & après avoir promis de ſe mieux comporter à l'avenir, il reprit ſes fonctions ordinaires.

Nigri étoit trop outré pour oublier ſi-tôt une pareille mortification; il garda cependant les dehors, ménagea ſes termes & ſe montra aſſez docile, mais il gardoit au fond du cœur un noir venin qui ſe manifeſtoit au travers de toute ſa diſſimulation. On le voyoit rarement avec nous, il étoit preſque toujours en conférence avec le contre-maître & quelques autres jeunes officiers, qui ne valoient pas mieux que lui, & à voir l'empreſſement qu'ils témoignoient à s'entretenir enſemble, on eût dit qu'ils méditoient quelque grand coup. Tout cela ne nous auroit pas paru tirer à conſéquence; mais ce qui commença à nous alarmer, ce fut que nous remarquâmes ces mutins parlant familièrement, tantôt avec les matelots, tantôt avec les soldats, & paroissant leur faire des propositions qu'ils avoient peine à leur faire accepter.

Le capitaine ne fut pas long-tems sans prendre ombrage de ces entretiens secrets; il remarquoit que la plupart des officiers étoient fort refroidis à son égard, & qu'ils paroissoient prendre avec chaleur le parti du lieutenant. Voyant les esprits s'animés, il n'osa plus agir ouvertement sans être au fait de ce qui se passoit. Il nous communiqua ses appréhensions : nous les trouvâmes bien fondées & nous lui promîmes de mettre tout en usage pour découvrir le fond de cette affaire.

Nous mîmes aussi-tôt la main à l'œuvre; nous affections de rechercher leur compagnie & de nous mêler dans leurs conversations. Toutefois comme ils n'ignoroient pas la bonne intelligence qui régnoit entre nous & M. de Courmelles, ils n'avoient garde de se découvrir à des gens qui leur devoient être naturellement suspects; de sorte que, malgré toute la peine que nous nous donnâmes, il nous fut impossible d'avoir la moindre ouverture; nous commençâmes donc à croire que nous pouvions nous être trompés, d'autant plus que chacun continuoit à s'acquitter de son emploi avec la dernière exactitude.

Cette persuasion n'empêchoit pourtant pas que nous ne fussions sur nos gardes & que nous n'observassions de près la démarche des mécontens.

Une pareille dissention fit bientôt changer les affaires de face; je ne goûtois plus ce doux repos qui m'avoit parû si charmant pendant les premiers jours de notre voyage; nos conversations n'avoient plus le même enjouement, nous étions dans des inquiétudes perpétuelles, d'autant plus fâcheuses, que nous n'osions les faire paroître, de peur que les autres venant à s'en appercevoir, ne nous méprisassent ouvertement & ne se prévalussent de notre timidité. Mon gouverneur étoit celui qui montroit le plus de courage; il exhortoit le capitaine à changer de conduite, & à montrer une sévérité extérieure qui fît trembler les mutins. Il lui fit comprendre que les grands maux demandoient de l'émétique, & qu'avec la soldatesque, on gagnoit peu par la douceur; que pour cet effet il devoit faire un exemple, & ne pas passer la moindre chose à Nigri; qu'il devoit, au contraire, le punir sévèrement, si on le trouvoit en faute, bien persuadé que son exemple rendroit les autres plus sages & les feroit rentrer dans leur devoir. Ce conseil étoit certainement salutaire, mais il étoit trop tard pour l'exécuter; & bientôt M. de Courmelles se repentit d'avoir donné la liberté à son indigne lieutenant, ce fut lui qui nous causa les calamités que nous essuyâmes dans la suite.

Nous passâmes de cette manière environ trois semaines, sans voir aucun jour à quelque réconciliation ; ce n'est pas que Nigri nous témoignât la moindre chose; il nous étoit aisé de remarquer que ce qu'il faisoit n'étoit qu'une pure contrainte & que son cœur démentoit absolument ses actions.

Enfin M. de Courmelles remarquant le danger où il étoit, & craignant qu'on n'en vînt à quelqu'extrémité funeste, songea sérieusement à se mettre à l'abri de l'orage dont il étoit menacé, & pour ne donner aucun ombrage à ces séditieux, il prit la résolution de dissimuler son ressentiment, jusqu'à ce qu'il eût trouvé quelque port où il pût porter ses plaintes & y prendre les mesures convenables pour sa sûreté & celle de ceux qui paroissoient être les mieux intentionnés à son égard; dans cette vue, il assembla le conseil auquel il donna à connoître que des ordres secrets l'obligeoient à changer de route ; il ajouta qu'on devoit se conformer aux instructions dont il étoit muni, qu'on pouvoit compter qu'il ne feroit rien que ce qui lui étoit ordonné, & qu'ainsi il ne doutoit pas que ses officiers ne concourussent avec lui pour s'acquitter avec honneur de leur devoir & lui donner par là occasion de se louer de leur zèle & de leur obéissance.

Tandis que le capitaine parloit, on voyoit regner un morne silence. Ils se regardoient d'un air qui témoignoit assez l'éloignement où ils étoient de condescendre à changer de route. Après que M. de Courmelles eut fini son discours, Nigri prit la parole & répondit au nom de la plus grande partie de l'assemblée : « ne
» croyez pas, monsieur, lui dit-il, que nous
» soyons assez stupides pour donner dans un
» piége aussi grossier, qu'est celui que vous pré-
» tendez nous tendre ; nous connoissons trop
» bien la haine qui vous anime, pour ne pas
» entrevoir vos perfides desseins ; il faudroit
» avoir perdu l'esprit pour ne pas remarquer
» que vous seriez bien aise de vous défaire de
» nous. Je conviens que le soin du navire vous
» a été commis, mais sachez que nous sommes
» chargés d'une autre part, de veiller sur votre
» conduite, & de vous empêcher de rien entre-
» prendre qui soit contre les intérêts du roi. Si
» vous avez des ordres secrets, vous pouvez
» nous les communiquer, sans quoi vous pou-
» vez compter que nous ne consentirons jamais
» à ce que vous exigez de nous, & que nous
» sommes résolus de maintenir hautement nos
» droits & ceux de l'équipage ».

Une réponse si fière fit trembler le capitaine ; il se ressouvint du conseil que lui avoit donné mon gouverneur, mais il avoit tardé trop long-tems à s'en servir ; il sortoit de la chambre, & appelant du monde, il ordonna qu'on arrêtât Nigri, & qu'on le mît aux fers, en attendant qu'on songeât à lui faire son procès. Aussi-tôt tout fut en alarmes ; les rebelles coururent sur le tillac, & embrassant les uns, suppliant les autres & animant tout le monde, ils se virent bientôt au nombre de quarante-cinq, prêts à tenter les dernières extrémités. M. de Courmelles, à la vue de ce désordre, ne perdit pourtant pas courage, il se retira vers la cabine, où il fut d'abord suivi par ceux qui lui étoient demeurés fidèles : nous fûmes de ce nombre, & nous lui jurâmes de mourir plutôt à ses côtés, que de l'abandonner à la rage des mécontens. Les choses étoient trop avancées pour reculer ; les traîtres qui ne savoient que trop qu'il y alloit de leur tête, ne songèrent qu'à pousser leur pointe ; ils se moquèrent de toutes les propositions qu'on leur fit, & prêtèrent les sermens les plus exécrables, de passer tout au fil de l'épée, en cas qu'on s'obstinât à leur refuser la satisfaction qu'ils exigeoient.

Leurs offres étoient trop déraisonnables pour que nous pussions les accepter ; ils vouloient en premier lieu, que le capitaine se rendît à discrétion, & que Nigri occupât sa place; en second lieu, ils demandoient que nous missions bas les armes, & qu'il leur fût libre de nous conduire à tel endroit qu'il leur plairoit; outre cela ils prétendoient que nous fussions enfermés dans notre chambre, & qu'il ne nous fût point permis d'en sortir sans un ordre exprès du nouveau capitaine. Nous rejetâmes hautement ces indignes conditions & nous protestâmes de perdre plutôt mille vies que d'y acquiescer. Cependant plusieurs des nôtres intimidés par les menaces des rebelles, se rangèrent de leur côté; & en moins d'une heure, nous nous vîmes réduits au nombre d'environ quinze hommes, dont même la plupart témoignoient plus de crainte que de résolution. Le perfide Nigri voyant son parti si considérablement augmenté, ne voulut pas donner à ses gens le tems de se repentir; il les prépara au combat, & il le commença en nous saluant par une décharge terrible à laquelle nous répondîmes de notre mieux.

Le peu de distance qu'il y avoit entre les deux partis, rendit le combat des plus affreux, il n'y avoit presque point de coup qui ne fît son effet, & quoique nous fussions postés derrière la chaloupe, nous fûmes bientôt enveloppés & contraints de céder la place. Il y eut de part & d'autre d'autre plusieurs tant morts que blessés & je puis dire n'avoir jamais vu de spectacle plus triste & plus horrible. Nous espérions toujours de rencontrer quelque vaisseau qui pût nous secourir, mais nous fûmes trompés dans notre attente, de sorte qu'après avoir perdu plus de la moitié de notre monde, le reste jeta indignement les armes & demanda quartier.

Nous voilà donc exposés à toute la rage du vainqueur; néanmoins nous résolûmes de vendre chèrement notre vie, & de ne nous rendre qu'à la dernière extrémité. Nous avions déjà fait un grand carnage parmi les séditieux; déjà nous remarquions, que plusieurs d'entr'eux paroissoient moins animés; nous nous flattions même de quelqu'heureuse révolution, lors que tout d'un coup mon fidèle Gusman, qui ne m'avoit pas quitté jusqu'alors, tomba roide mort à mes pieds d'une balle qui lui perça le cœur. Le capitaine reçut un coup dans l'épaule, qui l'étendit sur la place, & M. de Beaune eut une profonde blessure au bras.

A cette vue je ne fus plus le maître de ma fureur; je me précipitai au milieu des ennemis, & portant de tous côtés des coups terribles, je tachai d'atteindre Nigri, pour avoir du moins, en mourant, la satisfaction de purger la terre de ce monstre. Mes efforts furent inutiles, je me

B

vis bientôt accablé par le nombre, on me désarma, après & m'avoir mis les fers aux pieds & aux mains, on me jeta sur le lit d'un des matelots.

Le capitaine & mon gouverneur furent portés dans un autre réduit; on eut même assez de pitié pour leur envoyer le chirurgien qui assura que leurs blessures n'étoient pas dangereuses, de sorte qu'après les avoir pansés, on les laissa reposer. On s'étonnera peut-être de la compassion que ces mutins témoignoient pour des personnes dont la perte leur étoit absolument nécessaire; mais il est bon de remarquer que ce fut le contre-maître qui empêcha qu'on ne nous fît mourir, soit qu'il eût véritablement regret de ce qui venoit d'arriver, ou bien qu'il crût pouvoir se tirer d'affaire par notre moyen, en cas que la chose vînt à éclater. Les rebelles se voyant ainsi les maîtres du vaisseau, commencèrent à donner les ordres nécessaires pour la conservation de leur conquête. Nigri fut élu, à la pluralité des voix, pour capitaine; le reste des emplois fut distribué parmi les autres; après quoi les soldats & les matelots vinrent prêter le serment de fidélité à leurs nouveaux chefs; ils s'engagèrent par les vœux les plus sacrés, à leur être toujours fidèles, & à sacrifier la dernière goutte de leur sang pour les maintenir contre tous ceux qui voudroient leur nuire. Ensuite ils jetèrent les morts dans la mer, & ce qui surpasse toute croyance, c'est que plusieurs malheureux, tant de leur parti que du nôtre, qui respiroient encore, eurent le même sort, & furent livrés en proie aux ondes, où ils terminèrent le cours de leur déplorable vie.

Nigri ayant pourvu à tout ceci, fit la revue de son monde. Il trouva qu'ils étoient encore au nombre de cinquante-six hommes, dont dix-sept étoient légèrement blessés ; il leur assigna les différentes fonctions qu'ils auroient à remplir ; les gardes furent réglés comme à l'ordinaire & tout fut exécuté avec assez d'ordre & de docilité. On fit, après cela, un état de la charge du navire; on s'empara de toutes les lettres & des papiers tant de M. de Courmelles, que des nôtres ; nos effets furent confisqués au profit de ces scélérats, qui les partagèrent entr'eux, sans autre forme de procès.

Il n'étoit plus question que de convenir de la course que l'on prendroit à l'avenir ; car d'aller à Gênes, c'étoit une chose impraticable, puisqu'ils ne manqueroient pas d'être pris & traités comme des pirates. Il fut donc résolu qu'on reprendroit la route de la grande Canarie, afin d'y faire des provisions nécessaires pour six mois ; que de là on feroit voile pour l'Amérique, afin d'y surprendre les bâtimens marchands qui alloient & venoient en grand nombre, & de faire ainsi un profit considérable : cette résolution étant prise, on la ratifia par de nouveaux sermens qu'on exigea de l'équipage, après quoi nous remîmes à la voile.

Comme les traîtres étoient dans des appréhensions continuelles d'être abordés par quelqu'autre navire, qui pût découvrir leur noire trahison, ils formèrent le dessein de nous massacrer & de feindre qu'une mort naturelle avoit tranché le fil de nos jours. Ils auroient exécuté ce détestable projet, si le contre-maître ne s'y fût de nouveau opposé ; il remontra la cruauté qu'il y auroit à se souiller du sang de trois malheureux que leur condition présente ne rendoit déjà que trop misérables ; il ajouta, qu'en cas de nécessité on pourroit toujours se défaire de nous, d'une manière ou d'autre, & qu'ainsi on ne risquoit rien en nous accordant une vie qui étoit le seul bien qui nous restoit & qui ne pourroit leur porter aucun préjudice, puisqu'ils étoient les maîtres de nous l'ôter dès qu'ils s'appercevroient qu'elle pouvoit leur être nuisible.

La providence permit qu'on approuvât ce conseil, de sorte qu'on se contenta de nous garder à vue, & pour prévenir toute surprise, on arbora le pavillon mortuaire pour signifier le prétendu décès du capitaine. Lorsque je me vis traité d'une manière si indigne, pour avoir soutenu une bonne cause, je fus tellement outré, qu'il n'y avoit point de reproche dont je n'accablasse l'infâme usurpateur; mais après que je me fus épuisé en malédictions & en injures, ma rage fit place à la douleur la plus amère. J'avois vu blessés le brave de Courmelles & mon gouverneur, j'ignorois l'état dans lequel ils étoient; je craignois qu'ils n'eussent souffert les plus indignes cruautés de la part des rebelles. Le sort de M. de Beaune me touchoit particulièrement; je considérois que c'étoit encore à mon occasion qu'il essuyoit cette disgrace; je me regardois comme la cause de ses malheurs & l'infortunée source de son désastre: j'étois inconsolable de ne pouvoir lui parler; je n'avois personne à qui j'osasse me confier; je ne voyois autour de moi qu'une troupe d'ennemis, que je méprisois trop pour leur demander aucune grace. D'autre part, je prévoyois que dans les conjonctures présentes, nous leur étions à charge, vu qu'ils risquoient tout en nous conservant, & qu'ainsi leur intérêt demandoit notre perte. Ces funestes idées me faisoient frémir, je m'abandonnois à tout l'excès de l'affliction la plus douloureuse, & je demandois souvent au ciel de mettre fin à une vie aussi infortunée, qu'étoit la mienne.

Je passai en cet état trois jours qui me parurent autant de siècles; je ne voulois prendre aucune nourriture, & je refusois d'accepter aucun soulagement. Néanmoins on m'avoit ôté mes liens, ainsi j'avois la liberté de me promener; mais il ne m'étoit pas permis de monter sur le tillac; on comprendra sans peine la raison de cette défense. Le matin du quatrième jour de ma captivité, Nigri, accompagné de deux officiers, vint me trouver; il parut touché de me voir dans un état si pitoyable; il commença par m'exhorter à prendre courage; il me dit, entr'autres choses, que les armes étant journalières, je ne devois pas m'affliger de me voir prisonnier, qu'à la vérité j'avois eu tort de prendre avec tant de chaleur le parti de son concurrent, que j'aurois dû lui rendre plus de justice, & réfléchir combien il lui étoit désagréable d'obéir à un homme qui ne servoit le roi que depuis peu de tems, & qui ne devoit son élévation qu'à la faveur de quelque favori de ce monarque. « Cependant,
» continua-t-il, je veux oublier le passé, pour
» faire honneur à votre courage, vous vous
» êtes défendu en brave homme, & je serois
» charmé de devenir votre ami. Je viens vous
» faire une proposition qui doit vous paroître
» fort avantageuse dans votre situation présente;
» je ne crois pas que vous soyez assez ennemi

» de vous-même pour la rejeter. Voici de quoi
» il est question : je viens d'être élu capi-
» taine de ce vaisseau, & je veux témoigner
» que cet honneur m'est dû, autant, du moins,
» qu'à de Courmelles; pour cet effet, j'ai résolu
» d'aller mériter ma grace par quelqu'action
» illustre, qui pût être utile à mon prince. Je
» veux entrer dans une carrière qui nous offre
» une riche moisson de lauriers, si vous aimez
» la gloire, vous pouvez vous joindre à nous :
» vos effets vous seront rendus, rien ne vous
» manquera, on vous témoignera la même
» déférence qu'à moi-même, en un mot, vous
» recevrez tous les honneurs que vous méritez,
» & l'on ne fera aucune chose sans votre par-
» ticipation ».

J'avois écouté le discours de Nigri avec une surprise, qu'il est plus facile de comprendre que d'exprimer ; j'étois outré que le traître ôsât me proposer l'indigne parti d'exercer le métier de pirate, & d'attaquer indifféremment tout ce qui se rencontreroit sur notre route. Si je n'avois craint de faire tort à mes amis, je lui aurois fait sentir toute l'horreur que m'inspiroit son infâme conduite. Cependant, comme j'avois des mesures à garder avec ce rebelle, je fus obligé de me contraindre, & de ménager mes expressions : je me contentai de lui représenter que je ne me sentois

nullement disposé à embrasser le parti qu'il me proposoit, que mes affaires exigeoient ma présence ; qu'ainsi, je le suppliois de ne m'en plus parler, & que j'aimerois mieux mourir que de porter les armes contre ma patrie. Nigri, que ma réponse avoit choqué, me donna à peine le tems d'achever, il m'interrompit tout d'un coup d'un air dédaigneux, & me regardant avec mépris : « Je ne vois que trop, me dit il, que vous
» ne méritez pas l'honneur qu'on vouloit vous
» faire, vous tranchez mal-à-propos du géné-
» reux ; sachez qu'on n'est pas assez déraison-
» nable pour vous proposer rien qui pût blesser
» votre délicatesse, & qu'on se soucie fort peu
» de vos leçons ; & puisque la mort vous paroît
» avoir tant de charmes, vous serez satisfait ;
» car vous devez penser qu'il n'y a point de
» milieu, & que vous devez vous résoudre à
» périr, ou à suivre notre fortune. Nous ne vou-
» lons pas plus long-tems épargner des lâches
» qui ne pourroient que nous nuire ».

Cet insolent discours me fit oublier le danger où j'étois ; je ne pouvois souffrir de me voir traiter de lâche par un perfide, qui venoit de violer & de fouler aux pieds toutes les loix, & qui méritoit de souffrir les plus infâmes supplices. Je lui répondis fièrement que je m'inquiétois fort peu de toutes ses menaces, que je ne devois mon malheur qu'à sa trahison, & que je ne doutois pas qu'il ne reçût tôt ou tard la récompense que méritoient les crimes qu'il avoit commis. Il ne daigna pas seulement m'entendre, & me regardant d'un air de mépris, il se retira.

Je n'entretiendrai pas mes lecteurs par le détail ennuyeux des chagrins que je fus obligé d'essuyer pendant ma captivité ; je remarquerai seulement que notre vaisseau ayant changé de route, on mouilla à la rade de Mayorque, où les rebelles se munirent de rafraîchissemens, & des choses nécessaires pour une longue course. Ils ne s'y arrêtèrent que peu de jours, apparemment de peur d'être découverts ; de sorte qu'ayant levé l'ancre, ils continuèrent leur voyage vers les Canaries, à dessein d'exercer le métier de corsaire, & de s'enrichir par leurs brigandages, ou bien d'y périr.

Il y avoit environ deux mois & demi que nous étions en chemin, lorsque j'entendis un murmure extraordinaire parmi l'équipage, je crus d'abord qu'on alloit attaquer quelque vaisseau, mais je ne fus pas long-tems dans l'erreur : une tempête furieuse qui nous assaillit avec une impétuosité terrible, m'apprit la cause du bruit que j'entendois. Les vents sembloient être conjurés contre nous, les ondes mugissantes élevoient tantôt notre vaisseau jusqu'aux nues, & le replongeoient ensuite dans les abîmes : la consternation étoit générale ; on n'entendoit par-tout que les cris les plus tristes ; en un mot, la mort paroissoit inévitable, & notre perte certaine. Nous restâmes pendant deux jours dans ce déplorable état, lorsque nous entendîmes crier qu'on appercevoit la terre, & que même on n'en étoit qu'à une petite distance. Comme nous craignions d'échouer, nous nous mîmes au large, le plus qu'il nous fut possible, jusqu'à ce que l'orage ayant cessé, nous nous vîmes tout d'un coup surpris d'un calme paisible, qui nous empêcha de continuer notre route. Nigri ayant fait mettre la chaloupe en mer, envoya un officier avec douze hommes, pour reconnoître l'endroit où nous étions ; la chaloupe revint fort tard, & l'officier rapporta qu'il avoit parcouru un espace assez considérable de pays, sans trouver aucune trace d'homme, & que la stérilité du lieu lui faisoit soupçonner que cette île étoit entièrement déserte. Le lendemain Nigri voulut aller en personne pour voir ce qui en étoit, il trouva les choses telles que l'officier les lui avoit rapportées, & il revint à bord vers le soir. Cette conjoncture lui suggéra un dessein digne de son mauvais cœur. Il assembla le conseil de guerre, & proposa son projet, personne n'eut garde d'y contredire, & il fut exécuté dès la pointe du jour.

Pour cet effet, on m'ordonna de me rendre dans la caline, pour y entendre, disoit-on, l'arrêt de mes destinées. Cette nouvelle, je l'avoue, me consterna, je croyois fermement que l'heure de ma mort étoit venue, & que j'allois devenir la misérable victime de mes infâmes bourreaux. Néanmoins je m'encourageai autant qu'il dépendit de moi, & j'ose dire que je témoignai une intrépidité qui étonna les émissaires de mon persécuteur. Je leur demandai avec douceur, si messieurs de Courmelles & de Beaune étoient assignés de comparoître avec moi, ou bien si l'on se contenteroit de me faire mourir seul, & d'épargner les autres ; car, en ce cas, la mort me paroîtroit moins rigoureuse, & je la subirois sans murmure. Cette demande attendrit mes gardes, qui me répondirent que nous devions comparoître tous trois, mais qu'on n'avoit aucun dessein de nous ôter la vie : cette assurance calma, en quelque sorte mes appréhensions ; & je me laissai conduire au conseil sanguinaire.

Étant monté sur le tillac, j'y trouvai mon gouverneur & son ami qui attendoient ma venue ; on nous donna la liberté de nous embrasser ; les larmes que nous répandions de part &

d'autre, nous empêchèrent de nous parler ; toutefois je remarquai dans M. de Beaune cette même fermeté que je lui avois vue dans toutes les occasions : la joie de me voir étoit l'unique cause de ses pleurs ; il s'approcha de moi & me serrant la main : « Courage, monsieur, me dit-
» il, voici la fin de nos épreuves, & le com-
» mencement de notre victoire : mourons en
» héros chrétiens, & qu'il ne soit pas dit que
» l'oppression ait triomphé de notre innocence. »
En disant ces mots, il me conduisit dans la chambre où nous trouvâmes nos juges assemblés. Après les formalités usitées en pareilles occasions, on nous lut notre sentence, voici à quoi elle se réduisoit.

» Vu que de Courmelles s'étoit rendu indigne
» de l'emploi qui lui avoit été confié en mal-
» traitant sans raison ses officiers, & n'obser-
» vant pas les loix de la marine, on avoit jugé
» à propos de le dégrader de sa dignité, & de
» lui substituer, par provision, le sieur Nigri :
» que pour ce qui nous regardoit, nous avions
» pris le parti de l'oppresseur, jusqu'à maltraiter
» & tuer plusieurs de ceux qui n'avoient pris les
» armes que pour conserver leur vie & leur li-
» berté ; qu'en ce cas, le conseil de guerre fai-
» sant droit, nous trouvoit atteints & convain-
» cus de tyrannie & de malversation, crimes

« qui ne se peuvent expier que par le dernier
» supplice ; que toutefois on avoit bien voulu
» laisser agir la clémence, & qu'ainsi on nous
» laissoit la vie pour que nous eussions le tems
» de nous repentir & d'appaiser le ciel offensé ;
» que pour cet effet, le conseil nous condam-
» noit à être mis à terre dans l'endroit près du-
» quel on étoit à l'ancre, & qu'à la sollicitation
» de plusieurs officiers, on nous accordoit à cha-
» cun une hache, un fusil, un sabre, seize li-
» vres de poudre, des balles à proportion, &
» quelques autres provisions qui nous seroient
» délivrées, & qu'enfin, à l'égard de nos effets,
» on trouvoit à propos de les confisquer au profit
» du roi ».

C'est ainsi que ces malheureux se moquoient de la justice & abusoient de l'autorité suprême, pour donner, s'il étoit possible, quelque couleur à leur trahison. A peine cet injuste arrêt fut-il prononcé, que, sans nous donner le tems de répondre, on nous traîna dans la chaloupe, & on rama vers le rivage ; aussi-tôt que nous eûmes mis pied à terre, on nous délivra les provisions qu'on nous avoit accordées. Outre les choses dont j'ai fait mention, nous reçûmes du linge, des biscuits, une vieille voile qui pouvoit servir de tente, & quelques autres bagatelles de moindre valeur ; tout cela nous ayant été remis, nos conducteurs rentrèrent dans la chaloupe, qui ne fut pas plutôt arrivée au vaisseau, qu'on leva les ancres, & pour insulter à notre malheur, on nous salua de cinq coups de canon en partant.

Quelle situation étoit la nôtre! grand Dieu! j'en frémis encore quand j'y pense, & cet affreux souvenir renouvelle journellement mon ancienne douleur; nous voilà donc trois compagnons de la plus triste misère, exposés sur un rivage inconnu, qui paroît non-seulement désert & inhabité, mais même stérile & dépourvu de tout ce qui pouvoit nous donner quelque nouriture. Nous ignorons dans quel endroit nous sommes, & comme M. de Courmelles n'a ni boussolle ni cartes marines, il ne peut s'orienter pour prendre la hauteur où nous nous trouvons.

Nous nous asseyons sur ce rivage, & à mesure que le vaisseau s'éloigne, nous sentons redoubler notre affliction; un morne silence qui règne entre nous, n'est interrompu que par de profonds soupirs. M. de Beaune fut le premier qui sortit de cette espèce de léthargie. " Mes amis, nous
" dit-il, nous perdons ici le tems en plaintes
" inutiles; s'il nous reste encore quelque cou-
" rage, voici l'occasion de nous en servir; notre
" situation, je l'avoue, est des plus tristes; ce
" climat sauvage sera peut-être bientôt notre

» tombeau ; nous avons à craindre la fureur des
» bêtes féroces & les injures de l'air. Qui sait
» même si ce pays n'est pas habité par des can-
» nibales encore plus féroces que les tigres &
» les lions ? Malgré toutes ces justes raisons de
» crainte, il faut faire triompher la fermeté
» chrétienne : si du côté de la terre toute espé-
» rance nous est ravie, tournons nos regards vers
» le ciel ; le Dieu que nous adorons est le pro-
» tecteur des innocens, c'est dans l'adversité
» qu'il aime à faire briller sa clémence, & sou-
» vent, lorsque notre perte nous paroît inévi-
» table, il emploie différens moyens pour nous
» faire arriver au port desiré ».

Cette sage exhortation nous anime efficace-
ment, nous commençons à envisager notre état
avec moins d'horreur ; l'idée d'un être souverain
dont la puissance est sans bornes, & dont nous
avions éprouvé si souvent la divine protection,
nous remplit d'une pieuse confiance, & nous fait
espérer que sa bonté n'est pas encore épuisée à
notre égard ; nous nous mettons à genoux sur le rivage, & élevant nos voix & nos soupirs vers le ciel,
nous prions le tout-puissant de vouloir bien jeter
un œil favorable sur trois infortunées victimes.

Après avoir rendu à la divinité l'hommage de
nos larmes, nous délibérâmes sur la manière
dont nous nous conduirions. Comme l'endroit

où nous étions étoit tout-à-fait inculte, & que nous ne voyions que des rochers & des précipices affreux, où il ne se trouvoit rien qui pût nous servir de nourriture, nous comprîmes aisément que nos provisions venant à manquer, nous nous verrions réduits à la dernière extrémité. C'est sur cette idée que nous résolûmes d'aller plus avant, afin de tâcher de rencontrer quelque place plus convenable, & voir si nous ne trouverions pas des lieux habités. Nous ne voulûmes cependant pas nous éloigner trop de la côte, afin d'être toujours à portée, en cas que quelque vaisseau vînt à passer ; & pour que, ceux que le hasard conduiroit au même lieu pussent reconnoître qu'il y avoit des hommes dans cette affreuse solitude, nous fîmes une espèce de pyramide de plusieurs pierres, sur la plus grande desquelles je gravai ces mots en gros caractères : *Qui que vous soyez qui lirez ceci, ayez pitié de trois malheureux qui implorent votre assistance ; vous les trouverez indubitablement en suivant le rivage du côté du sud.*

Durant ces entrefaites, la plus grande partie du jour s'étoit écoulée, de sorte que nous fûmes d'avis de passer la nuit dans l'endroit où nous étions, & de nous mettre en chemin dès la pointe du jour ; nous mangeâmes quelques biscuits, & le soir étant venu nous étendîmes notre voile pour nous servir de matelas, car il
n'y

n'y avoit aux environs aucun arbre où nous pussions l'attacher. Il fut arrêté que pendant que deux d'entre nous tâcheroient de prendre quelque repos, le troisième feroit garde, de peur que nous ne fussions surpris à l'improviste, soit par des animaux, soit par des sauvages. Comme j'étois le plus jeune, & par conséquent le plus robuste, je m'offris de bon cœur à m'acquitter de ce devoir; cependant M. de Beaune & son compagnon étant trop pénétrés de tristesse pour pouvoir s'abandonner au sommeil, nous passâmes la nuit à parler ensemble & à nous consoler mutuellement. Nous n'entendîmes d'autre bruit que celui que faisoient les vagues qui venoient se briser avec impétuosité contre les rochers près desquels nous étions.

Le lendemain nous nous disposâmes à commencer notre marche, laquelle fut fort lente & fort pénible, tant à cause de notre bagage, qui nous donnoit beaucoup de peine, que par rapport aux chaleurs excessives qui nous incommodoient extrêmement, de sorte que nous étions obligés de nous arrêter de tems en tems pour reprendre haleine. Nous trouvâmes quelques tortues de mer, qui se tenoient sur le rivage, mais n'ayant aucune matière combustible pour les préparer, & n'étant pas encore assez affamés pour les manger toutes crues, nous ne voulûmes pas nous en charger. Après avoir fait, à différentes reprises, quatre ou cinq lieues, nous fîmes halte, & nous prîmes les mêmes précautions que la nuit précédente : elles se trouvèrent inutiles, car nous n'apperçûmes pas le moindre vestige d'aucun être vivant.

Après avoir erré de cette sorte pendant sept ou huit jours, nous apperçûmes quelques arbrisseaux; le terrein devenoit moins rude, & nous remarquâmes plusieurs endroits où il y avoit de l'herbe d'une assez belle hauteur; nous vîmes même des oiseaux d'une espèce inconnue, mais si peu farouches qu'on pouvoit les prendre aisément sans qu'ils fissent aucun mouvement pour s'envoler; ceci nous confirma dans l'idée où nous étions que cette côte étoit inhabitée. Lorsque nous nous vîmes en état de pourvoir à notre subsistance, nous reprîmes courage, & à l'aide de nos fusils, nous allumâmes du feu & fîmes rôtir quelques oiseaux que nous avions pris; ils étoient très-délicats, & le goût en étoit à peu près de même que celui de nos faisans.

Comme nous remarquions que la terre devenoit plus fertile à mesure que nous nous éloignions du rivage, nous fûmes d'avis de quitter notre premier dessein & de pénétrer plus avant dans le pays : nous côtoyames une rivière assez large; elle paroissoit avoir vingt pieds de profondeur:

nous suivîmes cette route pendant trois ou quatre jours, au bout desquels nous nous trouvâmes au pied d'une montagne extrêmement haute & escarpée ; elle étoit couverte de broussailles & d'arbres d'une grosseur prodigieuse ; nous ne jugeâmes pas à propos d'y monter ce jour-là, vu qu'il étoit déjà tard, & que la nuit nous surprendroit infailliblement avant que nous pussions arriver au sommet ; ainsi nous aimâmes mieux attendre au lendemain, que de nous exposer mal à propos pendant l'obscurité.

M. de Courmelles, qui avoit voulu veiller cette nuit, s'étant écarté de cinq ou six pas, un tigre d'une grosseur énorme se jeta sur lui, & l'alloit mettre en pièces, si je n'étois accouru promptement aux cris de mon compagnon; il me pria de faire feu sans balancer, & de hasarder mon coup ; je le fis aussi-tôt, & je fus assez heureux pour jeter l'animal par terre sans blesser mon ami, qui n'avoit d'autre mal, qu'une longue égratignure que lui avoit faite le tigre en l'assaillant : ceci nous fut une bonne leçon pour nous faire redoubler notre exactitude & nos précautions.

Les fatigues extraordinaires que nous essuyions journellement, les chaleurs du climat auxquelles nous n'étions nullement accoutumés, le chagrin, les veilles continuelles & la grosse nourriture, tout en un mot nous accabloit extrêmement, & nous faisoit craindre de n'y pouvoir résister long-tems. D'un autre côté nos provisions diminuoient peu à peu, & nous nous voyions sur le point d'être réduits à ne vivre que de chasse ; tant de circonstances également tristes & mortifiantes ne furent néanmoins pas capables de nous abattre, & si elles nous causoient quelques inquiétudes, nous tâchions de bannir ces idées par tout ce que le christianisme a de plus consolant.

Dès la pointe du jour nous nous préparâmes à passer la montagne ; les difficultés ne nous rebutèrent pas ; nous nous mîmes en chemin avec la même ardeur que si nous avions cru trouver de l'autre côté la fin de nos misères. Notre bagage étoit ce qui nous incommodoit le plus ; pour subvenir à cet inconvénient, nous coupâmes quelques branches, pour nous servir en manière de brancard ; pendant que deux d'entre nous le portoient, le troisième se tenoit à côté, autant qu'il lui étoit possible, afin de nous assister en cas de besoin. Les broussailles étoient si entrelacées, que nous eûmes des peines infinies pour les pénétrer, & souvent nous étions obligés de nous faire un passage à coups de haches. Nous vîmes plusieurs reptiles de différentes espèces ; mais nul d'entr'eux ne fit le moindre

Aventure d'un Espagnol. Tom. 12 pag. 9

Ce terrible animal avait trois ou trois doute pieds de long et environ deux et demi de circonference.

P. Marillier inv.   E. De Ghendt sculp.

mouvement pour nous nuire, excepté un serpent d'une monstrueuse grosseur, qui nous effraya extrêmement ; ses yeux étincelans auroient porté la terreur dans les cœurs les plus intrépides, & ses affreux sifflemens nous glaçoient d'effroi ; il n'étoit qu'à vingt-cinq pas de nous, lorsque nous l'apperçumes ; il s'élança d'abord avec tant de furie, que nous nous crûmes perdus. M. de Beaune, qui se trouvoit le plus avancé, nous pria de doubler le pas & de nous tenir sur nos gardes ; en même tems il fit feu ; mais comme il s'étoit un peu trop précipité, il ne fit qu'effleurer la peau : à l'instant le monstre, que la douleur anima de rage, redoubla ses efforts pour nous joindre ; M. de Courmelles le couchant aussi-tôt en joue, adressa si bien son coup, que la balle lui passa au travers de la tête, l'étendit roide mort par terre.

La frayeur nous avoit tellement saisis, que nous fûmes plus d'un quart d'heure sans oser avancer ; néanmoins voyant que le serpent ne remuoit plus, nous en approchâmes pour le considérer de plus près. Jamais on n'a vu rien de pareil ; ce terrible animal avoit tout au moins douze pieds de long & environ deux & demi de circonférence ; sa gueule étoit d'une grosseur proportionnée au reste de cet énorme corps.

Il étoit environ quatre heures après midi avant

que nous fussions arrivés au sommet de cette prodigieuse montagne, nous fûmes agréablement surpris de trouver une vaste plaine couverte d'arbres fruitiers, de mille espèces différentes; une infinité d'oiseaux voltigeoient sur les branches, & formoient un ramage des plus harmonieux; ce qui nous charma le plus, fut de trouver un ruisseau d'une eau claire & pure qui baignoit cette aimable solitude; il étoit bordé de citronniers, & d'orangers d'une beauté ravissante, & plantés avec tant d'ordre, qu'il nous sembloit impossible que ce pût être un simple ouvrage de la nature. Cette heureuse découverte nous remplit de joie; nous remerciâmes le tout-puissant de la protection divine dont il avoit daigné nous favoriser durant une longue & pénible marche, & nous le suppliâmes de nous en accorder la continuation.

Les différentes beautés que nous remarquions dans ce lieu enchanté, nous firent oublier notre fatigue. Nous parcourûmes une grande partie de cette charmante plaine, après quoi nous nous assîmes sur le bord du ruisseau, pour y prendre un repas champêtre. Nous cueillîmes quelques fruits, que nous trouvâmes d'un goût exquis; néanmoins nous en mangeâmes sobrement, de peur que l'excès ne nous devînt funeste. Comme nous jugeâmes à propos de rester quelques jours dans cet endroit, pour nous y remettre de nos inquiétudes passées, nous pourvûmes à notre sûreté ; pour cet effet nous coupâmes quelques grosses branches dont nous fîmes des pieux que nous enfonçâmes dans la terre, en forme de palissades, sur lesquels nous étendîmes notre voile ; ceci nous fit une espèce de pavillon, dans lequel nous étions à l'abri contre les insultes des bêtes féroces. Notre ouvrage étant fini, nous mangeâmes de quelques biscuits, dont nous avions encore une petite provision, & nous étant retirés dans notre tente, que nous eûmes soin de fermer de tous côtés, nous goutâmes pour la première fois un repos assez paisible.

Nous nous levâmes de bonne heure, & nous allâmes nous promener à près de deux lieues de l'endroit où nous avions passé la nuit, & dans lequel nous enfermâmes notre bagage, excepté nos armes, pour que nous fussions moins embarrassés, & mieux en état de faire une bonne traite.

Le pays étoit par-tout également beau & riant ; nous rencontrions à chaque pas quelque nouveauté qui attiroit notre attention, & nous fûmes contraints d'avouer que la nature surpasse de beaucoup tout ce que l'art peut produire de plus embelli & de plus parfait. J'ose dire, sans craindre d'exagérer, que la beauté de ce délicieux séjour surpassoit infiniment tout ce que nous lisons de l'ancienne Tempé & des pâturages d'Arcadie. Nous étions surpris à la vue de tant de merveilles, dont les hommes ne peuvent faire aucun usage, & qui seroient plongées dans un éternel oubli, si quelque infortune n'y conduisoit des personnes qui en instruisent les autres.

Nous parcourûmes de cette manière un espace assez considérable, & nous trouvant fatigués, nous nous assîmes sous quelques arbres pour nous reposer ; là, nous commençâmes à réfléchir de nouveau sur notre situation présente, nous sentions diminuer la beauté de ces ravissans objets à mesure que nous envisagions le cruel avenir, que nous devions naturellement attendre ; éloignés de tout commerce humain, privés de mille choses nécessaires, en bute aux injures de l'air, dans un climat dont nous ignorions les diverses révolutions, que deviendroit celui qui survivroit à ses compagnons, & qui n'auroit plus personne pour l'assister ? Ces tristes idées nous faisoient répandre des larmes ; cependant lorsque d'un autre côté nous pensions à la manière miraculeuse dont le ciel nous avoit si visiblement protégés jusqu'alors, nous lui demandions pardon d'avoir osé l'irriter par nos téméraires murmures, & nous le suppliâmes de vouloir fortifier en nous les sentimens de confiance que nous devions avoir en sa divine bonté.

Nous revînmes à notre pavillon, que nous trouvâmes dans le même état où nous l'avions laissé, ce qui nous réjouit d'autant plus, que nous avions craint que quelque bête féroce ne l'eût endommagé. Nous passâmes environ trois semaines dans cette charmante solitude, & j'avoue que j'aurois voulu y demeurer tout le reste de ma vie, si notre société se fût trouvée plus nombreuse, & si nous eussions eu les choses dont nous pouvions avoir besoin.

Comme nous ne savions pas si les endroits par où nous devions passer seroient aussi fertiles que celui où nous étions, nous fîmes provision de quelques fruits & de racines que nous avions découverts, dont le goût étoit assez bon; nous nous en servîmes au lieu de pain, pour manger le peu de biscuits qui nous restoit: nous coupâmes une grande quantité de branches, dont nous fîmes une espèce de panier carré, sous lequel nous attachâmes deux roues; ainsi nous n'eûmes plus tant de peine à transporter notre bagage.

Ayant pris toutes ces précautions, notre petite caravane se remit en chemin; nous tirâmes du côté du sud-ouest, parce que M. de Courmelles conjecturoit, par des observations qu'il avoit eu le tems de faire, que nous étions dans l'une des péninsules de l'Amérique, & qu'en suivant la route que nous tenions, il y avoit beaucoup d'apparence que nous rencontrerions quelque colonie. Quoique ceci ne fût qu'une supposition qui n'avoit aucune certitude, elle ne laissoit pas de nous encourager & de nous faire souffrir ces fatigues avec moins de répugnance, que nous n'aurions fait autrement. Nous marchâmes de cette manière durant plusieurs jours; il faisoit le plus beau tems du monde; les chaleurs mêmes devenoient plus supportables, & cette circonstance ne contribuoit pas peu à donner du poids aux conjectures de M. de Courmelles, puisque chacun convient que la plus grande partie de l'Amérique est fort tempérée.

Il y avoit environ quinze jours que nous avions quitté l'agréable plaine dont je viens de parler, lorsque nous entendîmes un bruit affreux, dont le son épouvantable nous fit frémir les sens. Jusques-là nous n'avions rien entendu de pareil; nous délibérâmes quelque tems si nous avancerions, ou bien si nous prendrions une autre route, & il fut résolu que nous nous arrêterions pour attendre le jour, vu qu'il nous seroit plus aisé de voir & d'examiner ce qui nous restoit à faire dans cette conjecture. Nous restâmes toute la nuit sans prendre aucun repos; ce même bruit continuant toujours sans aucune interruption, nous commençâmes à nous douter de ce que ce pouvoit être;

l'expérience nous fit voir que nous ne nous étions pas trompés. Nous étant remis en chemin dès la pointe du jour, nous arrivâmes, au bout d'une demi-lieue, à une pente escarpée d'où se précipitoit un torrent qui formoit la plus belle cascade qu'on puisse jamais voir; l'eau tomboit avec tant d'impétuosité, qu'on pouvoit l'entendre de fort loin, & c'étoit cette violente chûte qui nous avoit causé tant de frayeur.

Nous fîmes un petit détour, & nous descendîmes dans un vallon, dont les beautés égaloient tout ce que nous avions vu dans la belle solitude d'où nous venions. Etant fort harassés d'une si longue marche, nous résolûmes de nous y reposer quelque tems, à dessein d'y faire de nouvelles provisions & de nous mettre en état de continuer notre chemin. Nous tendîmes notre pavillon, comme nous l'avions déjà fait; & après avoir pourvu à notre sûreté, nous songeâmes à prendre quelque repos. Nous rencontrâmes plusieurs animaux d'une espèce inconnue; nous en prîmes un qui ressembloit à une biche, mais bien plus petite que celles que nous avons en Europe : nous en fîmes rotir un morceau que nous mangeâmes avec nos racines, & dont nous nous régalâmes comme d'un excellent mets.

M. de Courmelles se confirmoit de plus en plus dans ses conjectures, vu que si nous avions été dans quelqu'île, il est naturel de penser que nous en aurions déjà trouvé la fin & que nous serions arrivés à la mer : ce qui n'étant pas, il est probable que nous étions dans quelque continent qui ne pouvoit être que celui de l'Amérique; l'effet fit voir qu'il ne s'étoit pas trompé.

Au bout de quelques jours nous reprîmes notre route ; l'espérance de trouver bientôt des secours, nous donna de nouvelles forces, & à nous voir, on nous auroit pris plutôt pour des gens qui voyageoient à leur aise, que pour des infortunés qui n'aspiroient qu'à leur délivrance & qui se voyoient exposés à tout ce que la misère a de plus affreux; mais hélas ! notre courage diminua beaucoup, lorsqu'après une traite d'environ onze jours, nous nous trouvâmes sur le bord d'une rivière très-profonde, qui avoit plus d'une demi-lieue de large ; nous fûmes dans une étrange perplexité, sans savoir quel parti prendre ; car de retourner sur nos pas, c'étoit nous ôter pour toujours tout espoir de salut. D'un autre côté, nous ne savions comment faire pour arriver à l'autre bord : M. de Courmelles étoit le seul qui savoit nager, & quand nous l'eussions su tous trois, comment étoit-il possible de passer notre petit bagage que nous ne pouvions abandonner qu'au péril de notre vie, d'autant que c'étoit une des dernières ressources qui nous restoient? Nous nous regardions les uns les autres avec des yeux où la douleur étoit peinte, les larmes couloient sur nos joues, & nos soupirs étoient les interpretes de nos cœurs affligés.

Nous nous assîmes sur les bords de ce fleuve fatal, qui sembloit mettre des bornes à nos espérances; dans ces mortelles inquiétudes, nous eûmes notre recours vers l'Être suprême, comme étant le seul qui pût nous tirer du triste état où nous étions, bien persuadés qu'il se tient près de ceux qui l'invoquent dans leurs détresses, & que du fond de nos calamités, nos voix plaintives pourroient fléchir son juste courroux. Nous le priâmes avec toute la ferveur dont nous étions capables, & nous le suppliâmes de nous suggérer les moyens convenables pour parvenir à notre but. Nous délibérâmes ensuite pour trouver quelque expédient qui pût nous tirer d'affaire. M. de Courmelles proposa de faire seul le trajet à la nage & de revenir nous joindre après qu'il auroit reconnu le terrein. Nous ne voulûmes jamais acquiescer à cette proposition, parce que nous appréhendions qu'il ne fût dévoré par quelque animal amphibie qui pourroit le surprendre dans l'eau; & mettre, par ce moyen, le comble à nos infortunes.

Ce projet ne pouvant nous plaire, nous pensâmes à faire un radeau; les difficultés nous rebutèrent, vu que les bords opposés étoient si escarpés, & le cours de la rivière si rapide, qu'il nous auroit été impossible de la traverser de cette manière. Nous crûmes donc que le seul parti que nous avions à prendre, seroit de faire un canot qui fût assez grand pour nous contenir tous trois; ce dessein fut généralement approuvé, & dès le même jour nous mîmes la main à l'œuvre. Nous choisîmes un cotonnier d'une grosseur convenable, & nous commençâmes à l'abattre à coups de haches & de couteaux. Il y avoit une grande quantité de ces arbres dans cet endroit: nous le préférâmes à tout autre, parce que le bois en est assez tendre, & qu'il est facile à mettre en œuvre. Quoique nous travaillassions avec toute l'ardeur possible, le manque d'outils nécessaires fut cause que nous fûmes près de deux jours à renverser cette masse énorme; nous en vînmes pourtant à bout, & après un long & pénible travail, nous l'ébranchâmes & le coupâmes à la longueur qu'il falloit.

M. de Courmelles, comme expert dans ces sortes d'ouvrages, faisoit les fonctions de directeur & conduisoit notre travail; nous le secondâmes vigoureusement, & en moins de quatre semaines notre canot se trouva en état d'être lancé à l'eau. Nous le fîmes sans gouvernail, car il nous étoit absolument impossible d'y en attacher un; mais quatre rames & un mât auquel nous attachâmes notre voile, suppléèrent à ce défaut. L'attente d'une prochaine délivrance fit que nous ne regrettions pas le tems que nous avions employé à la construction de ce petit vaisseau; nous sentions au contraire redoubler notre ardeur à mesure que nous avancions, & quoique nous ne fussions guères accoutumés à faire le métier de charpentier, la nécessité nous rendoit habiles & nous faisoit faire des choses qui nous auroient fort embarrassés & rebutés dans d'autres circonstances; car n'ayant pour tous outils que des haches & des couteaux, ces derniers nous devoient faire perdre patience, puisque nous n'avions pas d'autres vrilles pour percer les trous où nous insérions des chevilles de bois au lieu de clous; & je crois même que sans une espèce de gomme que nous trouvâmes en quantité aux arbres de la forêt, nous n'aurions jamais pu faire notre ouvrage; cette découverte nous fut d'un très grand secours pour boucher toutes les jointures de notre petit bâtiment.

L'incertitude où nous étions de trouver de l'autre côté les fruits & les racines dont nous avions vécu jusqu'alors, fut cause que nous en fîmes une ample provision, de façon que tout étant prêt, nous nous abandonnâmes à la conduite de la providence, & nous nous embarquâmes.

Notre passage fut très-heureux; mais lorsque nous fûmes de l'autre côté, nous trouvâmes le courant si rapide, & les bords tellement escarpés, qu'il nous fut impossible d'aborder à terre. Nous cotoyâmes le rivage pendant près de deux heures, sans trouver aucun endroit où nous pussions débarquer; le courant devenoit plus rapide à mesure que nous descendions; c'est pourquoi nous craignîmes qu'il n'y eût aux environs quelque gouffre qui eût pu nous entraîner & nous perdre sans ressource; pour éviter ce funeste malheur, nous voulûmes remonter la rivière, pour tâcher de découvrir quelque port ou baye de l'autre côté; mais il ne nous fut jamais possible de remonter : le courant nous entraînoit avec une impétuosité terrible; nos foibles efforts ne faisoient que nous fatiguer sans produire aucun fruit, de sorte que nous nous vîmes contraints de quitter les rames, & de nous laisser flotter au hasard.

Ce fut alors que nous crûmes que le ciel alloit terminer le cours de nos misères, en nous ôtant une vie, pour la conservation de laquelle nous faisions d'inutiles efforts. Dans cette idée nous nous dîmes les derniers adieux : nous nous embrassâmes

embrassâmes mutuellement, & après avoir recommandé nos ames à celui qui devoit décider éternellement de notre sort, nous attendions la mort qui nous paroissoit inévitable. Le ciel touché de nos larmes, eut pitié de nous. Déjà nous appercevions de loin des rochers à fleur d'eau, qui nous menaçoient d'un prochain naufrage, & vers lesquels nous étions entraînés avec une force incroyable; lorsqu'étant venus à un endroit où la rivière formoit une espèce de coude, M. de Courmelles, qui voulut faire une dernière tentative, pour nous sauver, tourna si à propos le canot avec la rame, qui lui servoit de gouvernail, que le faisant pirouetter adroitement, il entra dans l'embouchure. Nous nous servîmes aussi tôt de nos autres rames avec tant de succès, qu'en moins de six minutes nous nous vîmes hors du courant, dans un canal paisible, qui n'avoit tout au plus que cinquante pas de large.

Ravis & émerveillés d'une délivrance aussi miraculeuse, nous ne pûmes méconnoître la main puissante de celui qui nous protégeoit. Nous élevâmes nos voix de concert, & remerciâmes le ciel du plus profond de notre ame, pour une faveur si signalée. Les deux rivages étoient bordés de palmiers & de macaws, sous lesquels

D

nous étions à l'ombre contre les ardeurs du soleil, de sorte que voguant le plus agréablement du monde, nous fûmes d'avis de conserver notre canot & de suivre ce canal aussi long-tems qu'il nous seroit possible. Nous descendions de tems en tems à terre pour y chercher de quoi nous nourrir : nous y trouvâmes des noix de coco, des bananes, & plusieurs autres excellens fruits que nous n'avions pas encore vus jusques-là. Cette découverte nous fit un plaisir que personne ne sauroit comprendre, sinon ceux qui se sont trouvés dans le triste état où nous étions. Après une navigation de trois jours, & d'autant de nuits, nous nous trouvâmes à la source de ce détroit : ne pouvant donc passer outre, nous prîmes notre bagage, & ayant tiré notre canot hors de l'eau, nous l'abandonnâmes & continuâmes notre chemin par terre.

Le trajet que nous venions de faire n'ayant pas été fort pénible, nous avions eu le tems de nous reposer ; aussi nous marchâmes avec moins de peine; d'un autre côté nous n'avions d'autre fardeau à porter que notre voile & nos armes, car pour des fruits nous en trouvions en abondance sur notre route ; il auroit été inutile de nous en charger.

Il y avoit environ quinze jours que nous avions

quitté notre canot, lorsque nous arrivâmes à l'entré d'un bois qui nous parut avoir beaucoup plus d'étendue que tous ceux que nous avions déjà passés. Nous fûmes d'avis de nous arrêter & d'attendre jusqu'au lendemain pour continuer notre route; à peine eûmes-nous dressé notre tente, que nous apperçûmes qu'on avoit allumé du feu sur une coline qui étoit à un quart de lieue de l'endroit où nous étions: cette vue produisit sur nos cœurs plusieurs effets différens; d'un côté nous appréhendions de tomber entre les mains des Cannibales, desquels nous ne devions attendre aucun quartier, & d'autre part nous espérions trouver quelque peuple plus civilisé, qui pût nous accorder son assistance, & nous indiquer la route pour arriver aux habitations des Européens, si tant est qu'il y en eût dans cette contrée.

Une alternative si périlleuse nous fit prendre diverses résolutions; tantôt nous voulions faire un détour pour éviter le danger, & tantôt nous pensions qu'il seroit plus sûr de nous tenir tranquilles dans l'endroit où nous étions. M. de Beaune, après avoir pésé toutes nos raisons, nous fit comprendre que nous avions tort de nous alarmer, sans connoître l'objet de notre terreur. Il nous remontra que nous n'avions souffert tant de veilles, de fatigues & de périls, que dans l'espérance de trouver des hommes, avec le secours desquels nous pussions obtenir les moyens de revoir quelque jour notre patrie ; qu'ainsi il n'étoit nullement raisonnable de vouloir éviter ce que nous cherchions avec tant d'ardeur. Il nous fit ensuite considérer que nous trouverions peut-être quelque compagnon de misère, qui imploreroit le secours de ceux que la providence pourroit conduire dans ces déserts, & qu'enfin, supposé que ce fussent des Cannibales, nous étions tous trois bien armés, que nous viendrions facilement à bout d'une troupe de Sauvages qui n'avoient d'autres armes que des massues & des flèches, & qu'un coup de fusil jeteroit indubitablement dans la dernière consternation. De toutes ces réflexions, il conclut qu'il étoit de la prudence d'approcher de la colonie, vu qu'en nous cachant derrière les arbres, nous pourrions voir tout ce qui se passoit, sans être apperçus.

Encouragés par des raisons aussi solides, nous laissâmes dans notre tente tout ce qui pouvoit nous embarrasser, & nous marchâmes dans l'endroit où nous appercevions la lumière. Nous étant approchés jusqu'à environ cent cinquante pas, nous vîmes sept ou huit sauvages qui paroissoient fort empressés autour d'un grand feu ;

l'éloignement néanmoins étoit cause que nous ne pouvions discerner au juste ce qu'ils faisoient ; nous avançâmes encore quelques pas, lorque tout d'un coup nous entendîmes jeter des cris lugubres qui faisoient retentir les échos d'alentour; ils prirent chacun un tison à la main, & coururent comme des forcenés. Ils firent ensuite plusieurs fois le tour de la coline, après quoi nous les perdîmes de vue.

Pour moi qui n'étois pas accoutumé à ces sortes de spectacles, j'eus une frayeur mortelle ; nous retournâmes au plus vîte à notre pavillon, & nous nous tînmes toute la nuit sous les armes, sans oser prendre aucun repos ; dès que le soleil reparut sur l'horison, nous pliâmes bagage, & nous allâmes à la coline pour voir ce qui s'y étoit passé le soir précédent. Nous ne trouvâmes rien qui pût nous en donner le moindre indice ; ce qui nous fit conjecturer qu'on y avoit peut-être célébré quelques mystères nocturnes.

Après avoir fait environ trois lieues nous montâmes sur une montagne assez haute ; étant arrivés au sommet, nous apperçûmes dans un vallon plusieurs cabannes qui ne ressembloient pas mal à des ruches d'abeilles. Elles étoient couvertes de grandes feuilles, & rangées d'espace en espace sans ordre ni symmétrie. Nous vîmes même quelques sauvages, dont les uns à l'entrée de leurs maisonnettes, & les autres plus éloignés, s'occupoient à différentes choses; ils alloient tout nuds, excepté une ceinture de peau, dont ils couvroient ce que la nature nous ordonne de cacher. Tandis que nous délibérions sur la manière dont nous nous conduirions dans une conjoncture aussi délicate & si dangereuse, nous fûmes decouverts par un sauvage qui étoit couché sur l'herbe, à quelques pas de nous.

Il se leva brusquement, & courut à grands pas vers ses compagnons; un moment après nous vîmes tout en rumeur, & en moins d'un quart d'heure nous fûmes environnés par plus de cent de ces barbares; ils nous considéroient avec un peu de crainte mêlée d'admiration; ils s'entre-regardoient en faisant les grimaces & les contorsions les plus étonnantes. Cependant ils se tenoient à une certaine distance, sans oser faire le moindre mouvement pour nous insulter. Si les Indiens étoient émerveillés de voir des hommes d'une autre espèce que ceux qu'ils avoient vus jusqu'àlors, nous n'étions pas moins surpris qu'eux, en nous trouvant parmi une nation dont nous ne connoissions ni le naturel, ni les coutumes.

Nous restâmes quelque tems à nous regarder sans qu'aucun de nous osât se remuer; nous nous tenions prêts à faire feu au moindre signal, & nous attendions avec impatience la fin de cette étrange entrevue; le nombre de nos spectateurs augmentoit à vue d'œil, ce qui redoubloit nos appréhensions, lorsque nous en vîmes arriver un, que nous prîmes pour le roi du canton; c'étoit un grand homme bien fait; son air paroissoit moins féroce que celui des autres; il avoit sur la tête une espèce de couronne, composée de plumes de différentes couleurs, & il étoit armé d'une massue qu'il portoit sur l'épaule avec une fierté martiale. A son abord, les autres jetèrent un grand cri, & s'inclinèrent à terre jusqu'à trois fois.

Le nouveau venu nous regarda avec la même surprise que le reste; il parcourut des yeux notre habillement, & surtout nos armes qu'il paroissoit regarder avec une attention surprenante; en même tems, il fit signe à celui qui étoit le plus proche, & témoigna lui donner quelques ordres; l'Indien courut de toute sa force & revint un moment après avec une coupe faite d'une noix de coco, dans laquelle il y avoit une liqueur blanchâtre; il la porta à la bouche, & en ayant bu quelques goutes, il la posa sur le bout de sa massue, & la tendit à M. de Courmelles: celui-ci ayant été plusieurs fois aux Indes comprit d'abord la signification de cette cérémonie, qu'il nous expliqua en peu de mots: il nous dit d'avoir bon courage & de suivre son exemple, puisque les sauvages vouloient savoir si nous étions amis ou ennemis; ce qu'ils expérimentoient en nous faisant boire dans le même vase, comptant pour ennemis ceux qui refusoient de leur faire raison.

Il fit aussi-tôt le même salut qu'il avoit vu faire aux Sauvages, & prenant la coupe, il la porta à sa bouche, puis la donna à M. de Beaune, qui, après avoir bu, me la rendit avec les mêmes formalités. Je fis comme les autres, & mettant la tasse sur la crosse de mon fusil, je la rendis au chef. A peine l'eût-il reprise, que les Sauvages jetèrent leurs armes & commencèrent à faire différentes postures pour marquer leur joie; au bruit qu'ils faisoient, nous vîmes arriver plusieurs femmes & enfans, d'où nous conjecturâmes qu'ils s'imaginoient de n'avoir rien à craindre de notre part, & qu'ils nous regardoient comme leurs amis. Ils se familiarisèrent peu à peu, & s'approchant de plus près, nous eûmes bien de la peine à les empêcher de se saisir de nos fusils: pour les tenir dans le respect, nous voulûmes leur faire voir l'effet que faisoient nos armes, de sorte que M. de Courmelles voyant un oiseau perché sur un arbre, à quelque distance de l'endroit où nous étions, il le coucha en joue, & adressa si bien son coup, qu'il le fit tomber roide mort par terre.

A l'ouie de ce bruit, qui leur devoit certainement paroître fort extraordinaire, ils furent saisis de terreur, ils couroient çà & là, comme un troupeau de brebis; & ils furent plus d'un quart-d'heure avant que d'oser se rapprocher de nous : M. de Courmelles voulant les rassurer, alla ramasser l'oiseau & le présenta au prétendu roi, qui le reçut en tremblant. Il le considéra attentivement avec admiration, & le voyant tout sanglant, il ne pouvoit comprendre ce qui pouvoit avoir causé cette blessure. Les Sauvages étant un peu revenus de leur frayeur, se rassemblèrent de nouveau, & nous firent signe de descendre dans le vallon; nous les suivîmes aussi-tôt; cependant nous nous tenions toujours près l'un de l'autre, pour éviter toute surprise. Dès que nous fûmes arrivés à leurs habitations, on nous mena à la cabane du roi, qui n'étoit distinguée des autres, qu'en ce qu'elle étoit plus haute & plus spacieuse. Là, on nous donna de nouveau à boire de la même liqueur; cette boisson étoit assez agréable; elle étoit composée de riz & de jus de citron; on nous présenta aussi plusieurs sortes de fruits, dont nous mangeâmes avec beaucoup d'appétit.

Nos hôtes étoient charmés de nous voir, ils exprimoient leur contentement par mille geſtes ſi grotesques, que malgré nos inquiétudes, nous avions toutes les peines du monde de nous empêcher de rire. Le ſoir étant venu, la plus grande partie ſe retira chez ſoi, & nous reſtâmes avec le chef & ſept ou huit autres. Ils nous firent pluſieurs queſtions par ſigne que nous ne comprenions pas, & auxquelles nous répondîmes de notre mieux; je ne ſais s'ils nous entendoient; mais ils parurent contens de nos réponſes. Quelque tems après ils ſe couchèrent par terre, & s'endormirent tranquillement.

Lorſque nous nous vîmes en liberté, nous commençâmes à raiſonner de notre condition préſente. Nous ſentions vivement la douleur de nous voir éloignés de notre patrie, expoſés aux caprices & aux trahiſons d'un peuple ſauvage, de la bonne foi duquel nous n'avions aucune sûreté, puiſqu'il pouvoit nous perdre dès que l'envie lui en prendroit. Ce qui augmentoit nos inquiétudes, c'eſt que nous ne ſavions comment faire pour nous dégager de nos hôtes, en cas que nous n'en puſſions retirer aucune utilité pour parvenir à nos vues. Nous appréhendions qu'ils ne s'oppoſaſſent à notre départ, & que notre éloignement pour reſter avec eux venant à leur donner des soupçons, ne les excitât à se défaire de nous, ou du moins à nous retenir par force dans un dur esclavage. Si l'on joint à tout ceci la crainte où nous étions de tomber parmi quelque nation plus féroce qui exerceroit sur nous tout ce que la barbarie peut inspirer de plus cruel, on sera obligé de convenir que les expressions les plus énergiques ne sont pas capables de dépeindre les mortelles angoisses que nous devions ressentir.

Nous attendîmes le jour avec une impatience extrême, & comme nous étions dans des appréhensions continuelles, nous n'osâmes fermer l'œil. Le lendemain, un grand nombre de sauvages s'assembla autour de notre cabane, soit pour recevoir les ordres de leur chef, soit par curiosité, pour nous voir. Le prince & ses compagnons s'étant levés, ils sortirent tous ensemble; nous remarquâmes que se tournant vers le soleil, ils s'inclinèrent profondément, comme pour rendre hommage à cet astre, d'où nous conclûmes qu'ils avoient quelqu'idée de religion, & qu'ils connoissoient une divinité qu'ils adoroient; nous ne voyions parmi eux ni temples, ni idoles, ni prêtres; leur culte étoit fort grossier & ne consistoit que dans l'adoration matinale dont je viens de parler. Cette cérémonie étant achevée, le chef nous fit signe de le suivre; nous obéîmes ponctuellement. Il prit un arc & des flèches, ce que plusieurs firent à son imitation; il nous mena dans un bois qui étoit à une demi-lieue de là. Nous admirâmes leur habileté à tirer de l'arc; ils tuèrent plusieurs chèvres. Nous n'osâmes cependant pas encore nous servir de nos fusils, de peur d'effaroucher nos conducteurs. Nous chassâmes pendant trois ou quatre heures, après quoi nous retournâmes au hameau.

La proie fut divisée parmi les chasseurs, qui laissant au chef ce qu'il y avoit de meilleur, s'en retournèrent à leurs cabanes, excepté ceux qui avoient passé la nuit avec nous, & qui paroissoient être les domestiques du chef; ce qui nous étonna, ce fut de voir qu'il y eût plusieurs femmes dans une cabane, sans qu'il s'en trouvât aucune dans celle où nous étions: ceci nous fit faire plusieurs conjectures, mais il nous fut impossible d'en découvrir la véritable raison. On éventra les chèvres, & nos gens prenant chacun un morceau, le dévorèrent tout cru avec un appétit inconcevable. Ils nous firent signe de prendre notre part, ce que nous refusâmes unanimement; mais notre refus sembla les fâcher; ils nous offrirent néanmoins quelques fruits que nous acceptâmes avec plaisir. Après le repas, ils se couchèrent sur l'herbe, & firent la méridienne.

Nous vécûmes ainsi pendant trois mois, & nous nous accoutumâmes si bien aux mœurs de nos Indiens, que nous bannîmes toutes nos craintes, & que nous n'avions plus la moindre méfiance; ils se firent aussi à nos manières, & nous laissèrent une entière liberté de vivre à notre fantaisie. Comme nous avions horreur de leur voir manger la viande crue, nous essayâmes de les corriger : pour cet effet nous fîmes rôtir un quartier de chèvre, dont nous leur donnâmes une partie ; la plupart de nos convives n'en voulurent pas goûter, & s'en tinrent à leurs mets ordinaires; les autres qui mangèrent ce rôti, en témoignèrent du dégoût, de sorte que nous fûmes obligés de renoncer à ce dessein.

Nous admirions en secret la simplicité de ces peuples, qui ne vivoient que selon les idées de la nature. Leur état nous parut des plus heureux ; on ne voyoit jamais parmi eux ni disputes, ni querelles ; ils croyoient ne manquer de rien, & aucune inquiétude ne troubloit leur repos. Nous étions charmés de la fidélité avec laquelle ils agissoient à notre égard, & nous leur donnions la préférence sur bien des nations policées, dont la perfidie & la cruauté font toute la puissance.

Il y avoit plus de quatre mois que nous formions différens desseins, sans pouvoir en exécuter aucun, lorsque la bonté divine, fléchie par nos larmes & nos soupirs, nous tendit une main secourable & nous procura une délivrance d'autant plus merveilleuse, qu'elle étoit inopinée & inattendue.

Un jour que nous étions dans notre cabane, où nous conversions ensemble ; le chef, accompagné de plus de cinquante de ses sujets, vint nous trouver avec un air effrayé qui ne nous présageoit rien de bon. Nous crûmes qu'on en vouloit à notre vie ; nous prîmes d'abord nos armes & nous mîmes en devoir de nous défendre. Les Indiens nous firent signe de sortir, ce que nous n'osâmes faire, de peur d'être accablés par le nombre. Ils nous faisoient plusieurs gestes pour se faire entendre, mais nous n'en pûmes jamais découvrir le véritable sens. Un moment après, nous fûmes fort surpris d'entendre un son lugubre, semblable à celui d'un cornet. Ce bruit étrange nous étonna d'autant plus, que nous remarquions dans nos gens un air de crainte & de terreur, plutôt que d'animosité. Nous nous doutâmes enfin de ce que ce pouvoit être, & sortant de notre retraite, nous vîmes une troupe de plus de deux cens Sauvages qui s'avançoient à grands pas vers nos habitations.

Notre résolution fut bientôt prise; nous fîmes signe au chef, en montrant nos fusils, que nous allions chasser & tuer ses ennemis; il nous comprit d'abord; nous nous apperçûmes qu'il reprit aussitôt courage, & qu'il parut beaucoup plus résolu qu'auparavant. Il assembla ses gens & les rangea en ordre à sa manière. Nous laissâmes approcher nos ennemis jusqu'à environ cinquante pas. Les deux partis étant en présence, ils poussèrent de part & d'autre des cris affreux & se disposèrent au combat. Lorsque nous les vîmes sur le point d'en venir aux mains, nous crûmes qu'il étoit tems de faire jouer notre petite artillerie. Pour ménager nos bales, nous avions chargé nos fusils de petites pierres, de sorte que dès notre première décharge, il y eut plus de dix hommes, tant blessés que tués.

Jamais on ne vit une pareille consternation; les deux armées couroient chacune d'un côté opposé, & dans un moment nous nous vîmes seuls sur le champ de bataille. Nous poursuivîmes les fuyards, & comme nous voulions leur ôter l'envie de revenir de long-tems, nous les saluâmes d'une seconde décharge qui ne fit pas moins d'effet que la première; nous en terrassâmes encore quelques-uns à coups de sabre, le reste se sauva dans le bois, où il nous fut impossible de les atteindre. Ayant rechargé nos fusils, nous revenions en triomphe, lorsqu'étant arrivés à l'endroit où l'action s'étoit passée, nous entendîmes un sauvage que nous avions blessé, qui nous demandoit la vie & du secours.

Emerveillés de ce prodige, nous crûmes entendre la voix d'un ange tutélaire que le ciel nous envoyoit. Nous songeâmes d'abord à soulager l'Indien; il n'avoit qu'une légère blessure au genou; nous lavâmes sa plaie, nous le prîmes sous les bras, & le conduisîmes à notre cabane pour lui laisser prendre du repos.

Bientôt nous vîmes revenir nos gens de différens côtés. Il me seroit impossible de décrire toutes les actions que leur reconnoissance & la joie de se voir si heureusement délivrés de leurs ennemis, leur fit faire. Ils se mettoient sur-tout à genoux, & prenant nos pieds, ils les posoient sur leurs têtes, pour nous désigner leur soumission & leur gratitude.

Etant revenus à notre demeure, ils apperçurent notre prisonnier, s'imaginant, peut-être, qu'il s'y étoit glissé à notre insu, ils vouloient le tuer; mais nous les empêchâmes d'entrer, & leur fîmes comprendre que ce n'étoit pas notre dessein qu'il mourût. Dès que nous nous vîmes seuls, nous interrogeâmes notre Indien,

il

il parloit un espagnol un peu corrompu; toutefois nous pouvions entendre tout ce qu'il nous disoit. Il nous apprit qu'il étoit de la nation des Amixocores; qu'à l'âge de quinze ans il fut fait esclave & vendu à un marchand Portugais de Sainte-Foi; que celui-ci l'ayant cédé à un de ses amis, la cruauté de son nouveau maître l'avoit forcé de prendre la fuite; qu'après avoir erré long-tems au travers des bois & des forêts, il avoit enfin rencontré une troupe d'Indiens qui sont les naturels du pays; que ces peuples l'ayant reçu avec beaucoup d'humanité, il les avoit suivis dans leurs différentes expéditions, jusqu'au jour où nous les avions rencontrés. Il ajouta qu'il nous aideroit en tout ce que nous exigerions de lui, pourvu que nous ne le livrassions pas au pouvoir de nos hôtes, & que nous le prissions sous notre protection.

Une conjoncture aussi favorable nous fit songer d'abord à en profiter le plutôt qu'il nous seroit possible. Pour cet effet nous demandâmes à l'Amixocore s'il y auroit moyen que nous pussions parvenir aux plantations dont il venoit de parler. Il nous répondit que la chose étoit fort difficile, mais non pas impossible, que nous aurions à traverser une vaste étendue de pays coupée de plusieurs rivières rapides & profondes,

E

hérissée de forêts pleines d'animaux féroces, & sur-tout habitée par des hordes de sauvages qui ne manqueroient pas de nous massacrer, si nous tombions entre leurs mains. Tant d'obstacles ne furent point capables de nous rebuter, pourvu qu'il consentît à nous servir de guide. Il accepta la proposition, & nous nous préparâmes au départ. Il fallut tromper nos hôtes, en leur faisant accroire que nous allions donner la chasse à leurs ennemis. Huit jours après, nous prîmes congé d'eux, & nous nous mîmes en route.

Il me seroit impossible d'exprimer notre joie, à mesure que nous avancions vers l'endroit où nous espérions trouver la fin de nos malheurs. Tantôt nous marchions au travers de belles plaines & de bois agréables, tantôt nous nous trouvions dans des déserts affreux, ou sur des montagnes escarpées, dont le seul aspect effrayoit. Quelquefois nous percions des forêts immenses & épaisses, que le rugissement des lions & autres animaux carnaciers faisoit retentir à nos oreilles. Enfin, après plusieurs mois de fatigue & de périls, nous arrivâmes au pays des Amixocores, patrie de notre guide. Quels furent nos transports à la vue de leurs habitations, qui n'avoient rien de sauvage, & d'un peuple qui parloit notre langue! Un vieillard, chef de la nation, nous reçut avec beaucoup d'humanité, & nous remarquâmes bientôt que tous les habitans de cette contrée partageoient les mêmes sentimens. Nous apprîmes qu'il nous restoit encore cent lieues à faire pour parvenir à Sainte-Foi, ville appartenante aux Espagnols, où nous trouverions mille occasions de retourner en Europe. Des nouvelles si consolantes redoublèrent notre joie & notre courage. Au bout de quelque tems, nous prîmes la route de Sainte-Foi, où nous arrivâmes enfin. Nous n'y fûmes pas moins bien accueillis que chez les Amixocores. Plusieurs personnes de qualité, qui connoissoient ma famille, s'empressèrent, à l'envi, de nous rendre service. Le gouverneur lui-même, don Gonsalvo de Vélez, à qui nous étions recommandés, nous fit l'accueil le plus favorable. Le climat de Sainte-Foi est très-agréable, & la température très-douce. Les sociétés y sont plus enjouées qu'en Espagne, & il y règne une douce liberté qui me charmoit. Un séjour si délicieux m'auroit fait désirer d'y finir mes jours, si un sentiment plus fort ne m'eût attiré vers ma patrie. Nous écrivîmes d'abord en Espagne, pour donner avis à nos parens de notre situation. Nous leur marquâmes le tems où nous avions dessein de quitter le Mexique. Don Gonsalvo eut la bonté de faire partir nos lettres avec celles qu'il écrivoit en cour. Ainsi tout concouroit à l'accomplissement prochain de nos vœux les plus chers.

Nous étions depuis près de six semaines à Sainte-Foi, lorsque don Gonsalvo nous apprit qu'il venoit de recevoir avis qu'il y avoit à Portobello une flotille destinée pour Cadix; qu'elle partiroit infailliblement vers la fin du mois suivant, & qu'il ne tiendroit qu'à nous d'en profiter. Comme nous n'avions pas de tems à perdre, nous nous disposâmes à partir sans délai. Nous prîmes congé de toutes les personnes qui avoient si généreusement contribué à soulager nos infortunes. Nous allâmes recevoir les ordres de notre illustre protecteur don Gonsalvo, & nous nous mîmes en chemin.

Arrivés à Portobello, il nous fallut encore attendre quinze jours le départ de la flotille pour Cadix. C'est là que nous fîmes une perte qui nous fut extrêmement sensible. Il y avoit dans la rade un vaisseau françois, dont le capitaine, qui devoit se rendre à la Martinique, conçut tant d'estime & d'amitié pour M. de Courmelles, qu'il forma le dessein de se l'attacher. Il lui en parla plusieurs fois, & lui fit des propositions si avantageuses, que, malgré sa répugnance à nous quitter, il se détermina enfin à prendre le parti qu'on lui offroit. Quoique cette séparation nous fût très-dure, nous ne pûmes cependant le blâmer. Il se trouvoit dans un pays étranger, sans autre argent que celui qu'on lui donnoit en notre considération; il n'y avoit pas beaucoup d'apparence qu'il pût recouvrer son vaisseau, & il espéroit d'être employé dès qu'il seroit arrivé dans les colonies. Il étoit même certain d'y trouver un grand nombre d'amis qui le serviroient ardemment. Toutes ces raisons le portèrent à suivre M. de Fontaigre, c'étoit le nom du capitaine. Nous aurions été charmés de pouvoir nous embarquer avec lui; mais la chose n'étoit point praticable, à cause du détour considérable que nous aurions été obligés de faire, & qui eût retardé de plusieurs mois notre retour en Espagne. Nous accompagnâmes notre ami à bord du vaisseau, où le capitaine nous retint pendant deux jours, & nous régala de son mieux. Il fallut se séparer, nous nous embrassâmes avec larmes, nous nous jurâmes une amitié éternelle, & nous promîmes de nous écrire mutuellement, dans quelque partie du monde que le sort nous plaçât.

Quelques jours après, la flotille se trouva prête à partir, & nous nous embarquâmes. Quoique la route que nous devions faire semblât ne nous offrir qu'une navigation heureuse & facile, cependant le sort qui ne cessoit de nous poursuivre, voulut encore la traverser par des évènemens malheureux. Nous étions à la hauteur des îles de Gallapagos, lorsqu'un calme nous surprit. Il fut suivi d'une tempête affreuse qui dispersa tous nos vaisseaux, & jeta celui que nous montions, M. de Beaune & moi, vers l'île de Tortuga. A peine étions-nous entrés dans la rade, que deux vaisseaux anglois vinrent nous y attaquer. Malgré la plus vigoureuse résistance de notre part, nous devînmes leur proie. Mais le courage que nous avions montré nous les rendit favorables. Nos vainqueurs nous traitèrent généreusement, & & nous conduisirent à la Jamaïque.

Ne pouvant aller en droiture à Cadix, nous obtînmes du capitaine Anglois qui nous avoit pris, la liberté de partir sur un vaisseau qui faisoit voile pour la Méditerranée, & qui devoit se rendre à Venise. Il restoit encore quelques difficultés qui furent enfin levées par la paix conclue entre l'Espagne & l'Angleterre. Ainsi, redevenus libres, nous partîmes, & après une course qui n'offrit plus que les évènemens ordinaires de la navigation, nous arrivâmes à Venise. Quelle joie pour moi de me voir si près de ma patrie ! Quantité d'amis que nous trouvâmes dans la capitale de cette puissante république; nous reçurent à bras ouverts; & j'aurois goûté quelques plaisirs dans ma nouvelle situation, si le ciel, par une dernière épreuve, n'eût renouvelé tout le sentiment de mes maux. M. de Beaune, le digne compagnon de mes longues infortunes, mon sage gouverneur, mon second père fut attaqué à Venise d'une maladie mortelle qui le mit en peu de jours au tombeau. Je ressentis si vivement cette perte, qu'elle me replongea dans la plus profonde mélancolie. Quelques amis résolurent, pendant qu'on feroit les obsèques de M. de Beaune, de me mener aux environs de la ville, dans une campagne de notre Ambassadeur. On n'eut pas de peine à m'y déterminer. J'étois convaincu que les douloureuses circonstances où je me trouvois, me rendoient la retraite nécessaire; & je me laissai conduire.

On faisoit de vains efforts pour me retirer de la noire tristesse dont j'étois accablé. Je formai dès-lors le dessein de quitter absolument le monde, & d'aller passer mes jours loin du commerce des hommes. Quoique je me visse dans un âge où l'on commence à peine à goûter les douceurs de la vie, je me sentis néanmoins un dégoût intérieur pour les vanités mondaines. Mes malheurs m'en avoient entièrement détaché. Je ne tardai pas à exécuter mon projet, & je me retirai dans ce hameau, le seul asyle où j'ai pu jouir d'une tranquillité qui m'a toujours fui parmi les agitations de la société.

Fin des Aventures d'un Espagnol.

RELATION
DU NAUFRAGE
D'UN
VAISSEAU HOLLANDOIS.

RELATION
DU NAUFRAGE
D'UN
VAISSEAU HOLLANDOIS.

Nous partîmes de Batavia avec les vaisseaux nommés Wésop, Brouwers-haven, & Nieuwenhove, le troisième Septembre de l'année mil six cent soixante & un, & fîmes voiles vers Onguoli, dans le royaume de Bengala. Notre vaisseau nommé Ter-Schelling étoit monté de quelques pièces de canon de huit; l'équipage étoit de quatre-vingt-cinq hommes, & sa charge d'argent monnoyé, de cuivre & de planches.

Le vingt-troisième, notre contre maître nommé Hillebran étant descendu entre les ponts pour en tirer quelques cordages dont il avoit besoin, vit ou crut voir nager dans la mer des personnes pâles & défaites, & même quelques morts à flot. Au retour de ce lieu, il parut demi-troublé, &

quand sa triste rêverie fut un peu dissipée, il nous dit ce qui la causoit. Soit que sa vision fût réelle, ou un pur effet de son humeur sombre, plusieurs en tirèrent mauvais augure, & commencèrent à se préparer à quelque chose de funeste. Pour lui, depuis ce moment-là il fut toujours triste & rêveur, au lieu qu'auparavant il étoit gai & aimoit à rire. Sa mélancolie devint telle qu'il ne pouvoit souffrir ni gestes, ni paroles libres, ni s'empêcher de nous exhorter à la prière, pour détourner les maux dont il sembloit que l'équipage fût menacé. Comme il y en avoit qui se moquoient de ses visions, & qui en faisoient des railleries, il demandoit souvent à dieu qu'il lui plût de faire voir à ces libertins, ce qu'il avoit vu, ou chose semblable; afin que cela les fît un peu rentrer en eux-mêmes, & réprimât leur libertinage.

Le huitième Octobre nous fûmes à la vue de la côte de Bengala, mais nous la vîmes sans la connoître, n'y ayant pas plus d'apparence que ce fût elle, que les terres d'Arakan qui en sont proches. Dans cette incertitude nous gouvernâmes de ce côté-là, & donnâmes fond à deux lieues de terre, où notre maître de navire nommé Jacob Jansz Stroom, natif d'Amsterdam, fit mettre la chaloupe en mer, & dépêcha vers les habitans le pilote, sept ou huit matelots & le sommelier qui savoit un peu la langue du pays;

pour s'informer de la nature du parage, & du nom des terres que nous voyions. Nous savions que celles de Bengala sont semées d'écueils dangereux où plusieurs vaisseaux avoient fait naufrage; mais nous n'avions pas les connoissances nécessaires de leur gisement, & sans cela nous ne pouvions les éviter. Depuis qu'on eut envoyé de nos gens à terre, nous les attendions d'heure à autre; & trois jours s'écoulèrent en les attendant de la sorte. Au bout de ce tems nous craignîmes qu'ils n'eussent été, ou dévorés, ou faits captifs; & dans cette crainte nous levâmes l'ancre & cherchâmes un port où nous pussions nous en informer. Après avoir long-tems cherché, nous découvrîmes trois petites barques qui venoient à nous du côté de terre. Nous en fûmes fort réjouis, espérant que par leur moyen nous apprendrions des nouvelles de ceux que nous cherchions, & qu'ils nous aideroient à sortir de notre embarras. Ces barques s'arrêtèrent à un jet de pierre de notre bord, comme pour aviser ensemble s'ils devoient y entrer, parce que c'étoit un navire de guerre. Après avoir balancé plus d'un gros quart-d'heure, leur chef que les autres nommoient Orangkai, où le capitaine de leur village, fit approcher sa barque, & nous fit signe que les deux autres qui le suivoient étoient toutes pleines de poules, de pisangs, de sotlaques, & d'autres fruits de leur terroir.

Nous lui fîmes entendre le mieux que nous pûmes, qu'il n'avoit rien à craindre, & nos signes l'encouragerent. Si-tôt qu'il fut dans notre bord, il fit approcher les autres barques, & décharger leurs provisions qui nous vinrent fort à propos, & le maître de notre navire le fit entrer dans sa chambre où il lui fit fort bon accueil. Comme ils commençoient à s'entretenir du pays, après avoir demandé des nouvelles de nos gens, notre vaisseau toucha contre un terrein qui mit l'alarme dans l'équipage. L'ordre que l'on mit pour nous relever, ne se pouvant faire sans bruit, l'Orangkai s'épouvanta, & crut que c'étoit un signal pour le maltraiter. Dans cette appréhension il ne songea qu'à s'évader, & il le fit si adroitement que nul de nous ne s'en apperçut qu'après qu'il fut un peu éloigné. Il s'arrêtoit de tems en tems, & nous pensions qu'il retourneroit, mais quand nous vîmes qu'il avoit oublié l'argent qu'on lui avoit compté, nous ne doutâmes plus que sa frayeur ne fût extrême; en effet il ne revint pas, & quand notre vaisseau fut à flot, nous nous trouvâmes aussi avancés que nous étions auparavant. Dans l'extrémité où nous étions, la plupart opinerent qu'il falloit attendre nos gens, & durant huit jours nous fîmes des courses autour du parage, dans l'espérance de les retrouver; mais l'ayant fait inutilement, nous nous mîmes au large & cherchâmes nos vaisseaux de conserve.

Après les avoir long-tems cherchés nous allâmes heurter contre un banc d'où nous étant relevés, nous retombâmes sur un autre plus dangereux que le premier. Cela nous obligea de mettre notre esquif à l'eau, & de prendre la sonde, tant pour savoir la profondeur du parage où nous étions, que pour connoître la nature & la qualité du fond. Fort loin aux environs, nous ne trouvâmes que basses & batures, & par tout si peu d'eau que nous ne savions par où passer. Dès-lors nous nous crûmes perdus, & tout l'équipage s'affligea, excepté les pilotes qui, au plus fort du péril coururent à leurs tonneaux, & burent à la santé l'un de l'autre. Cependant nous mouillâmes par l'avant & en croupière; & comme la mer étoit agitée & le vent forcé, nous ne pûmes empêcher qu'il ne se fît une ouverture à notre vaisseau, qui couroit risque de couler bas, si nous n'eussions coupé le beaupré. Pour l'esquif il fut abîmé, & un seul homme qui étoit dedans sauvé, avec le secours qu'on lui donna.

Ainsi nous étions sans esquif, sans chaloupe, hors de la vue de terre, & dans une mer inconnue. Ces malheurs étoient grands & suffisoient pour nous accabler, mais nous n'étions pas encore au bout, & peu après nous nous trouvâmes dans un état bien plus pitoyable. Comme nous songions aux moyens de réparer le désordre, un coup de vent rompit nos deux cables. Nous en jetâmes promptement deux autres, qui n'empêchant pas que le vaisseau ne heurtât contre le banc, nous les coupâmes à coups de hache sur l'écubier, & abandonnâmes les ancres. Et pour les voiles, outre que le vent avoit emporté le petit unier, il fallut mettre le vaisseau à sec, & les avoir toutes pliées. De plus, le vent avoit si fort grossi les vagues, que le navire faisoit eau par ses sabords, & il sembloit à tous momens qu'il dût se briser contre l'écueil. La consternation étoit grande, mais elle n'étoit pas générale : & tandis que la plupart songeoient à leur conscience & à prier dieu, devant lequel ils alloient paroître, les pilotes se réjouissoient & chantoient le verre à la main, que toute furieuse & terrible qu'étoit l'eau de la mer, ils l'empêcheroient bien d'occuper le lieu où ils mettoient de l'eau-de-vie. Ainsi ces galans morguoient le péril & la mort même, qu'ils appeloient la terreur des ames communes, & le mépris de ceux qui la connoissoient en elle-même. Tandis qu'ils buvoient d'un côté, & que nous priions dieu de l'autre, un

coup

coup de vent nous poussa au travers des bancs, & mit notre vaisseau à flot. Nous commencions à bien espérer quand nous nous apperçûmes qu'il faisoit eau de tous côtés. D'abord nous fîmes jouer nos pompes, mais nous ne la pûmes épuiser, quoique nous fissions par horloge plus de cinq cens bâtonnées d'eau. Peut-être néanmoins que nous y eussions réussi si tous nos gens qui étoient au nombre de soixante & dix, eussent pu s'entr'aider, mais la plupart étoient si foibles qu'à peine pouvoient-ils marcher.

Cet inconvénient fut suivi d'un autre qui acheva de nous désoler; nul d'entre nous ne savoit la route, & ni le maître ni les pilotes ne savoient à quoi s'arrêter. Après plusieurs contestations ils se trouvèrent d'opinion contraire, ceux-ci voulant aller d'un côté & le maître d'un autre, son opinion fut suivie. Nous n'allâmes pas loin sans connoître qu'elle étoit la meilleure, au lieu que celle des pilotes nous eût éloignés de la côté. Encore que nous fussions en repos de ce côté-là, nous avions assez d'autres choses qui nous embarrassoient, car nous étions gagnés par l'eau qui entroit dans le navire, nous fûmes long-tems sans voir la terre, & nous n'avions plus de provisions. Ajoutez que nous étions tous accablés de sommeil, de foiblesse & de lassitude. Nous étions dans cet état, lorsque celui qui faisoit sentinelle s'écria terre, terre, & qu'on n'en étoit pas loin. Cette bonne nouvelle donna cœur à tout l'équipage, chacun fit de nouveaux efforts, & commença à mieux espérer de l'avenir. Cette douceur ne fut pas de longue durée, & trois ou quatre heures après nous eûmes la marée contraire qui nous empêcha d'avancer; de sorte que le soir nous fûmes contraints de jeter l'ancre à trois ou quatre lieues de terre, sur un fond de quatre brasses. Ce dernier accident acheva de nous désoler, car nous ne pouvions plus pomper, & l'eau nous gagnoit à vue d'œil. Les plus robustes néanmoins se voyant près d'échouer au port, firent des efforts extraordinaires, & s'encourageant les uns les autres mirent la main à l'œuvre, dans la résolution de couper le cable le lendemain pour nous approcher avec le flot, le plus près de terre que nous pourrions. Mais à peine six horloges s'étoient écoulées dans ce travail, qu'on s'apperçut qu'à un sceau d'eau, plus de la moitié étoit du sable dont nous avions lesté, ce qui rompit toutes nos mesures.

Depuis ce fâcheux accident on ne songea plus qu'à s'abandonner à la providence divine, & toute espérance nous étant ôtée, les uns cédèrent à la violence du sommeil, les autres y résistèrent, ne pouvant se résoudre à fermer les yeux à la clarté qu'ils étoient sur le point de perdre;

& quelques-uns à qui ce sommeil & la mort faisoient moins de peur que la faim, demandèrent à manger avec tant d'instance, que le maître ordonna de donner à chacun un peu d'eau de vie & de chair fumée. Le sommelier accoutumé à l'économie, obéit avec peine; mais enfin s'y voyant forcé, il distribua si peu de l'un & de l'autre, qu'il sembloit que nous eussions encore une longue route à faire.

Cependant les veilles & les fatigues avoient tellement épuisé nos gens, que plusieurs devinrent troublés, & firent des extravagances dont on eût ri dans un autre tems. Le cuisinier monta à la hune & en descendit fort échauffé de la peine qu'il dit avoir eue à pêcher des plongeons dont il se vantoit de faire un régal qui feroit revivre les morts. Quelques autres ne pouvoient comprendre le péril où nous étions, ne se souvenoient plus du passé, & ne parloient que du profit qu'ils prétendoient faire dans leur voyage. Dès que nous eûmes cessé de pomper, la grande vergue & celle d'avant que nous avions baissées, se trouvèrent remplies de plongeons qui étoient fort aisés à prendre, & c'est où le cuisinier qui avoit été le premier à s'en appercevoir, les avoit pris.

De ceux qui restoient dans leur bon sens,

plusieurs firent cuire un reste de fèves nommées Kitseri, qui se trouvèrent au fond du coffre d'un matelot qui reposoit. On les mangea avec assez de tranquillité, quoiqu'on jugeât bien que ce seroit le dernier repas qui se feroit. Peu de tems après il entra tant d'eau par le sabord de la chambre du cuisinier, où la violence des houles avoit fait une ouverture, qu'il fallut faire des trous au tillac pour la faire couler à fond de cale, & on les reboucha avec peine, avec des plaques de plomb garnies d'étoupes. Après cela les plus robustes furent contraints de se retirer, n'y ayant plus moyen de vaincre l'envie qu'ils avoient de dormir. Pour moi qui jusques là y avois pu résister, je me laissai tomber sur un coffre attaché sur le tillac, ne pouvant me résoudre de me mettre plus à mon aise, dans un tems où je me croyois si proche de la mort.

A peine avions-nous reposé une heure, que les cris de ceux qui s'apperçurent les premiers que le vaisseau penchoit d'un côté, nous éveillèrent & nous firent voir le danger où nous étions. Ce fut alors que la confusion augmenta, & que chacun trouva des forces pour se retirer de presse, ou pour chercher un lieu commode pour se mettre à nage dans la dernière extrémité: & quand tout l'équipage fut sur les hauts de l'arrière, il se trouva de moins trois de nos matelots: & il y avoit apparence qu'ils s'étoient noyez à fond de cale où ils dormoient profondement.

Nous fûmes deux heures dans cet état, la plupart à demi-morts & n'ayant plus aucune espérance, quand le vaisseau se releva. Ce changement nous surprit, de sorte qu'à peine le pouvions-nous croire, & quand on en fut bien assuré, le cœur revint, & la tristesse fit place à la joie. Plusieurs coururent à leurs coffres, se vêtirent de leurs beaux habits & demandèrent de l'eau-de-vie. On ne la leur épargna pas, & ce que l'on en but produisit bientôt un plaisant effet; d'autres débitoient leurs pensées grotesques, s'imaginoient être grands seigneurs & ne parloient que de millions. Ces visions étoient supportables au prix des excès des pilotes qui continuoient à braver la mort. Soit que ce fût un effet du vin ou de la mauvaise compagnie, quelques uns de ceux qui avoient pris plus de peine à s'ajuster, allèrent avec eux dans la Dunette, d'où sortant de tems en tems le verre à la main & le chapeau sur l'oreille, ils invitoient les autres à les imiter en chantant des chansons profanes; & peu s'en fallut qu'ils ne dansassent. Il y en avoit qui étoient plus mornes; mais qui ne laissoient pas de boire, afin disoient-ils de s'assoupir, & d'être moins susceptibles de l'émotion qu'on éprouve dans ces rencontres Ceux-là gardoient quelques mesures, mais d'autres plus brutaux se gorgeoient comme des cochons jusqu'à perdre le jugement, malgré les remontrances que les plus sensés leur faisoient

Cependant la mort approchoit, & l'unique ressource étoit de faire une machine où nous pussions nous mettre quand le vaisseau nous manqueroit. Le maître charpentier s'offrit d'en faire une, & avec l'aide de quelques autres il prit les vergues, les mâts & autres bois ronds dont il fit un assemblage qui pouvoit porter quarante hommes. Nous étions davantage ; mais les libertins se moquèrent de notre précaution, & ne voulurent pas nous aider, si bien que, faute de secours, nous ne pûmes en faire une qui fût ni plus forte ni plus ample. La dureté de plusieurs de nos gens fut telle, qu'ils ne vouloient pas même prêter ni les haches ni les coûteaux dont nous avions besoin. Le sous-cuisinier fut un de ceux là. Cet homme nommé Guillaume Ysbrants, en avoit quantité, & bien loin d'en donner, il dissuadoit ceux qui en avoient, de s'en défaire, disant qu'il avoit un moyen plus court & plus sûr de sauver ceux qui le voudroient suivre. Enfin malgré ce cœur endurci, & les disciples des Pilotes qui continuoient à se divertir, nous vînmes à bout de notre radeau que nous attachâmes au vaisseau en attendant que l'on eût fait des avirons pour le conduire. Quand tout fut prêt on donna à chacun de ceux qui s'y voulurent mettre dix pièces d'argent qui étoient de mise au royaume de Bengala, pour s'en servir dans leurs besoins, lorsqu'ils seroient à terre. Avant que de se séparer il fallut boire tout de nouveau, & l'on but si imprudemment, que la plupart perdirent le peu de raison qui leur restoit. Je voulus me mettre avec ceux qui sortoient du vaisseau, mais un ami m'en empêcha; il me dit qu'il n'étoit pas juste que je l'abandonnasse, & qu'il ne pouvoit me céler qu'il n'avoit pas bonne opinion de cette machine, ou plutôt de ceux qui la conduisoient, parce qu'ils étoient presque tous ivres, & sur le point de se quereller; joint que la machine étoit à fleur d'eau & plus chargée qu'il ne falloit. Ainsi je restai dans le vaisseau avec le maître & quelques autres dont le nombre étoit fort inférieur à celui de ceux qui en sortoient. A peine ceux-ci avoient-ils démaré, que plusieurs d'entr'eux se repentirent de nous avoir quittés & se mirent à la nage pour nous rejoindre; si bien qu'à leur retour nous nous trouvâmes au nombre de trente deux hommes; & à ce compte il falloit qu'il y en eût quarante sur le radeau, où ils tâchèrent d'appareiller la voile de la chaloupe: mais outre qu'elle

F iv

étoit trop lourde le vent tomba demi-heure après, si bien qu'ils avancèrent fort peu.

Quand nous les eûmes perdus de vue, on pria Dieu pour l'heureux succès de leur entreprise, afin que, suivant leur promesse, les habitans nous vinssent bientôt secourir. Après, le maître du vaisseau fit apporter un sac de biscuit de Zélande & un peu de chair fumée que l'on mangea avec appétit. Pendant ce tems-là nous vîmes encore nos gens fort loin, mais ce ne fut que pour un moment, & depuis on ne les vit plus, ce qui nous fit croire que le radeau avoit coulé bas par quelque accident imprévu ; à quoi il y a quelque apparence, puisqu'on n'a jamais pu savoir ce qu'ils étoient devenus. Les fortes conjectures que nous avions de leur perte, ayant ruiné notre espérance (car nous faisions fond sur les bons offices qu'ils avoient promis de nous rendre quand ils seroient à terre), nous songeâmes à faire un autre radeau ; & quand il fut achevé, nous trouvâmes qu'il n'étoit propre que pour dix ou douze hommes. C'est pourquoi nous prîmes d'autres mesures, & commençâmes par faire sauter la hune du grand mât que l'on avoit déjà coupé & dépouillé de tous ses agrès. Ensuite il nous falloit la vergue, mais comme elle étoit fort avant dans l'eau, embarrassée de la voile & de ses cordages, nous ne la pouvions dégager. Après avoir cru la chose impossible, l'ami dont j'ai parlé, nommé Guillaume ou Willem Bastians, se fit nouer une corde autour du corps, sauta dans la mer, & alla couper tous ces embarras qui nous empêchoient d'achever ce que nous avions commencé. Cependant la nuit & les vagues nous incommodoient également; l'une par son obscurité, & les autres par leur violence; ainsi nous étions à tous momens sur le point de périr.

Comme la plupart étoient occupés à couper le mât d'avant qui étoit le seul qui fût debout, six de nos gens complotèrent de s'évader secrètement sur le radeau qu'on venoit de faire, &, sans se soucier de ce qui pourroit arriver aux autres, ils se mirent en devoir d'exécuter leur lâche dessein. Ils avoient même déjà coupé les deux cordes où il étoit attaché, & commençoient à s'éloigner du vaisseau, lorsque le mât que l'on coupoit tomba dans la mer devant le radeau, & par sa chûte le fit retourner auprès du bord. Sans cela il est certain que nous eussions péri cette nuit, car le mauvais tems augmentoit; les secousses étoient violentes, & le vaisseau ne les pouvoit plus soutenir. Nous nous hâtâmes donc d'ajouter à notre radeau le mât qui venoit de tomber, ce qui le rendit propre à porter vingt hommes & nous étions trente-deux. Sur le minuit la marée étoit à demi-retirée ; nous eussions bien voulu pouvoir attendre le vif de l'eau & le retour de la clarté pour nous mettre sur le radeau ; mais le danger étoit trop pressant, & nous ne le pouvions sans courir risque de la vie.

On songea donc sérieusement à sortir du vaisseau, & l'on commença par distribuer quelque argent à ceux qui en voulurent alors, car plusieurs ne l'acceptèrent qu'en descendant sur le radeau, où nous ne portâmes que très-peu de vivres, deux compas de mer, deux coutelas, une épée, une hache d'armes, quelques rames faites à la hâte, une lanterne & quelques livres de chandelles pour achever de passer la nuit.

Avec ce peu de précaution nous abandonnâmes le vaisseau, & nous mîmes sur le radeau, où chacun, la rame à la main, nous tâchâmes d'approcher de terre. Je ne puis exprimer combien nous souffrîmes dès que nous y fûmes ; mais il est aisé de s'imaginer qu'étant dans l'eau jusqu'à la ceinture par un tems extrêmement froid, & dans une nuit fort obscure, nous devions être fort incommodés. Lorsque le jour parut nous eûmes la marée contraire, & n'ayant rien à lui opposer, elle nous entraîna si loin que nous ne vîmes plus la terre. Une heure après nous l'apperçûmes & usâmes de toutes nos forces pour la joindre ; mais les courans qui étoient rapides rendoient nos efforts inutiles, & cela pensa nous décourager. Cet accident fut suivi d'un autre, la plupart tombèrent en délire, & donnèrent beaucoup de peine à ceux qui purent résister à tant de fatigues. Les uns vouloient aller à leurs coffres & les demandoient opiniâtrément pour en tirer du linge. D'autres cherchoient la cuisine pour se chauffer. Mais un des plus fâcheux, fut Guillaume Bastians mon ami, qui, s'imaginant comme les autres être encore dans le vaisseau, demanda où nous le menions ; & ramant tout-à-coup de l'autre côté & tout au contraire des autres : Hé laissez-moi faire ! dit-il, je vous menerai où il faut ; je vois la tour de Hellevoutstuys, bon courage, nous y voilà. Le fou, dit un autre, il voit une tour ? Oui nous y sommes comme j'ai le dos. C'est une église, dit le charpentier, la belle pièce & la riche voûte ! Ce n'est par-tout qu'or & azur : que les étoiles en sont brillantes ! D'où viennent ces fous, dit un quatrième ? & quelle extravagance à eux de prendre les mâts d'un navire pour une tour & pour une église ! Ces pauvres gens ont le cerveau creux. Je ris quelque tems de ces folies, & peu après j'y tombai comme eux. Hé bon dieu m'écriai-je, on se divertit au château d'avant, & je n'irai pas avec eux ! Le maître auprès de qui j'étois voulut me retenir ; je me dégageai brusquement, je courus de toute ma force, & n'allai pas loin sans tomber dans l'eau. On m'en retira promptement ; mais ni le froid ni l'appréhension ne me firent revenir l'esprit. Je me sentois néanmoins pénétré du froid, & voulois que le maître ôtât ses habits pour me les donner ; comme le mal continuoit, je pris un tonneau pour la cuisine & m'allai asseoir auprès, pour me sécher & pour me chauffer. Ce feu imaginaire me fit peut-être autant de bien que s'il eût été réel, car j'y sentis autant de plaisir ; je m'y endormis fort doucement, & je trouvai, à mon réveil, que la raison m'étoit revenue.

Cependant les courans nous avoient poussés si loin que nous perdîmes toute espérance : nous priâmes Dieu de tout notre cœur d'abréger nos misères, ou de nous inspirer les moyens de les éviter. Quelque tems après nous crûmes voir terre, & l'on s'écria que ce pouvoit être un effet de nos prières, & qu'il falloit donc les continuer ; puisque si le peu que nous avions fait nous en avoit procuré la vue, infailliblement la continuation nous en feroit approcher. On prie donc, on chante, & l'on croit voir une prairie où des vaches paissent. Je ne puis exprimer la joie que nous donna cette vision, car c'en étoit une, & des plus grossières, de prendre un banc de sable où la mer brisoit avec violence, pour une prairie & du bétail. Cette triste méprise nous fit retomber dans le chagrin; & ce qui l'augmenta, ce fut de voir que notre machine, qui commençoit à s'enfoncer, ne nous porteroit pas bien loin. Les plus déterminés de la troupe, voyant que le péril croissoit, résolurent, pour la décharger, de pousser la nuit dans la mer le plus qu'ils pourroient de leurs compagnons. Le ciel ne permit pas qu'ils exécutassent leur cruel dessein, & avant qu'ils le pussent, le maître charpentier s'avisa qu'on avoit quantité d'argent qui pesoit beaucoup, & dont on pouvoit faire une ancre ou un contrepoids qui seroit doublement utile. Car, outre que la machine n'en seroit pas plus occupée, ce contrepoids nous pourroit servir quand nous aurions la marée contraire. On suivit son avis, & chacun donna sans répugnance ce qu'il avoit d'argent. On mit le tout dans un haut de chausses qu'on lia avec une corde, puis dans un autre qu'on serra de même; on mit le second dans un troisième, & celui-ci dans un quatrième que nous laissions tomber à fond au bout d'une corde quand nous voulions nous arrêter. Nous fîmes un autre petit paquet de cet argent, & nous en servîmes au lieu de sonde, pour reconnoître de quel côté nous jetoient les courans. L'un & l'autre nous furent si utiles, que peu de tems après nous nous trouvâmes assez près de terre pour ne craindre plus de la perdre.

Sur les deux heures après midi on défit l'ancre pour rendre à chacun ce qu'il avoit donné, & tous le prirent sans le compter, tant la joie de se voir hors de péril les occupoit. Ainsi plusieurs qui y avoient le plus contribué, se contentèrent de très-peu de chose; & ceux qui avoient donné le moins se trouvèrent les mieux partagés. Il y eut même tant d'indifférence à cet égard, qu'il y eut de l'argent de reste, que nul ne voulut s'aproprier; c'est pourquoi on le distribua à ceux qui n'en avoient point; étant fort assurés que de toutes les espèces que nous avions apportées, il n'y en avoit pas une qui n'eût cours dans le royaume de Bengala. Après cette distribution il s'en trouva encore un sac dans un tonneau où il y avoit eu du biscuit qu'on ne daigna pas regarder; & on l'eût laissé où il étoit, si notre maître de navire n'eût pris le soin de s'en charger.

Nous allâmes ensuite si près du rivage, que nous crûmes voir des pêcheurs qui étendoient leurs filets, & qui sembloient fort occupés à les faire sécher au soleil. A mesure que nous aprochions, nous vîmes d'autres hommes qui nous parurent vêtus comme nous, & que nous prîmes pour l'autre moitié de notre équipage. Ils avoient tous les mêmes habits, les mêmes chapeaux, les mêmes bonnets, excepté quelques-uns qui n'étoient couverts que de toile à voile, & quelques autres qui ne l'étoient que depuis la ceinture jusqu'en bas. Ce fut ainsi qu'ils nous parurent avec des lunettes de longue vue, & tous ceux qui s'en servirent, crurent voir fort distinctement ce qu'ils n'avoient vu qu'imparfaitement sans cela. La marée qui nous entraînoit, ne nous porta pas de ce côté-là, & ne nous fit pas approcher de terre aussi-tôt que nous souhaitions. Cette lenteur nous fit craindre que le succès ne fût pas encore bien certain; & il y en eut un assez impatient pour vouloir tenter d'aller à la nage vers le rivage; il le tenta en effet, mais à peine fut-il dans l'eau qu'il se repentit de son entreprise, & revint sur ses pas, soit que la frayeur l'eût saisi, ou qu'il se se crût trop foible pour l'exécuter. Cependant on se souvint que les habitans de Bengala avoient une extrême aversion pour la chair de pourceau, & nous en avions encore de reste; c'est pourquoi nous convînmes de la jeter dans la mer. Mais ce qui nous fit mal au cœur, ce fut de voir que l'on se défaisoit aussi d'un baril de biscuits qu'on pouvoit garder sans conséquence, & distribuer entre ceux qui étoient presque morts de faim, de fatigues, & de misère. Plusieurs s'y opposèrent, mais la plupart y consentirent, par la raison qu'on alloit à terre où l'on n'en auroit plus besoin.

Ainsi, nous gâgnâmes le rivage & sortîmes de la machine que nous abandonnâmes aux courans. Dès que nous fûmes à terre, le maître du navire, & dix ou douze autres des moins incommodés coururent à la découverte ; les autres les suivoient de loin, & les prioient de se hâter de leur trouver un lieu commode pour se sécher, étant également pressés du froid & de la faim ; & marchant, nous nous entretînmes des maux que nous avions soufferts, & du bonheur que nous avions d'être sortis d'un si méchant pas. Nous en parlions avec autant de sécurité, que si nous eussions vu les habitans du lieu s'empresser à nous bien recevoir. Les uns disoient que ceux que nous avions vus en mer, tant les Hollandois que les Indiens ne pouvoient pas être loin de-là. Les autres disoient que ces Indiens étant à la pêche pour leurs maîtres, avoient fait rencontre de nos gens qu'ils avoient conduits dans leurs huttes, & que nous les pourrions trouver dans un bocage que nous voyions. En parlant de la sorte, nous allions gaiement à ce bocage où nous ne doutions pas que les habitans ne nous reçussent comme nous souhaitions ; mais notre opinion étoit mal fondée ; en arrivant à ce bocage nous n'y trouvâmes ni hommes ni bêtes, ni voies, ni sentiers qui y conduisissent, ni la moindre marque qu'il eût jamais été habité.

Quelques-uns

Quelques-uns des plus fatigués ayant fait fond sur le secours qu'ils pensoient trouver dans ce bocage, ne pouvoient croire ce qu'ils voyoient ; & criant de toute leur force, s'imaginoient qu'on dût leur répondre, mais ils s'égosillèrent en vain, on ne leur fit point de réponse ; & il fallut continuer la marche par un bois sombre, épais, & peut-être rempli de bêtes dont nous pouvions être la proie. Cette pensée jointe au mal présent, & aux fatigues précédentes acheva de nous accabler. Comme nous avancions le cœur serré, plein d'amertume, & nous demandant les uns aux autres ce que pouvoient être devenus le maître & ceux qui l'accompagnoient, nous les trouvâmes fort profondément endormis ; & le besoin que nous avions d'en faire autant, nous obligea de les imiter.

A notre réveil nous nous entretînmes des Indiens & des Hollandois que nous pensions avoir vus proche du rivage ; & ne les trouvant point, où apparemment ils devoient être, nous ne doutâmes plus que cette vue qui nous avoit paru si distincte, ne fût une vision. Le jour étant fort avancé, nous résolûmes de passer la nuit où nous étions, & nous employâmes quelques heures à faire provision de bois, dont nous fîmes trois piles en triangle, où nous mîmes le feu avec la chandelle que nous avions laissé brûler dans la

G

lanterne. Proche de chaque feu on posa une sentinelle pour nous assurer contre les surprises des bêtes, & par ce moyen nous nous chauffâmes plus tranquillement que nous n'eussions fait.

Les nuits étoient si froides & nous étions si mal vêtus que nous ne pûmes reposer; & quand nous l'eussions pu, notre lecteur étoit si troublé qu'il nous eût tous mis en desordre. Quoique nous pussions dire pour le remettre en son bon sens, il étoit toujours en furie; & demandant d'où diable venoit ce changement à Batavia, & comment il se pouvoit faire que l'on y fût si mal servi, il jetoit aux uns ses pantoufles, aux autres son bonnet, & menaçoit d'exterminer ces canailles d'esclaves qui faisoient si mal leur devoir.

Ainsi nous passâmes tristement la nuit & dès le point du jour nous songeâmes à décamper, pour chercher un gîte plus commode que n'étoit celui-là. Un des derniers à se réveiller fut notre chirurgien qui, en se levant brusquement, cria comme un désespéré qu'on lui avoit volé son argent, & qu'il falloit qu'on le lui rendît. Les cris qu'il fit ébranlèrent le pauvre lecteur, qui le prenant pour un esclave révolté, cria au meurtre & au secours contre cette race maudite. Le chirurgien qui ne savoit pas que cet homme eût perdu l'esprit (car il avoit dormi avec assez de tranquillité) prit ce qu'il disoit au pied de la lettre, & étoit prêt à s'emporter, lorsqu'on lui fit voir la folie de l'autre. Hé bien, repliqua-t-il, s'il est fou, je ne le suis pas, & il n'est que trop vrai que de six sacs d'argent que j'avois on m'en a pris trois cette nuit ; n'est-il pas juste qu'on me les rende ? D'abord nous le crûmes aussi fou que l'autre, mais dans la suite on le reconnut plus sensé, & soit que sa perte fût réelle ou imaginaire, il s'obstina à demander satisfaction, à quoi l'on ne répondit rien, & sans l'écouter davantage nous quittâmes ce lieu où le pauvre lecteur, qui n'eut pas l'esprit de nous suivre, demeura seul, nul n'ayant voulu s'en charger.

Nous marchâmes donc vers le rivage, dans l'espérance d'y trouver ou des pêcheurs ou d'autres gens capables de nous redresser. Le premier objet qui se rencontra fut une grande tortue sans tête, & peu après nous trouvâmes un bufle étendu par terre, dont la tête étoit à demi-pourrie & rongée des vers. Quantité d'animaux que les habitans nomment Léganez étoient autour de cette bête, dont l'odeur étoit si mauvaise que nous ne pûmes en approcher. Mais nous n'eûmes les jours suivans ni la même aversion ni la même délicatesse.

A un grand quart de lieue delà nous nous trouvâmes près d'une rivière, au-delà de laquelle nous vîmes huit Mores arrêtés, que nous prîmes pour des Bengalois. Nous fîmes dès-lors ce que nous pûmes pour la paſſer, mais ſa trop grande profondeur rendit nos efforts inutiles. Une heure après elle nous parut plus guéable, & nous la paſsâmes en effet avec autant de joie que ſi nous euſſions été certains d'un heureux ſuccès. Quand nous fûmes de l'autre côté, ces Mores coururent au-devant de nous, ſe jetèrent à nos pieds, les baisèrent, & demeurèrent long-tems à genoux, levant les yeux au ciel en parlant, comme pour le prendre à témoin de leur innocence & de l'injuſtice qu'on leur faiſoit. Ces gens qui étoient au nombre de huit, à ſavoir quatre hommes, deux femmes, deux enfans, nous paroiſſoient fort affligés, mais nous ne les entendions point : & tout ce que nous pûmes faire, en voyant flotter certaine machine qui les avoit portés juſques-là, fut de comprendre que c'étoient de malheureux eſclaves que la dureté de leurs maîtres avoient obligés de s'enfuir.

Ces pauvres gens n'étant donc pas ce qu'il nous falloit, nous repaſsâmes de l'autre côté de la rivière, où, après avoir fait bon feu, nous allâmes chercher la tortue que nous avions négligée & la fîmes cuire dans ſon écaile. Chacun enſuite en prit un morceau qui ne pouvoit pas être grand (car nous étions trente & une bouches), & le mangea de bon appetit, ou pour mieux dire, le dévora. Comme la faim nous preſſoit encore, nous regrettâmes les proviſions que nous avions jetées dans la mer, & nous nous dîmes les uns aux autres que nous étions juſtement punis de la folie que nous avions faite. Ces lamentations furent ſuivies d'un morne ſilence, & enfin de la prière, après laquelle on s'accommoda le mieux qu'on put pour repoſer.

Le lendemain le maître, avant que de marcher, donna à chacun une tranche d'un fromage de trois livres qu'il avoit apporté du vaiſſeau; & par l'ordonnance du chirurgien qui étoit auſſi notre médecin, nous bûmes là-deſſus une taſſe d'eau à demi-ſalée, & nous nous en trouvâmes fort bien.

Après une marche de cinq ou ſix heures nous nous trouvâmes au bout d'une pointe de terre qui nous fit connoître que ce lieu étoit une île, & qu'elle pouvoit être éloignée de la terre ferme de huit ou neuf lieues. Ces conjectures achevèrent de nous troubler, & nous commençâmes à nous réſoudre à mourir de faim & de misère dans un lieu ſtérile & déſert. Nous ne voyions par-tout que des arbres, les uns ſecs & les autres verts, qui n'étoient chargés que de feuilles; triſte & amère nourriture, dont néanmoins nous jugions qu'il faudroit nous contenter.

Nous nous arrêtâmes ſur cette pointe autant de temps qu'il en falloit pour nous déterminer; &

nous convînmes que le plus sûr étoit de retourner au lieu où nous avions passé la première nuit dans cette île. En y allant nous passâmes proche de l'endroit où nous avions mangé la tortue, dans l'espérance d'y trouver de ces léganez dont nous avons parlé. De peur de les effaroucher, deux de nos gens armés d'une hache & d'un coutelas marchèrent les premiers & nous les suivîmes de loin. Ils revinrent bientôt après avec un de ces animaux que nous portâmes au lieu où nous avions résolu d'aller. Comme on y avoit laissé le lecteur, on le chercha, on l'appela & tout cela ne servit de rien, car il ne parut, ni ne répondit.

Nous cherchâmes ensuite un lieu commode pour y fixer notre demeure, tandis que nous ferions dans cette île; & nous jugeâmes qu'il valoit mieux que ce fût proche du rivage que vers le milieu du bois, où nous ferions très-mal postés pour découvrir les bâtimens qui pourroient passer, la seule & unique espérance que nous eussions de sortir de ce triste lieu.

Ensuite on amassa du bois, on fit du feu, & l'on coupa le léganez avec sa peau en autant de portions que nous étions d'hommes. Chacun prit la sienne & la fit cuire à sa fantaisie; les plus affamés presque point, de peur que le feu ne la diminuât, & les autres un peu davantage, par la même raison, n'étant déjà que trop petite à leur gré, à cause que cet animal n'est que de la grandeur d'un chat. La chair en est fade & désagréable, mais la grande faim la fit trouver bonne, aussi bien que l'eau, toute amère & salée qu'elle étoit. Demi-heure après on prit la bible, car nous en avions encore deux, & le pilote fit la prière; puis tour à tour on dormit auprès du feu, tous ne pouvant pas y être ensemble.

Le lendemain nous commençâmes la journée par prier Dieu qu'il lui plût nous regarder d'un œil de compassion, & finir des misères qui nous sembloient déjà au dessus des forces humaines; puis chacun alla où il voulut. Le chirurgien s'avisa, en se promenant, de goûter aux feuilles des arbres. Il en mangea, il les trouva bonnes; & à son exemple, tous les autres en voulurent goûter. D'abord on les mâcha long-tems avant que de les avaler; mais peu après on les trouva bonnes, puis excellentes & si délicates, que nous n'avions jamais éprouvé que le meilleur pain fût si bon.

Quoique les feuilles nous semblassent un mets fort délicieux, nous n'y étions pas si fort attachés que nous eussions renoncé aux autres: & si des sangliers, des cerfs & des buffles qui se promenoient dans le bois, & qui se veautroient dans les marais, avoient voulu se laisser prendre, car nous n'avions point d'armes à feu pour les arrêter, je ne doute pas qu'on n'y eût goûté & même avec plaisir ; mais ces animaux avoient bonnes jambes, & couroient plus vîte que nous. Un jour, en marchant le long du rivage, nous apperçûmes deux gros serpens qui nous firent peur. Nous nous en éloignâmes un peu, mais comme la faim nous preffoit, & jugeant que nous pouvions en faire un bon repas, nous nous affemblâmes autour d'eux, chacun un bâton à la main, & en vînmes bientôt à bout. On leur coupa la tête & la queue, & après les avoir écorchés, vidés & lavés, on en fit des portions égales qui furent mangées avec plaifir, & nul n'en fut incommodé.

A la fin de chaque repas nous retombions dans la même peine, & allions par petites bandes, les uns d'un côté, les autres de l'autre, d'où la plupart revenant souvent les mains vides, se jetoient sur les feuilles d'arbres qu'ils mangeoient avec appétit, mais qu'ils ne trouvoient pas capables de les nourrir suffisamment. Nous allâmes, mon ami & moi, plusieurs fois sur le rivage, pour voir si la mer n'auroit point jeté quelque chose à bord qui pût nous servir de nourriture ; mais toujours inutilement. En un jour, entr'autres, que la faim nous preffoit plus que de coutume, nous rejoignîmes nos compagnons avec tant d'amertume que je ne la puis exprimer. Elle se dissipa peu à peu à la vue de certaines fèves que les autres avoient trouvées. Jamais rien ne fut mangé de meilleur appétit, ni trouvé d'un goût plus exquis. La gaieté nous revint ensuite, & après avoir fumé une pipe ou deux de feuilles d'arbres en guise de tabac, nous nous exhortâmes les uns les autres à nous reposer sur la providence divine. La joie d'avoir fait un si bon repas ne fut pas de durée; & une heure après que nous les eûmes dans l'estomac, nous sentîmes des douleurs si vives que nous les jugeâmes mortelles. Notre plus grande peine étoit la difficulté de respirer, & il sembloit à chaque moment que nous dussions rendre le dernier soupir. Après avoir souffert trois heures, la respiration devint plus libre, & nous commençâmes à nous relever, mais nous étions si foibles, qu'à peine pouvions-nous marcher.

Depuis ce moment-là nos forces ne revinrent plus; & soit que ce fût un effet de ces méchantes fèves, ou du peu de nourriture que nous prenions depuis si long-tems, nous n'avions pas la force de porter du bois pour nous chauffer. Cette incommodité fut suivie de quelque dégoût pour les feuilles que nous avions trouvées si bonnes, & nous n'en pouvions plus manger qu'avec quelque sorte de répugnance, parce qu'après les avoir mangées, nous sentions dans la bouche une odeur forte comme de punaises qui nous étoit insupportable. Au lieu de ces feuilles, j'essayai souvent de manger de l'herbe, mais je la trouvai encore pire, & il me fut impossible d'en avaler.

Nos forces diminuant toujours, & ne voyant nulle apparence de sortir de ce méchant lieu, on tint conseil, & l'on convint qu'il falloit faire un radeau pour aller dans une autre terre; pour cet effet l'on coupa de petits arbres qui étoient le long du rivage, & auxquels on ôta l'écorce, dont on se servit pour les assembler. Ce radeau ne se trouva propre que pour porter cinq hommes au plus, & chacun vouloit être de ce nombre : car quoique l'ordre de ces cinq hommes fût de se hâter de revenir au secours des autres avec des rafraîchissemens, ce devoit être un avantage pour ceux-là, qui, avant que de revenir, prendrôient apparemment le tems de se rafraîchir les premiers. Pour nous mettre d'accord, on s'en rapporta à l'avis du maître qui les nomma comme il lui plut, & qui leur conseilla de côtoyer l'île jusqu'à ce qu'ils fussent à la pointe où nous avions été; & que delà, ils commençassent à faire la traversée; qu'en se laissant conduire au flot, il les pousseroit vers deux îles, au dessus desquelles ils trouveroient la terre ferme, qu'il jugeoit ne pouvoir être éloignée de celle d'où ils partoient que de quelque huit ou neuf lieues. Outre ces instructions, il leur donna un compas de route ; & après avoir pris des feuilles d'arbres pour se nourrir, ils partirent le treizième jour de notre arrivée en cette île, & protestèrent que si le ciel faisoit réussir leur dessein, ils seroient bientôt de retour avec les choses nécessaires pour nous tirer de ce labyrinthe. Ils avoient chacun une rame, mais nulle ancre ni autre chose qui pût arrêter la machine quand ils auroient la marée contraire. Ils partoient néanmoins pleins d'espérance d'un heureux succès, que nous leur souhaitâmes, en les priant de se hâter de venir à notre secours.

Dès qu'ils furent partis nous nous enfonçâmes dans le bois, où ayant cherché inutilement de quoi nous nourrir, nous fûmes contraints de nous contenter de nos feuilles d'arbres que l'on ne pouvoit presque plus avaler seules, & sans quelqu'autre chose qui adoucît une partie de leur amertume. Ainsi la faim nous pressa si fort que nous crûmes ne pouvoir mieux faire que de chercher le corps du lecteur que nous croyions mort infailliblement, & nous eûmes un chagrin sensible de l'avoir cherché en vain ; car après avoir mangé deux serpens impunément, & sans en avoir été malades, nous ne pouvions croire que la chair humaine nous pût incommoder.

L'envie de manger quelque chose plus solide que des feuilles d'arbres continuant de nous presser, il fut aussi proposé de tuer un des garçons de l'équipage; mais graces à Dieu on n'insista pas, & ce fut un bonheur pour tous les autres; car si l'on avoit commencé, il est certain qu'on eût continué à proposer la même chose, & même qu'on se fût tué ou par surprise ou par violence. Quoique la chose n'eût pas réussi, nous ne laissâmes pas de nous défier les uns des autres, & depuis ce tems-là on ne dormit plus qu'en tremblant, chacun ayant peur que les autres ne conspirassent contre lui, & ne prissent pour l'égorger le tems de son repos.

Sur le soir nous apprîmes que deux de nos gens qui avoient suivi par terre ceux qui étoient partis le matin par eau, les avoient joints le soir à la pointe, où ils avoient demandé avec tant d'instances qu'on les prît, que l'on n'avoit pu s'en défendre; mais qu'auparavant l'on avoit joint à leur radeau quelques arbres.

Sur ces entrefaites quelqu'un vint dire qu'il venoit de voir un serpent d'une grandeur & d'une grosseur prodigieuses: qu'il n'avoit osé l'attaquer tout seul, mais qu'étant tous ensemble, il seroit aisé de l'assommer. D'abord chacun prit un bâton, & courut au lieu où il devoit être, avec une joie incroyable. Nous tuâmes chemin faisant un léganez qui tomba d'un arbre à nos pieds, & ravis d'avoir déjà dequoi mêler avec nos feuilles, nous poursuivîmes notre route. Mais par malheur le serpent étoit disparu ; & nous eûmes le déplaisir de le chercher long-tems en vain. On partagea le léganez, dont les portions étoient si petites, que, sans le secours des feuilles d'arbres dont on mangea beaucoup, nous n'eussions pu dormir la nuit. Depuis ce repas on fut long-tems sans rien trouver ; & notre foiblesse étoit extrême, quand le charpentier apporta plein son bonnet de limaçons. Ces petits insectes n'avoient ni cornes ni coquilles, & nous les prîmes pour des limaçons, faute d'avoir un nom plus propre à leur donner. Mais, sans nous informer du nom, ni si c'étoit un aliment qui nous fût propre, nous nous fîmes mener au lieu où le charpentier les avoit trouvés, & le dépleuplâmes de sorte qu'il n'en resta pas un. Lorsque nous fûmes de retour nous les jetâmes en divers endroits qui nous parurent, un moment après, d'un bleu céleste : ce qui nous fit croire que ces insectes étoient pleins de venin, & qu'il n'étoit pas sûr d'en user. Ce fut l'opinion de quelques-uns, mais la plupart raisonnèrent tout autrement, & dirent que beaucoup de bêtes qui passoient pour venimeuses, ne l'étoient qu'en idée ; témoins les serpens dont on disoit que le venin étoit si subtil & si dangereux, & qui, néanmoins, ne leur avoient point fait de mal ; qu'après cette épreuve qui leur avoit si bien réussi, ils pouvoient sans risque en faire une autre; & qu'au reste, s'ils en avoient, le feu le pourroit dissiper.

Ce raisonnement l'emporta; nous convînmes tous d'en manger, & pour les cuire nous fîmes un grand feu, sous les cendres duquel nous les mîmes, & quand ils furent cuits, on les mangea, on les trouva bons; & pour achever le régal, on but de l'eau à demi-salée, puis on songea à se reposer. Une heure ou deux après, le charpentier commença à se trouver mal, & tomba enfin en défaillance. Dès que nous le vîmes en cet état, nous nous crûmes prêts d'y tomber, & cependant nous nous entretînmes de toutes les sortes de contrepoisons dont nous avions entendu parler. Tous ces discours furent inutiles, & l'on ne dit rien qui fût aisé à exécuter, ainsi nous résolûmes d'attendre patiemment l'effet de ce fatal repas.

Demi-heure après nous tombâmes comme le charpentier, & nous eûmes les mêmes symptômes. Durant deux heures nous sentîmes dans les entrailles des douleurs aigues, mais la plus grande étoit la difficulté de respirer; & nous étions si oppressés, que nul n'espéroit en guérir. Peu à peu néanmoins les plus grandes douleurs cessèrent, mais la foiblesse continua; & dès que nous pûmes marcher, la faim nous pressant comme de coutume, nous allâmes nous gorger de feuilles. Depuis que nous en uſions nous ne ſavions ce que c'étoit d'avoir le ventre libre, & pas un même n'avoit ſatisfait aux néceſſités de la digeſtion. Nous ne laiſſions pas d'avoir des tranchées qui nous déſeſpéroient ; & quand nous les avions, ce qui arrivoit fort ſouvent, il n'y avoit point de tourmens que nous n'aimaſſions mieux ſouffrir. Après avoir fait inutilement ce que nous pûmes pour nous ſoulager, nous nous abandonnâmes à la divine providence, à qui ſans ceſſe nous recommandions nos beſoins.

Notre miſère augmentant toujours, & ſentant diminuer nos forces, nous nous aſſemblâmes pour conférer des moyens d'en ſortir. Après que chacun eut dit ſa penſée, il fut arrêté qu'à moins que de faire une machine qui pût nous porter de l'autre côté, il falloit ſe réſoudre à périr où nous étions. Tous opinoient que ce moyen étoit l'unique qui nous reſtât, particulièrement depuis que nous n'eſpérions plus le retour de nos compagnons. Ceux qui les avoient obſervés, aſſuroient que dès leur départ ils devoient avoir fait naufrage ; qu'ils n'avoient pu ſurmonter la force des courans, & qu'ils devoient être ſi loin de la côte, qu'ils mourroient de faim infailliblement avant que d'en approcher. C'eſt ſur cette opinion que l'on fondoit l'envie de faire un autre radeau ; mais l'entrepriſe étoit difficile,

& quand nous eûmes consulté nos forces, nous nous en trouvâmes incapables. Ainsi nous jugeâmes qu'il falloit céder à la nécessité, & avoir encore patience quelque tems, puisqu'aussi bien le remède dont on parloit n'étoit pas des plus assuré.

Après que chacun eut dit son avis, le maître du navire dit que les feux de nuit se voyoient de loin, & qu'il jugeoit fort à propos qu'on en fît un grand sur le rivage, d'où il se faisoit fort qu'on le verroit de dix ou douze lieues. On choisit pour cela un lieu entouré d'arbres secs qu'on entassa les uns sur les autres, & dont on fit un feu qui, selon notre supputation, se pouvoit voir de plus de dix lieues. Nous en fîmes durant quatre jours avec assez d'ardeur : mais au bout de ce tems notre zèle se ralentit, ou plutôt les forces nous manquèrent, & nul d'entre nous n'en eut plus pour un travail si rude. Le maître du navire qui étoit grand, robuste & fort sain écouta nos plaintes d'un sang froid, mais il n'y eut aucun égard; & mesurant nos forces aux siennes, il voulut qu'on l'aidât à continuer ces feux, par conséquent à porter du bois; & nous lui obéîmes avec une peine incroyable. Pour nous encourager il alléguoit plusieurs exemples qui avoient réussi en d'aussi fâcheuses rencontres que celle où nous étions; qu'il falloit donc faire quelque

quelque effort pour tenter le même succès, d'autant plus que nous n'avions point de ressource plus assurée. On prit donc courage, on porta du bois, & l'on fit encore les jours suivans de ces grands feux; mais enfin les forces & le courage manquèrent tout d'un coup, & quoiqu'il pût dire on cessa de travailler à un ouvrage dont on ne voyoit point l'effet qu'on s'en étoit promis.

Depuis ce tems-là on n'entendit plus que des plaintes & des regrets; la langueur étoit générale, & plusieurs même ne pouvoient marcher sans secours. Mon ami étoit de ce nombre; il étoit si foible & si abattu qu'il ne pouvoit ni parler ni lever la tête. Il y avoit entre nous deux une liaison si étroite, que j'endurois ses maux & les miens, & j'étois doublement à plaindre, de voir souffrir un ami sincère, & de ne pouvoir le tirer de peine. Dans ses grands intervales d'abattement & de langueur je demeurois auprès de lui, & si je ne pouvois rien faire qui pût le soulager, je disois, pour le consoler, tout ce que je savois; & il m'avouoit quelquefois que mes discours le fortifioient.

Un jour, après nous être entretenus quelques heures du malheureux état où nous gémissions depuis tant de tems, il se leva gaiement & dit qu'il alloit à la chasse, d'où il espéroit ne revenir pas les mains vides. Son espérance ne fut pas

H

vaine, il apporta un crapaud de grandeur énorme que nous fîmes bouillir dans un pot que nous avoient prêté les negres dont nous avons parlé. Quand il fut cuit il m'invita à son festin, & je le remerciai d'abord à cause du mal que nous avoient fait les fèves & les limaçons; mais quand je vis que ces réflexions ne l'épouvantoient point, je crus le pouvoir imiter, & de concert nous allâmes quérir des feuilles avec lesquelles nous le mangeâmes. La première heure se passa ensuite avec quelque sorte d'appréhension; mais enfin le crapaud ne nous fit pas plus de mal que les serpens, & ce fut pour nous une joie extrême, dans l'espérance de retrouver des uns ou des autres dont nous pourrions faire de bons repas.

Le lendemain le charpentier se mit en tête de trouver le corps du lecteur, & il chercha si exactement qu'il vit dans un arbre une des pantoufles du défunt, il l'abattit avec son chapeau, & en nous la montrant d'un air gai, *bon courage* dit-il, enfans nous le tenons ou peu s'en faut & apparemment il n'est pas loin du lieu où j'ai pris ce que vous voyez. A cette nouvelle nous accourûmes, & un quart de lieue à l'entour il n'y eut point de petit coin où il ne fût cherché; mais nous ne fûmes pas plus heureux cette fois que les autres; après avoir cherché quelques heures avec une ardeur incroyable nous nous retirâmes si mélancoliques & si chagrins que nous ne pouvions nous souffrir.

Cette mauvaise humeur qui ne nous quittoit presque plus, étoit souvent suivie de certaines petites riotes qui altéroient la charité. Peut-être qu'en un autre tems on eût tâché de les empêcher; mais dans ce triste & fâcheux état on souhaitoit que les querelleux s'échauffassent, & se battissent jusqu'à la mort, afin d'avoir de quoi faire quelques bons repas. Par bonheur on n'en vint pas-là, & quelque démêlé qu'on eût, il se terminoit ordinairement par quelques petites injures. Un jour étant fort attentifs à l'un de ces petits différens, le chirurgien qui étoit un des plus alertes, nous vint dire qu'il avoit trouvé des feuilles d'arbres bien plus agréables que toutes celles qu'on avoit mangées jusques-là. Elles étoient bonnes toutes crues, mais étant cuites sous les cendres par petits pelotons, c'étoit encore toute autre chose. Lorsque nous en eûmes goûté, nous le priâmes de nous indiquer l'arbre qui les portoit: à Dieu ne plaise reprit-il, que je vous le montre; comme il est seul en son espèce, du moins que je sache, si je vous disois où il est, dès la première rafle il n'y resteroit pas une feuille, & je serois alors aussi avancé que je l'étois avant que je l'eusse trouvé. Nous ne fîmes pas grande instance, car nous prétendions l'épier, de sorte que, malgré lui nous découvririons son tréſor. Mais nos prétentions furent vaines, le chirugien fut plus fin que nous, & quelque ſoin que nous priſſions, ſon arbre ne fut point viſible.

Nous eûmes donc recours à notre remède ordinaire qui étoit la patience. Nous nous y exhortâmes mon ami & moi en nous promenant ſur le rivage, où notre promenade fut ſi longue, que nous parvînmes au lieu où étoit le bufle que nous avions trouvé mort le premier jour que nous mîmes le pied dans l'île. La mauvaiſe odeur de cette charogne étoit telle que nous fîmes d'abord quelque pas pour nous en éloigner; mais la faim étant la plus forte nous nous demandâmes où nous courions, & ſi nous étions ſages d'avoir encore ces délicateſſes ; retournons, dis-je à mon ami, paſſons auprès de cette charogne, & apprenons à nous vaincre en toute manière. Je taiſois l'homme fort & il ſembloit que je le fuſſe, mais ce n'étoit rien moins que cela : j'étois entraîné vers ce bufle par la violence de la faim; & je voulois tenter ſi en le voyant de plus près je pourrois me réſoudre à y chercher de quoi l'appaiſer. Mon ami me crut, nous retournâmes, & en regardant la charogne; que vous en ſemble lui dis je en riant, l'odeur en eſt extrêmement forte, mais penſez-vous que le goût en ſoit ſi mauvais ? Pour moi, continuai-je, je m'imagine que si le feu y avoit passé elle ne seroit point de mal. Il ne crut pas d'abord que je parlasse sérieusement ; mais quand il connut ma pensée, il dit tant de choses pour m'en dissuader, que je fus obligé de feindre que je n'y pensois plus.

Nous nous éloignâmes donc insensiblement de ce lieu, & en cherchant attentivement quelque chose de plus sortable, nous gagnâmes la pointe de l'île qui avance le plus vers la terre. Notre peine fut inutile, nous ne vîmes rien qui nous satisfît, & faute d'un mêts plus solide, nous dîmes, pour nous consoler, tout ce que nous savions.

Après avoir épuisé toutes nos raisons, nous nous sentîmes l'esprit aussi foible, & aussi peu disposé à souffrir la faim qu'auparavant. Ainsi nous quittâmes ce froid exercice, & nous nous remîmes à chercher tout de nouveau ; sur quoi la nuit étant survenue, nous nous rendîmes à jeun auprès de nos gens que nous trouvâmes occupés à faire un de ces grands feux dont nous avons parlé. C'est où le maître du navire mettoit toute son espérance, & le seul signal, à son avis, qui pût avertir que nous étions-là. Aussi étoit-il extrêmement âpre à ce travail, & il portoit lui seul ce que quatre autres ne pouvoient traîner. Cet homme étoit si fort & avoit tant d'embonpoint, qu'à peine s'appercevoit-on qu'il eût jeûné aussi-bien que nous. Lorsque le feu fut aussi grand qu'on le vouloit, chacun soupa avec des feuilles d'arbres qu'il avoit amassées, & après avoir fait la prière, nous tâchâmes de mieux dormir que nous n'avions mangé.

Le lendemain deux de nos gens apportèrent un petit léganez qu'ils avoient trouvé à demi-mort. Sans s'informer d'où venoit son mal qui pouvoit être contagieux, ils le donnèrent au maître, car ils n'osoient faire autrement; l'ordre établi portant que tout ce qui se trouveroit seroit partagé également. Jusques-là cet ordre avoit été assez bien gardé; mais, en cette rencontre on commença à se relâcher, & l'équité fut mal observée. Ceux qui avoient pris cet animal, dirent qu'il falloit considérer qu'il étoit fort petit, & que si on en vouloit faire vingt-quatre portions, chacune ne seroit que de la grosseur d'une noix; que si peu de chose ne feroit qu'aiguiser l'appétit, qui n'étoit déjà que trop violent; c'est pourquoi il valoit mieux n'en faire que cinq ou six parts pour cinq ou six hommes qui furent nommés & à qui on les distribua. De ces six favoris il y en eut un à qui l'injustice fit peur. Ce fut le chirurgien qui donna généreusement la moitié de sa portion à ceux qui n'avoient rien eu. Ceux-ci affamés au dernier point, & outrés du tort qu'on leur faisoit, s'en plaignirent d'abord doucement, & peu après ils éclatèrent, & reprochèrent tous ensemble au maître, que pourvu qu'il fût bien, il ne songeoit pas au mal des autres ; qu'au reste il avoit fait cette loi, & qu'il devoit rougir d'être le premier à l'enfreindre. Pour se défaire de ces importuns, le maître leur fit jeter la peau qu'ils demandoient avec instance. Ce fut néanmoins contre le gré de ceux qui avoient mangé la chair, & ils la cédèrent avec peine ; mais enfin elle fut cédée. Celui à qui on la confia pour la partager alloit le faire de bonne foi, lorsque quelques-uns des plus affamés se jetèrent dessus, & la lui ôtèrent par force. D'autres, qui ne l'étoient pas moins, étonnés de cette violence, se jetèrent sur ces derniers, & s'étant trouvés les plus forts, eurent aussi les plus gros morceaux. Pour mieux conserver leur butin, ils s'enfoncèrent dans le bois où ils mangèrent en repos. Ceux qui eurent moins de précaution ou qui se fioient en leurs forces, se virent bientôt assaillis par d'autres qui leur ôtèrent une partie de ce qu'ils avoient. On commençoit à s'échauffer, & sans doute que les coups eussent suivis de près les injures, si ceux qui avoient arraché un peu de cette peau ne s'étoient hâtés de l'avaler.

Lorsqu'on ne vit plus rien à espérer de ce côté-là, chacun courut ailleurs ; & l'un des plus âpres à chercher, trouva les restes des deux serpens que nous mangeâmes les premiers jours de notre arrivée en ce lieu. Les entrailles de ces reptiles étoient devenues bleues, gluantes, & s'étoient tellement gâtées, qu'on ne les pouvoit voir sans horreur. La moindre de ces circonstances dégoûta d'abord les plus affamés; mais ce dégoût ne dura pas : & quand on vit qu'un de la troupe en avoit mangé sans accident & sans avoir usé d'autre précaution que de les laisser un moment sur les charbons, nous courûmes voir si celui qui venoit de faire un si bon repas avoit tout emporté, & nous trouvâmes un million de vers qui couvroient ce que nous cherchions. Nous écartâmes ces escadrons, & trouvâmes que leur pâture étoit bleue comme de l'azur. Quelques-uns dirent que cette couleur étoit une marque d'un violent poison, & qu'ils aimoient mieux mourir de faim que d'en manger. Un autre repartit qu'ils raisonnoient comme des innocens qui ne savoient pas que le poison n'a point de couleur affectée; que celle qu'ils voyoient étoit une impression de l'air qui agissoit différemment suivant la nature des sujets où il se rencontroit. Mais sans aller si loin, reprit-il, comment voulez-vous que le poison qui de soi est mortel, donne la vie à tant d'animaux qui n'ont point d'autre nourriture que ce que vous voyez? Croyez-moi, dit-il, mangeons-en, & je vous réponds du succès. Comme il achevoit ces paroles il se jeta sur ces méchans restes qu'il prit avec une âpreté qui nous fit craindre qu'il n'en laissât point. Nous avions trouvé ses raisons si justes, ou plutôt la faim nous pressoit de telle sorte, que nous ne pûmes nous résoudre à manquer l'occasion de l'appaiser en partie. Nous partageâmes donc avec lui ce petit tas d'ordures, & le portâmes au lieu où nous couchions. Quelques-uns de ceux qui avoient vu avec horreur ce que le premier avoit mangé, nous voyant revenir chargés de la même provision, nous demandèrent si nous avions tout enlevé, & sans attendre la réponse, ils coururent sur les lieux pour en être plus assurés. Cependant nous fîmes de ces saletés une grillade que nous trouvâmes excellente, & nous la mangeâmes d'un air si content, que ceux qui peu auparavant ne la pouvoient voir sans horreur, eurent un dépit sensible de n'être pas de notre écot.

Entre ceux sur qui notre joie fit le plus d'impression, il y en eut un qui, oubliant qu'il faisoit cuire sur les charbons un peu de la peau du léganez, courut chercher de notre ragoût. A dix pas delà il s'en souvint & retourna pour prier quelqu'un d'en prendre soin; puis, continuant sa pointe, il se hâta de voir s'il trouveroit encore quelque chose, mais il retourna les mains vides, parce que ceux qui étoient allés immédiatement après nous, s'étoient hâtés de tout emporter. Le déplaisir d'avoir couru inutilement, fut suivi d'un autre qui acheva de le désoler : l'ami à qui il avoit confié sa pitance avoit succombé à la tentation & l'avoit dévorée. Celui à qui elle appartenoit la redemanda à son retour ; & quand on lui eut répondu que les charbons l'avoient consumée, il s'emporta contre son ami, lui fit des reproches sanglans, & peu s'en fallut qu'il ne l'assommât.

Quand sa bile fut dissipée, chacun alla de son côté & s'empressa à trouver de quoi lui aider à avaler les feuilles d'arbres qui, sans quelque secours avoient de la peine à passer. Pour moi, lorsque je me vis seul, je m'enfonçai dans un marais où j'eus le bonheur de trouver de petits limaçons dont je remplis mon bonnet, mes poches & les manches de ma chemise. Mes compagnons me voyant chargé de ce précieux butin, me demandèrent où je l'avois fait. Je les satisfis, ils y volèrent ; & cependant mon ami & moi nous fîmes cuire sous les cendres une partie de ces animaux que nous mangeâmes, & que nous trouvâmes parfaitement bons. Tant qu'ils durèrent nous ne cherchâmes point autre chose; mais nous étions si affamés, que nous n'en eûmes que pour ce jour-là.

Le lendemain mon ami & moi nous allâmes encore en chercher, & en trouvâmes dans un autre endroit. Nous n'en prîmes que plein nos poches parce que la nuit s'avançoit; & nous étions si foibles, qu'il nous falloit beaucoup de tems pour nous rendre auprès de nos compagnons. Quand nous y fûmes, qu'apportez-vous-là, dit le maître? Et quand il vit ce que c'étoit, ah fi! reprit-il, que voulez-vous faire de ces ordures? Nous fûmes si surpris de l'entendre parler de la sorte, que nous crûmes qu'il étoit troublé. Mais sans s'émouvoir de notre surprise, venez, venez, dit-il, mes enfans, j'ai quelque chose de meilleur pour vous. Il nous montra au fond d'un panier de petits poissons qu'il nous abandonna, en disant que nous les mangeassions, sans nous informer d'où ils venoient. Ce n'est pas là de quoi il s'agit, repliquai-je, ni de quoi nous sommes en peine; de quelque part que ce poisson vienne, il est le bien venu, & je prétends en faire un des meilleurs repas de ma vie. En même-tems nous courûmes aux feuilles qui nous servoient de pain, & nous choisîmes les plus grandes pour envelopper le poisson que nous fîmes cuire sous la cendre. Il est inutile de dire que nous le trouvâmes excellent, & que sans autre sauce que celle du bon appétit que nous avions depuis si long-tems, il fut trouvé plus délicat que le mieux apprêté & le plus exquis de tous les mets dont nous eussions jamais mangé. Pendant le repas nous résolûmes, mon camarade & moi, de ne rien omettre pour découvrir d'où venoit ce poisson; & dès qu'il fut fini, nous allâmes trouver notre bienfaiteur que nous priâmes de nous dire en quel endroit il l'avoit pêché. Il n'en fit pas de difficulté; il dit qu'il avoit fait une fosse sur le bord de la mer que le flux avoit remplie, qu'à son reflux il l'avoit épuisée avec son chapeau, & qu'il y avoit trouvé ce poisson. Je ne puis exprimer la joie que nous causa cette nouvelle, dans la pensée que si la chose avoit réussi une fois, nous pourrions avoir le même succès, en usant des mêmes moyens; cela étant, nous espérions que l'avenir seroit moins amer, & nous goûtions par avance un plaisir qui ne devoit point être qu'en idée. En effet, nous fîmes tout ce que nous pûmes, & dans aucune des vingt fosses que nous creusâmes, il ne se prit pas un poisson. Ce malheureux succès nous fit retomber dans notre première détresse; car ayant fondé nos espérances sur un mets plus solide que les feuilles d'arbres, nous ne pûmes nous y voir réduits, qu'avec une peine inexprimable.

Le peu de secours que nous en tirions, nous fit chercher quelqu'autre chose avec tant de soin & d'exactitude, que nous trouvâmes, mon ami & moi, un gros crapaud dont la vue nous réjouit. C'est une étrange chose que la faim, elle rend plaisans & agréables les objets les plus affreux; & ce qui fait peur hors delà, devient, quand on en est saisi, précieux, utile & charmant. Dès que nous l'apperçûmes, nous le prîmes sans aversion, & plus ménagers que l'autre fois, nous le mîmes, sans le vider, & tel qu'il étoit, sur les charbons; d'où un moment après, nous le retirâmes & en fîmes un fort bon repas.

Ce mets fut trouvé excellent & n'eut aucune suite fâcheuse; mais il étoit en si petite quantité, qu'il ne dura guères dans nos estomacs. Un quart d'heure après, la faim nous reprit, nous tombâmes dans la même peine, & n'y voyant point d'autre remède que celui de sortir de ce triste lieu, nous résolûmes d'amasser le plus que nous pourrions d'arbres secs, & d'en faire un radeau qui pût nous porter en terre ferme. Le maître ayant su notre dessein, eut bien de la peine à y consentir. Il nous représenta le péril où nous nous exposions, puisque nos camarades qui avoient tenté la même fortune, y étoient demeurés; que nous ne pourrions pas espérer d'être plus heureux qu'eux, puisque nous n'avions pas de meilleurs moyens d'en sortir; au lieu que dans peu de tems nous verrions peut-être passer le long de ce rivage quelques barques de pêcheurs où nous pourrions être reçus. Ces raisons étoient vraisemblables & nous en demeurions d'accord; mais le sort en étoit jeté, quoi qu'il arrivât nous voulions sortir de cette affreuse solitude, & le maître enfin nous permit de faire ce que nous pourrions pour cela.

Dès que nous eûmes son consentement, nous coupâmes des arbres secs, & nous fîmes de leurs écorces de petites cordes qui servirent à les lier ensemble. Nous n'y avions travaillé que trois ou quatre heures, quand nous commençâmes à trouver que cet ouvrage excédoit les forces de quatre ou cinq squelettes qui, à tout moment plioient sous le faix, & que les autres ne voulurent nullement aider. Ceux-ci alléguoient que leur foiblesse n'étoit pas moindre que la nôtre, qu'ils avoient rendu vainement ce service à d'autres, & qu'ayant perdu toute espérance, ils ne se soucioient plus de rien.

Le refus qu'ils firent de nous aider ne nous rebuta pas, nous continuâmes notre ouvrage, & plus nos forces diminuoient, plus nous nous hasions de l'achever. Avec tout cela, je ne crois pas que nous en fussions venus à bout, si deux des plus jeunes & des plus forts de l'équipage, ne s'étoient joints à nous. Leur secours vint si à propos que nous achevâmes le radeau, à la réserve de très-peu de chose à quoi le vif de l'eau nous empêcha de travailler durant quelques heures.

En attendant le reflux de la marée, nous nous mîmes tous à fumer des feuilles autour d'un petit feu; & en fumant je pensai qu'on avoit souvent vu des léganez acharnés après le buffle, & que s'il y en avoit encore je pourrois en prendre quelques-uns. Je pris cette pensée pour une espece de révélation; j'allai me cacher derrière un arbre où j'attendis long-tems en vain. Cependant je songeai que si le buffle étoit un ragoût pour ces animaux, il falloit que sa chair ne fût pas encore si mauvaise que nous nous le figurions. De ces réflexions je vins aux effets; & à l'un des endroits que je crus le moins gâté, j'en coupai un gros morceau & rejoignis mes camarades.

Dès que l'on vit ma provision, chacun ouvrit de grands yeux pour la regarder, & tous ensemble me demanderent confusément quelle chair c'étoit, où je l'avois prise, & s'il y en avoit encore. Ils furent un peu surpris quand je leur dis que c'étoit de la chair du buffle, car jusques-là, nul autre que moi n'avoit eu la pensée d'en venir à cette extrémité; mais quand ils virent que cette chair, qui sentoit si mauvais, ne choquoit pas si fort la vue, plusieurs y coururent à mon exemple & en prirent le plus qu'ils purent. Avant que ceux-ci fussent de retour, je mis ma portion sur la braise, d'où la voulant tirer avec un bâton fait exprès, il ne se trouva qu'une humeur gluante qui ne pouvoit nous être utile.

Cette expérience me fit tout quitter pour courir à nos gens à qui je conseillai de laisser le gras & de ne couper que du maigre. En même-tems nous mîmes tous la main à l'œuvre, & en coupâmes quarante livres qui furent mises sur des arbres secs, comme étant plus propres, à notre avis, pour leur faire perdre une partie de leur mauvaise odeur. Nous en fîmes rôtir un morceau qui fut distribué également. L'odeur en étoit si mauvaise que plusieurs crurent qu'ils alloient crever, & cependant ils en mangèrent & la trouvèrent passablement bonne.

Comme toute la bande n'avoit pas été du régal, nous en portâmes une portion au rendez-vous & fîmes en sorte que le reste ne fût pas découvert. Nous la donnâmes au maître & lui dîmes que c'étoit du bufle. Il n'étoit pas, dit-il, nécessaire de me dire ce que c'est, à l'odeur je l'ai reconnu; de grace, reprit-il, portez votre présent

présent ailleurs. Comme il achevoit ces paroles, je voulus m'approcher de lui pour lui dire qu'il n'étoit pas si mauvais qu'il s'imaginoit; mais il me dit que mon haleine étoit insupportable, que j'infectois l'air qu'il respiroit, & qu'il avoit déjà mal au cœur. En disant cela il se retira & alla chercher un autre gîte.

Les autres un peu moins délicats s'approchèrent de nous, & nous prièrent de leur en donner. Nous leur en donnâmes, ils en mangèrent, & ces premiers morceaux irritèrent tellement leur appetit, qu'ils sembloient être possédés. Lorsque les plus ardens eurent dévoré leur portion, ils vouloient de celle des autres: ceux-ci n'y vouloient point entendre, & ce refus mêlé d'aigreur émut une contestation qui nous fit craindre qu'ils ne se mangeassent les uns les autres. Pour les appaiser, nous leur donnâmes de ce que nous gardions pour nous, mais cela ne fit que les enflammer, il leur en falloit davantage, & quoiqu'il fût nuit ils vouloient aller où étoit cette charogne pour en manger tout leur soul. On leur représenta que la nuit étoit trop obscure, & que c'étoit pendant ce tems là que les caymans & les crocodiles se promenoient sur le rivage. Ils se rendirent à cette raison, mais ils dormirent peu, nous nous sentîmes tous des effets de leur avidité, & il fallut acheter la paix au prix de ce qui nous restoit. Après qu'ils eurent tout mangé, quelques-uns d'entr'eux s'assoupirent ; les autres dirent que la faim les tourmentoit plus qu'auparavant ; & sur-tout, il y en eut un qui dit que la nuit lui duroit un siècle, qu'il lui étoit impossible de reposer, & qu'il ne croyoit pas qu'il y eût un mal comparable à la faim qu'il sentoit. Cependant il avoit mangé plus de trois livres de cette charogne ; & quelques heures avant la nuit, la moitié d'un grand poisson qu'il avoit trouvé à demi-rongé sur le rivage. Ce poisson étoit si grand qu'il croyoit d'abord s'en nourrir deux jours ; mais depuis qu'il y eût goûté, il n'en fit qu'un repas, & il assura qu'il eût pu en manger quatre fois autant. Ainsi cet affamé troubla par son inquiétude le repos de toute la bande ; si bien que dès le point du jour nous nous levâmes tous ; les affamés, pour courir au buffle, & nous pour achever le radeau que nous avions commencé.

Quelque méchant & gâté que fût ce que nous avions mangé le jour précédent, il nous avoit donné des forces que nous ne sentions point quand nous ne mangions que des feuilles d'arbres. C'est pourquoi une demi-heure après que nous fûmes à notre travail, nous le quittâmes pour en faire quelques grillades qui achevèrent de nous fortifier. Quelques heures avant la nuit, notre radeau se trouva fait; & après nous être un peu promenés, nous retournâmes vers nos compagnons, que nous trouvâmes tous occupés, les uns à mettre leur pitance à l'air, les autres à la tourner, quelques-uns à la faire cuire, & à la manger d'un air de gaieté qui eût fait venir l'appétit aux plus délicats.

Lorsque le maître sut que notre radeau étoit prêt, il nous remontra, comme auparavant, la grandeur du péril où nous allions nous exposer, puisque sans voiles, nous ne pouvions aller à terre, ni résister aux courans sans ancre. Nous lui répondîmes qu'il n'y avoit rien de si dangereux pour nous que cette île, où nous courions risque de mourir de faim dès que nous n'aurions plus de buffle; que si nous n'avions ni voiles, ni ancre, nous nous sentions assez de forces pour résister aux courans; & que nous espérions rencontrer quelques Bengalois qui nous recevroient dans leur bord.

Après quelques autres raisons, il nous souhaita un bon voyage, & consentit que nous menassions avec nous un jeune homme de l'équipage qui parloit portugais. Comme cette langue est fort usitée dans les royaumes de Bengale & d'Aracan, nous en espérâmes un grand secours & ne songeâmes plus qu'à partir. Sur ces entrefaites, un des nôtres proposa de faire une ne-

crochet, & dit que pour cela il ne falloit que quatre petits bois crochus, qu'il lieroit si proprement avec des écorces de jeunes arbres qu'ils pourroient mordre le terrein. Cela se pourroit, lui répliquai je, si nous avions dequoi faire aller à fond, mais comme vous savez, il n'y a pas une pierre dans cette île. J'ai pourvu à cela, reprit-il, nous remplirons de sable deux ou trois manches de chemises que nous attacherons à l'ancre, & vous verrez qu'elle nous rendra le même service que si elle étoit de fer. Nous vîmes à cela tant d'apparence, que les uns allèrent chercher de l'écorce, les autres des branches courbées, & en moins de deux heures notre ancre fut telle qu'on la souhaitoit.

Cet ouvrage ainsi disposé, n'étoit encore qu'à demi-fait, il nous falloit vingt brasses d'amares, & nous ne savions où en prendre dix. Comme nous y pensions, nous vîmes venir deux de nos gens chargés de lierre & d'écorce de jeunes arbres. Ils mêlèrent l'un avec l'autre, & en firent une corde aussi longue qu'il la falloit.

Le lendemain nous prîmes congé de ceux qui restoient, dans le dessein de revenir bientôt à eux si nous arrivions à bon port. Ils nous souhaitèrent un heureux succès, & vinrent avec nous jusqu'au rivage, où, après nous être embrassés, nous nous mîmes huit sur le radeau, & gagnâmes la pointe de l'île qui regarde la terre-ferme.

Là nous fîmes encore une pause, nous nous y pourvûmes de feuilles d'arbres, nous y allumâmes du feu, & y fîmes encore un repas. Nous démarâmes ensuite, & peu après à force de rames, nous nous trouvâmes assez loin de l'île. D'abord, nous tachâmes d'avoir la marée de ce côté, ce qui nous réussit assez bien; mais à mesure que nous avancions, il nous fut impossible de surmonter la force des courans. Par bonheur il faisoit calme, ce qui nous donna lieu de nous servir d'un sachet de sable en guise de sonde. Par ce moyen, ayant reconnu que la marée nous étoit contraire, nous jetâmes l'ancre sur un fond où le radeau ne pouvoit arer. Cependant, la faim nous reprit, & nous convînmes de manger; mais auparavant, il fut arrêté que les provisions seroient partagées, afin que chacun mangeât la sienne, de peur que notre voyage ne fût plus long qu'on en pensoit. On commença donc le repas, dans le dessein de manger très-peu: mais à peine eut-on goûté à la viande, qu'il fut impossible à la plupart de s'empêcher de la manger toute. Quand ils se virent réduits aux feuilles, ils eurent recours aux souhaits, & à prier Dieu de tout leur cœur que la corde rompît pour retourner à l'île, dont nous n'étions encore éloignés que d'une lieue.

Leurs prières furent exaucées, il s'éleva une tempête, dont le radeau fut si tourmenté que la corde rompit; les houles enlevèrent nos provisions qui consistoient en quelques feuilles, & nous poussèrent vers le même endroit d'où nous étions partis le matin.

Deux des plus jeunes de la troupe furent destinés à garder le radeau pendant que les autres allèrent à terre. D'abord, nous courûmes vers le feu que nous avions laissé en partant, & y trouvâmes une des femmes de ces nègres dont nous avons parlé. Dès que cette femme nous vit, elle se jeta à nos pieds, nous découvrit son corps tout meurtri & tailladé, & nous fit entendre que c'étoient ses gens qui l'avoient mise en cet état. Outre cela, cette misérable n'avoit que la peau & les os; nous jugeâmes que son sort n'étoit pas meilleur que le nôtre. Comme nous ne l'entendions point, nous lui fîmes signe de s'asseoir, & nous nous chauffâmes tous ensemble, dans le dessein de nous reposer dès que nous le pourrions. Une heure après, la faim nous pressa de telle sorte, qu'il fut impossible de dormir. Ce qui acheva de nous désoler, fut l'odeur d'un peu de viande que, malgré la tempère, un de nos gens avoit conservée, & qu'il mangea en notre présence, sans en faire part à personne, quelqu'instance qu'on lui en fît. Nous allâmes donc chercher des feuilles, mais nul de nous n'en put avaler à quelque sauce que nous les missions. La chair du bufle nous avoit rendus trop délicats, & depuis qu'on y eut goûté, les feuilles d'arbres étoient devenues insipides.

Cependant la faim continuoit avec tant de violence, que nous étions hors de nous-mêmes. Les uns avoient la vue égarée, & se regardoient d'un œil affreux comme des gens qui méditoient quelque mauvais dessein. Les autres alloient & venoient, & marchoient en désespérés, criant de tems en tems qu'ils souffroient comme des damnés. Pendant que l'on se tourmentoit, un des plus malades dit aux autres qu'il venoit d'avoir une inspiration. Mais avant, dit-il, que je vous la dise, il faut m'avouer que c'en est une; & sans nous donner le tems de répondre : Admirez, reprit-il, les effets de la providence, Dieu qui a pitié de notre misère vient d'y pourvoir si visiblement, que nous ne pouvons en douter ; cependant nos péchés nous avoient obscurci les yeux, & nous ont empêchés long-tems de voir le remède qu'il nous envoie. Le discours de cet homme que nous traitâmes d'insensé nous ennuya, de sorte que nous ne pûmes nous empêcher de l'interrompre, & de lui dire qu'il étoit fou de prendre ces chimères pour des révélations divines. Croyez-vous, reprit-il, que si j'étois fou, comme vous pensez, vous eussiez eu raison de vous croire le cerveau mieux timbré ? Mon mal seroit l'effet de la faim, vous l'avez soufferte aussi-bien que moi, d'où viendroit à votre cerveau plus de force que n'en a le mien ? Mais sans tant de discours, voyez-vous cette pauvre femme, & pensez-vous que le hasard l'ait amenée ici ? La baleine de Jonas, les poissons du jeune Tobie....... De grace, dit un impatient, laissons-là Jonas & Tobie, ce sont des digressions qui ne viennent point à propos; nous avons faim, & il s'agit de la chasser; avez-vous pour cela quelque moyen prompt & facile ? Ne le voyez-vous pas, répliqua l'autre, & pensez-vous que cette femme ne soit là que pour se chauffer : ç'a bien été son intention, mais Dieu s'en est servi pour l'obliger à se venir mettre entre nos mains. Il a ma foi raison, reprit un nommé Charles Dobbel; plus j'examine les circonstances de cette rencontre, moins je doute que ce ne soit un effet de la providence, & je ne crois point que cette femme soit venue d'elle-même ici : ç'a, continua-t-il, en se levant, je m'offre à être l'exécuteur des volontés divines; après avoir mangé de toutes sortes de saletés, voyons si la chair humaine est bonne, & n'en faisons point de scrupule, puisque c'est l'intention de Dieu, & que ses ordres y sont formels. Lorsque je vis qu'il parloit sérieusement, je le priai de se r'asseoir, & lui dis qu'il prît garde aux suites de son entreprise; que ces sortes de pensées étoient plutôt des tentations du démon que des révélations divines; que cette femme étoit notre image, & que si c'étoit par révélation qu'ils entreprenoient de la manger, c'étoit une des plus chétives & des plus maigres révélations dont j'eusse jamais ouï parler. Voyez-vous, repris-je, que cette femme n'est qu'une carcasse animée, & qu'un squelette couvert d'une peau, qui, comme vous voyez, n'a pas la mine d'être un mets fort délicat; & quand cela seroit, penseriez-vous en demeurer là ? Non, sans doute, vous voudriez avoir toujours la même pâture, & Dieu sait si vos camarades seroient en sûreté auprès de vous ? J'ajoutai à ces raisons, que dans deux heures nous pourrions aller vers le bufle, où nous trouverions, peut-être encore de quoi nous rassasier; & que s'il ne se trouvoit rien, il leur seroit libre d'épargner ou de massacrer cette misérable.

Moitié par honte, moitié par un reste d'horreur qu'ils avoient pour cette action, ils dirent qu'ils n'y pensoient plus, & tâchèrent de s'asfoupir. Dès le point du jour, ils fe levèrent & me fommèrent de ma promeffe. J'étois fi foible, que je ne pouvois prefque marcher; & de-là, au lieu où étoit le bufle, il y avoit plus d'une lieue. Je les priai donc de me difpenfer d'un voyage fi incommode; mais j'eus beau dire, ils voulurent abfolument que je fuffe de la partie, & il me fallut les accompagner. Les quatre plus foibles demeurèrent-là, & nous promirent cependant de faire une corde neuve pour amarer à une autre ancre que nous ferions au lieu de celle qui étoit perdue.

A vingt pas de là, Charles Dobbel retourna vers les quatre autres, & leur recommanda de prendre garde que cette femme ne leur échappât, étant réfolu à fon retour, de lui faire paffer le pas, en cas que le bufle fût tout mangé. Nous nous hâtâmes enfuite de nous rendre où étoit le bufle, & nous y trouvâmes beaucoup de chair, mais fi gâtée que nous n'en pouvions approcher. Après avoir cherché la meilleure, & vu qu'elle étoit toute égale, nous en coupâmes deux ou trois morceaux que nous mîmes fur les charbons, & que nous dévorâmes avant qu'ils fuffent à demi-cuits.

Il vint pendant que nous les mangions deux de nos gens qui étoient demeurés avec le maître; & nous vîmes bien, à leur contenance, qu'ils alloient à la provifion. Cela nous déplut infiniment, car nous craignions qu'ils ne priffent tout. En effet, c'étoit leur deffein, & la fuite nous fit bien connoître qu'ils ne vouloient pas nous en laiffer. Après les avoir obfervés environ une heure, nous les joignîmes pour reconnoître leur intention. Lorfque nous vîmes qu'il ne reftoit plus que les os, les larmes nous vinrent aux yeux, & nous nous dînies les uns aux autres que nous méritions de mourir de faim, pour avoir attendu fi long-tems à nous mettre en devoir de les empêcher de tout prendre. Il eft un peu tard, dit Charles Dobbel, pour avoir de la chair, puifqu'ils n'y en ont point laiffé; mais il refte encore un peu de la peau, tâchons de l'avoir de gré ou de force. En même tems il les pria de fe contenter de ce qu'ils avoient, & de leur laiffer ce qui reftoit. Ho! dit l'un d'entr'eux d'un ton ironique, ces meffieurs là ne font ni fots, ni dégoûtés: nous avons pris de la chair pourrie, & nous leur laifferons la peau qui eft ce qu'il y a de plus fain, & par conféquent de meilleur! Penfez-vous, nous dit-il, que nous ayons travaillé pour vous, & que nous ayons pris la peine de tourner la bête, pour vous faciliter les moyens de prendre ce qui refte? Nous fouhaiterions bien que vous ne manquaffiez de rien; mais nous fouhaitons encore moins de manquer nous-mêmes; & si nous sommes condamnés à périr ici, je vous déclare que je ferai tous mes efforts pour périr le dernier.

Le discours de ce babillard nous échauffa la bile, principalement à Charles Dobbel qui, sans se soucier de ces raisons, voulut d'abord user de violence : mais je lui remontrai qu'il ne falloit pas aller si vîte, & qu'il ne falloit nous emporter que le plus tard que nous pourrions. Je leur dis donc que notre demande n'étoit ni injuste ni ridicule; que nous étions tous d'un même équipage, compagnons de même fortune; & qu'ils devoient avoir égard que nous allions hasarder nos vies, aussi bien pour eux que pour nous. Ces raisons furent méprisées, & Charles Dobbel indigné de ce procédé, allons, dit-il, camarades, travaillons aussi-bien qu'eux; qu'avons nous besoin de leur permission; chacun de nous tira son couteau, & nous leur ôtâmes leur proie.

Les autres qui étoient inférieurs en nombre, se regardèrent quelque tems comme pour s'animer l'un l'autre. Ils nous demandèrent s'il étoit juste qu'ils eussent travaillé pour nous, & en disant cela, ils levèrent l'un une hache, & l'autre un couteau pour nous en frapper. De notre côté nous nous mîmes en état de nous défendre; & celui qui avoit la hache, ayant juré qu'il fendroit la tête au premier qui approcheroit, je lui dis que s'il étoit sage il y penseroit plus d'une fois, & qu'il feroit mieux d'écouter la raison que de s'emporter de la sorte. Quelle raison, reprit-il, peut-on espérer de gens qui n'en ont point. Vous voulez que nous vous cédions ce qui nous appartient, pouvions-nous moins faire que de nous défendre ? Nous repartîmes sur le même ton, & nous convînmes enfin qu'ils auroient ce qu'ils avoient coupé, & que le reste nous demeureroit.

Lorsque nous eûmes presque tout ôté sans couteau, tant la pourriture étoit grande, nous le lavâmes en plusieurs eaux, nous en fîmes cuire une partie, & gardâmes le reste pour les autres. Ensuite on songea à refaire une ancre, pour mettre en la place de celle que nous avions perdue, & pour cela, deux des nôtres furent dépêchés vers le maître pour demander la hache. Il nous l'envoya aussi-tôt, nous trouvâmes ce que nous cherchions, & quant l'ancre fut achevée, nous résolûmes d'aller tous quatre remercier le maître. A moitié chemin, un de ceux qui avoient emprunté la hache nous dit, qu'il avoit vu en allant, le linge du maître sur des arbres, & que son compagnon & lui, qui étoient presque tout nus, avoient été tentés de prendre chacun une chemise & un pourpoint, mais qu'ils n'aavoient osé le faire sans nous en parler. Nous eûmes d'abord de la peine à consentir qu'ils en prissent, mais le grand besoin qu'ils en avoient nous fit fermer les yeux à toute considération. Et comme ce vol ne se pouvoit faire de jour, nous attendîmes qu'il fût nuit, & heureusement, ils dormoient quand nous arrivâmes à leur quartier. Ceux qui avoient besoin de linge ayant pris ce qu'ils souhaitoient, nous vinrent dire qu'il y avoit au même endroit quantité de chair & de peau de bufle, dont nous ferions peut-être bien de nous saisir. Nous fûmes long-tems à nous résoudre sur ce point-là, parce qu'il étoit fort à craindre que s'ils nous prenoient sur le fait, ils n'usassent de leur avantage, qui étoit d'être mieux armés & en plus grand nombre que nous. La faim l'emporta sur ces réflexions, nous leur ôtâmes une partie de leur pitance, & nous nous retirâmes au plus vîte. Mon sommeil pas bien loin sans me repentir de ce vol, & j'étois prêt à reporter ce que j'avois pris, quand Charles Dobbel me représenta qu'il étoit trop tard, & que s'ils venoient à s'éveiller, quoique nous puissions dire pour nous justifier, ils ne croiroient jamais, en nous voyant à une heure induë, que nous fussions-là sans dessein. Je cédai donc à son avis, & avec d'autant moins de peine que la fatigue m'y faisoit pencher. Après avoir dormi quelques heures nous continuâmes à marcher vers nos compagnons, que nous trouvâmes de l'autre côté de la riviere où nous les avions laissés. L'eau étoit alors si haute qu'il nous fallut la passer à la nage, chargés du butin que nous avions fait sur ceux qui tenoient compagnie au maître.

Trois de ceux qui nous attendoient n'avoient point mangé depuis que nous les avions quittés, & ils étoient si foibles qu'à peine pouvoient-ils se tenir de bout. Le quatrième, à qui il restoit quelque chose, en fit bonne chere en leur présence, & eut la dureté de leur refuser aussi gros qu'une noix de chair de busle, pour leur aider à manger des feuilles dont ils ne pouvoient plus user. Nous ne pûmes entendre sans indignation les justes reproches de ces affamés; nous reprîmes aigrement celui dont ils se plaignoient, & lui remontrâmes qu'il mériteroit qu'on lui fît comme il leur avoit fait, mais que nous étions & plus tendres & plus pitoiables, que nous voulions partager avec lui, comme avec les autres, ce que nous avions apporté.

Après avoir fait de notre vol des portions égales, & que chacun eut pris la sienne, nous jugeâmes à propos de veiller tour-à-tour contre les surprises de nos ennemis, au nombre desquels nous mettions ceux à qui nous avions volé une partie de leur pitance : & pour nous lier plus fortement les uns aux autres, nous jurâmes de faire les derniers efforts pour nous entr'aider en cas que l'on nous attaquât. Nous demandâmes ensuite ce qu'étoit devenue la femme qu'on leur avoit laissée en garde, & nous apprîmes que peu après notre départ elle s'étoit sauvée si subtilement qu'on n'avoit pu la retrouver. Nous souhaitâmes alors son retour, & nous résolûmes unanimement de lui ôter la vie & de la manger, quelque décharnée qu'elle fût.

Dès qu'il fut nuit la sentinelle fut posée & les sept autres se mirent à dormir. A peine avions-nous reposé deux heures, que notre sentinelle vit un nègre armé d'un gros bâton qui venoit doucement vers lui. Lorsqu'il le vit à la portée de son aviron, il le lui rompit sur la tête, & de ce coup ce misérable tomba comme mort. Le bruit qu'ils firent nous éveilla, & ayant su ce que c'étoit, nous courûmes après les autres nègres, qui voyant leur homme abattu s'étoient enfoncés dans le bois. Dès qu'ils sentirent que nous les suivions, ils firent, en s'enfuyant, un bruit que l'on eût dit être de vingt personnes, quoiqu'ils ne fussent que sept ou huit. Après les avoir suivis en vain nous retournâmes au lieu où leur camarade étoit tombé, & où nous pensions

le

le trouver mort : mais nos conjectures nous trompèrent, ce malheureux s'étoit sauvé, & il s'étoit sauvé si vîte qu'il avoit oublié son bâton.

Nous raisonnâmes sur cette aventure, & ne doutâmes point que la femme qui s'étoit chauffée avec nous n'eût donné avis à ses gens de ce qui se passoit parmi nous. Elle avoit remarqué, à notre départ, qu'il n'étoit resté que quatre des nôtres, qui seroient peut être aisés à défaire si on les surprenoit la nuit. C'est assurément sur ce pied qu'ils étoient venus, mais par bonheur, au lieu de quatre hommes, ils en avoient trouvé huit, l'un desquels veilloit à la sûreté des sept autres.

Aussi-tôt que le jour parut nous fîmes pour notre ancre une corde semblable à la première, & quand nous fûmes prêts à partir, nous trouvâmes que le radeau étoit devenu si pesant qu'il ne pouvoit porter que six hommes. Il fallut donc en renvoyer deux, & le sort tomba sur les deux plus jeunes, à qui nous promîmes, pour les consoler, de revenir à eux avec un bateau, dès que nous serions en terre ferme.

En attendant que la marée nous fût favorable, nous nous mîmes autour d'un petit feu, où, une heure après, nous entendîmes des cris réitérés qui troublèrent notre repos. Quelque frayeur que nous eussions, on jugea à propos de répondre ; & un moment après nous vîmes revenir les deux

K

jeunes hommes dont nous avions voulu nous défaire. Ils étoient si troublés qu'ils trembloient encore en nous disant qu'ils n'avoient trouvé ni le maître, ni aucun de ceux qui l'accompagnoient: qu'ils les avoient cherchés non-seulement où ils avoient accoutumé de passer la nuit, mais même en beaucoup d'autres endroits, & qu'apparemment il avoit passé quelques barques où ils avoient été reçus. La répugnance qu'ils avoient à demeurer dans l'île nous fit croire qu'ils nous en imposoient; nous les prîmes donc séparément & leur fîmes des demandes dont les réponses furent conformes. Cela nous fit résoudre de demeurer là jusqu'au lendemain, pour aller nous-mêmes sur les lieux, & de ne point sortir de l'île que nous ne sussions où ils étoient.

Sur le minuit le flot étant propre à notre dessein, nous levâmes l'ancre pour aller vers les arbres secs, de quelques-uns desquels nous avions besoin pour renfoncer notre radeau. Après avoir tourné une demi-heure, nous nous apperçûmes un peu tard que la marée nous poussoit impétueusement vers un grand arbre dont les branches étoient en quantité & fort étendues. Quelques efforts que nous fissions il fut impossible de l'éviter; & le radeau y fut poussé avec tant de violence, que quelques-uns de nos gens tombèrent dans l'eau, d'autres demeurèrent suspendus aux branches de l'arbre, & je fus le seul inébranlable. La secousse fut si violente, que chacun de nous crut que tous les autres s'étoient noyés ; & je n'en doutois presque pas lorsque Charles Dobbel parut, demanda aux autres s'ils vivoient encore, & fut ravi de me revoir sur le radeau. Peu après les autres se firent connoître, & tous enfin se retrouvèrent. Il faisoit froid, & ces pauvres gens étoient tout mouillés ; c'est pourquoi nous tâchâmes de descendre à terre pour faire du feu.

En sortant de cet embarras, nous entrâmes dans un autre qui ne fut guères moins sensible. L'ancre, & la moitié de la corde qui s'étoit rompue dans la secousse, ne se trouvèrent point, & nous manquions de moyens pour réparer cette double perte. Nous ne savions même si nous pourrions approcher du rivage, la force des courans nous en éloignant avec violence ; & quoi que nous fissions, nous ne les pouvions surmonter. Comme le mal étoit pressant & qu'il étoit tems d'y remédier, deux de nos gens prirent le reste de la corde, & nagèrent vers le rivage où ils tirèrent le radeau sans peine.

Il étoit nuit, nous mourions de faim & de froid, & nous n'avions ni pain ni feu. Ajoutez à cette misère que du lieu où nous étions jusqu'à celui où nous nous étions chauffés le jour

K ij

précédent, il y avoit une demi-lieue. Il falloit néanmoins y aller, si nous voulions avoir du feu, & nul d'entre nous n'étoit disposé à faire une si longue traite. Comme nous gémissions sans savoir que devenir, Charles Dobbel, le plus dispos, & peut-être aussi le plus courageux, prit les deux plus jeunes de la troupe & alla chercher ce qui nous manquoit. En les attendant nous nous entretînmes des malheurs qui nous accabloient, & du peu d'apparence qu'il y avoit d'en sortir héureusement, toutes choses nous étant contraires dans une terre stérile & barbare, où il sembloit que le ciel nous eût jetés pour nous faire souffrir les peines dues à nos offenses.

De ces entretiens nous tombâmes dans un morne silence; & je crois que nous fussions morts si nos compagnons n'étoient revenus un quart d'heure après. Le feu qu'ils apportèrent nous fit autant de bien, en dissipant les ténèbres dont l'horreur aidoit à nous affliger, qu'en chassant le froid qui étoit extrême. Ces pauvres gens nous contèrent, à leur retour, qu'ils avoient presque toujours marché sur des ronces & sur des épines, qu'ils s'étoit égarés, & qu'après avoir trouvé le feu, ils avoient presque perdu l'idée du lieu où ils étoient; qu'ils étoient tombés dans des fosses pleines d'eau, où leur feu s'étant éteint, ils avoient été obligés d'en aller quérir d'autre, & qu'en cherchant un chemin plus doux, ils en avoient trouvé un plus difficile que le premier, d'où ils n'étoient sortis qu'avec une peine incroyable; ils avoient les pieds tout en sang, les jambes & la tête toutes meurtries, & une amertume d'esprit qu'il est mal-aisé d'exprimer. Nous les consolâmes le mieux que nous pûmes, & après nous être encouragés les uns les autres, nous tâchâmes de reposer.

Le lendemain nous envoyâmes deux de nos camarades au quartier du maître & aux environs, pour savoir s'ils étoient partis; & cependant nous cherchâmes de quoi refaire une autre ancre & une autre corde. Sur le soir, nos gens rapportèrent que les autres n'étoient plus dans l'île, & qu'après avoir cherché dans tous les lieux où ils pouvoient être, ils n'avoient trouvé qu'un méchant reste de poisson pourri; un peu de la peau du bufle, quatre gousses d'ail & un pot.

A ces indices, nous reconnûmes qu'ils étoient partis, & commençâmes à croire qu'ils se ressouviendroient de nous. Cependant nos deux députés nous contèrent que chemin faisant, ils avoient trouvé un tombeau que l'un d'eux avoit ouvert par une simple curiosité, à ce qu'il disoit; mais la suite fit voir qu'il avoit un autre dessein; car si-tôt qu'il vit un cadavre que les vers rongeoient, il dit que le sort de ces insectes étoit plus heureux que le sien, & qu'il mouroit de faim pendant qu'ils faisoient bonne chere. Après l'avoir regardé long-temps, il dit qu'il avoit grande envie d'ôter leur proie à ces animaux, & que n'ayant pas d'autre moyen d'éviter la mort, il ne voyoit pas qu'on pût le blâmer de manger ce qui s'offroit. A peine eut-il parlé de la sorte, qu'il succomba à la tentation; il prit le cadavre & l'eût mis en pièces pour le manger, si son camarade ne lui eût fait voir l'énormité de cette action. Il eut de la peine à l'en dissuader, mais enfin il en vint à bout; & de concert ils remirent le cadavre en terre, & se hâtèrent de s'en éloigner de peur que la faim ne fût la plus forte & n'achevât de les séduire.

Si-tôt que nous eûmes le pot, nous y fîmes bouillir de l'eau, avec les restes du poisson dont nous avons parlé, & quantité de feuilles hachées. Après le repas, on mit en délibération s'il ne valoit pas mieux demeurer dans l'île que d'en partir. La première opinion étoit fondée sur la difficulté de résister à la marée qui étoit fort haute; sur la perte de nos deux ancres, & sur l'impossibilité d'en recouvrer une quatrième, en cas que celle que nous avions vînt à manquer. On ajoutoit que nos compagnons étant en lieu de sûreté, ils auroient soin de nous, & qu'apparemment ils n'omettroient rien pour nous tirer promptement de là. Ceux qui avoient envie de partir, difoient que le fecours dont on parloit étoit incertain; que fur cette frêle efpérance, nous mangerions le peu que nous avions de refte; & qu'après avoir attendu en vain, nous ferions enfin obligés d'avoir recours à nos propres forces, & de nous expofer au péril que nous penfions fuir. Après une con-teftation qui dura une demi-heure, on convint de s'en rapporter à l'opinion du plus ancien, & celui-ci dit qu'un plus long féjour dans cette fatale demeure, acheveroit de nous confumer; qu'il ne falloit que deux ou trois jours pour nous rendre incapables de conduire notre radeau; c'eft pourquoi il concluoit qu'il ne falloit plus différer.

Ce dernier avis fut fuivi : on employa le refte du jour à renfoncer le radeau, & le lendemain après avoir bien déjeûné du refte de la peau du bufle, & fait bonne provifion de feuilles, nous nous mîmes fur le radeau.

Nous avions fait d'une chemife une petite voile qu'un petit vent frais fit d'abord enfler, & en moins d'une demi-heure, nous paffâmes la fauffe marée qui fe fait fentir ordinairement autour des îles. Peu de tems après, le vent tomba & la voile étant inutile, nous nous fervîmes de nos rames. Nous n'allâmes pas loin fans avoir befoin de manger; c'eft pourquoi nous jetâmes l'ancre, dont le fuccès fut auffi heureux que fi

K iv

elle eût été de fer. Quand nous jugions que la marée ne nous pouvoit nuire, nous le levions & mettions la voile ; & de cette manière, nous nous éloignâmes de l'île jusqu'à la perdre de vue.

Le lendemain, nous découvrîmes les deux îles dont le maître nous avoit parlé, & profitant des instructions qu'il nous avoit données, nous allâmes si loin que nous les passâmes aussi. Six ou sept heures après, nous crûmes voir la terre ferme, & nous la voyions en effet, mais nous en étions assez loin ; & dès que nous la découvrîmes, la marée nous devint contraire. Nous jetâmes donc l'ancre avec une crainte inexprimable que la corde ne vînt à rompre, car c'étoient sur quoi nous fondions toute notre espérance ; & durant ce temps-là, un des plus affamés proposa d'augmenter la pitance, puisque nous étions si proche de terre. Bien que les autres fussent aussi foibles que lui, ils ne furent pas de son avis, alléguant qu'il ne falloit qu'un coup de vent pour rompre la corde qui tenoit à l'ancre, & pour nous jeter en pleine mer. Il fallut donc se contenter de très-peu de chose, & attendre paisiblement le succès de notre entreprise.

Comme nous n'avions point de compas, le soleil & les étoiles nous servoient de guides, & par leur moyen, nous distinguions de jour & de nuit les gisemens & situations de notre radeau.

Le lendemain ayant vent & marée pour nous depuis le matin jusqu'au soir, nous aprochâmes fort près de terre, mais nous ne pûmes gagner le rivage. Il fallut jeter l'ancre & passer encore une nuit avec beaucoup d'incommodité & de crainte, les courans étant fort rapides.

Le jour suivant, le tems nous fut si favorable que nous prîmes terre de bonne heure. Nous laissâmes le radeau à l'ancre, dans le dessein de le retrouver, en cas que le pays où nous étions ne fût pas celui que nous cherchions. Après avoir marché quelque tems, nous trouvâmes deux chemins, l'un qui étoit le long du rivage, l'autre le long de la rivière de Sondiep, & ces deux chemins étoient opposés. Nous connoissions si peu l'un & l'autre, que nous ne savions lequel prendre; & après avoir épuisé toutes nos raisons, nous marchâmes au hasard vers la rivière & nous nous trouvâmes dans le bon chemin. La faim, le froid & les fatigue nous avoient si fort affoiblis, que nous ne pouvions faire vingt où trente pas sans nous reposer: ainsi nous avancions fort peu, & nous marchâmes plus de trois heures sans rencontrer personne qui nous pût mettre l'esprit en repos. Peu après, nous vîmes des arbres dont il sembloit que les branches vinssent d'être coupées. A vingt pas de-là, nous vîmes une barque dont nous nous approchâmes; & dès que ceux qui étoient dedans nous apperçurent, ils vinrent vers nous. Cette facilité nous troubla; & nous ne pûmes les voir venir sans être appelés, que nous ne les crussions d'humeur à nous faire quelque avanie.

Notre frayeur redoubla merveilleusement quand nous les vîmes descendre à terre au nombre de six, chacun le couteau à la main. Lorsqu'ils furent assez près de nous pour connoître que nous n'étions ni en état ni en humeur de les insulter, nous leur montrâmes nos bras décharnés, & un reste de la peau du bufle. Quoiqu'il y en eût peu, c'en étoit assez pour empoisonner les moins délicats; aussi ces gens, quelque brutaux & grossiers qu'ils fussent, firent cinq ou six pas en arrière en se bouchant le nez, & nous menaçant avec leurs couteaux. A leurs gestes nous reconnûmes qu'ils nous prenoient pour des gens de mauvaise foi, pour des hypocrites & pour des trompeurs. C'est pourquoi nous nous hâtâmes de leur montrer des feuilles d'arbres, & de leur faire comprendre par signes que c'étoit notre nourriture. Ils nous entendirent, ils se rapprochèrent, & tous émus de compassion, ils se frappèrent la poitrine, & levèrent les yeux au ciel. Lorsqu'ils furent radoucis nous leur marquâmes le besoin que nous avions d'eux pour nous mener au prochain village. Ils consentirent à nous faire cette amitié, pourvu qu'on leur payât leur voiture.

J'admirai dans cette rencontre combien les hommes sont intéressés, & le peu de penchant qu'ils ont à s'entr'aider les uns les autres. Ces barbares nous voyoient tout nus, car nous n'étions couverts que de quelques méchans morceaux de toile : nous étions comme des squélettes, & n'avions nullement la mine d'avoir ni sou ni maille. De plus ces gens nous témoignoient avoir pitié de nous qui étions étrangers, affligés, & apparemment dénués de tout. Avec tout cela sans argent nous n'en eussions eu aucun secours; & nous vîmes bien que sans ce métal la terre ferme n'eût pas été meilleure pour nous que l'île infortunée où nous avions si long-tems souffert. On convint donc de leur donner quelque chose, & on laissa le soin au plus vieux de faire marché pour toute la bande. Celui-ci offrit une pièce qui revenoit à un écu de notre monnoie. Les Bengalois nous firent entendre qu'il leur en falloit dix, & qu'à moins de cela ils ne pouvoient se détourner de leur ouvrage. On leur en offrit encore une, puis une troisième ; & tout cela n'étant pas capable de les ébranler, notre vieillard leur montra ses poches vides, pour tâcher de leur insinuer que c'étoit tout ce qu'il avoit. Cette feinte nous réussit, mais mal-à-propos pour nos voituriers, à qui de bon cœur nous eussions donné mille francs pour nous porter en quelque lieu où nous puſſions nous remettre un peu des fatigues paſſées.

Lorſque nous fûmes dans la barque, nous leur fîmes ſigne de nous donner quelque choſe à manger ; ils répondirent qu'ils ne le pouvoient ſans argent : on leur donna encore un écu ; & pour cela le plus vieux d'entr'eux nous mit dans un linge environ plein la main de riz, & un piſang grand comme le doigt. Chacun de nous étendit la main d'un air âpre & avide qui fit craindre au diſtributeur que ſa poignée de riz ne fût cauſe de quelque deſordre. Il ſe retira donc & en fit huit portions égales. Il fit de même du piſang qui eſt un fruit paſſablement bon ; & quoique ce ragoût ne fût pas grand'choſe, nous le trouvâmes ſi délicieux au prix des ſaletés que nous mangions depuis un mois, que nous en ſouhaitions plein la barque ; encore ne penſions-nous pas que ce fût aſſez pour nous raſſaſier. Les nègres s'étant apperçus que nous avions encore de l'argent profitèrent de l'occaſion ; & ceſſant de ramer nous firent ſigne que nous n'avions pas aſſez donné, & que ſi nous voulions qu'ils avançaſſent il falloit encore quelques pièces. On leur en offrit une & ils donnèrent dix ou douze coups d'avirons, après quoi ils ſe repoſèrent. On leur en donna encore une, ils firent les mêmes efforts, & c'étoit toujours à recommencer ; eux ne ſe laſſant point de demander, ni nous de donner, tant nous avions peur de n'être pas assez-tôt à terre.

En nous reposant de la sorte nous vîmes passer deux autres barques qui joignirent la nôtre & qui firent le même chemin. Leurs gestes faisoient assez voir que c'étoit de nous qu'ils parloient, & leur entretien dura long-tems. Ensuite ils descendirent à terre, comme pour résoudre plus commodement ce qu'ils feroient de nous. Ils contoient l'argent qu'ils avoient reçu, & nous regardoient d'une manière qui nous fit craindre le succès de leur conférence.

Après avoir attendu une heure dans la barque, deux de nos compagnons en sortirent pour les prier de leur montrer où étoit l'eau douce. Dès que les nègres les apperçurent, un d'entr'eux les prit par le bras, & les fit rentrer dans la barque. Cette brutalité nous fit croire qu'ils n'étoient-là que pour résoudre des moyens de nous égorger, pour avoir notre argent; & dans cette pensée nous nous disposâmes à la mort. Ce ne fut pas néanmoins sans peine, & sans trouver un peu étrange que le ciel s'obstinât si fort à nous persécuter. Depuis que nous crûmes qu'ils avoient formé le dessein de nous noyer, il nous tardoit qu'ils ne l'exécutassent, & il nous sembloit que la mort seroit infiniment plus douce que la faim qui nous tourmentoit. Enfin, après avoir souffert durant deux ou trois heures ce que souffrent ceux qui attendent qu'on les vienne égorger, les trois barques se séparèrent & nos voituriers revinrent à nous, poursuivirent leur route, & pour une piece d'un écu ils nous donnèrent plein un pot d'eau douce. Nous en bûmes tous avidement, & avec d'autant plus de plaisir qu'il y avoit un mois que nous n'avions bu que de l'eau salée. Depuis que nous fûmes remplis d'eau, la faim ne nous pressa plus tant, & nos estomacs commencèrent à nous donner un peu de repos.

Cependant nos guides nous firent entendre que vingt de nos compagnons étoient dans le prochain village, & pour cette bonne nouvelle nous leur donnâmes encore un écu. Depuis ce moment ils se hâtèrent de nous mener où ils étoient; & en entrant dans le village deux de nos guides vinrent avec nous chez le gouverneur, aux pieds duquel ils mirent les trois écus dont nous étions convenus pour notre voiture, après avoir touché par trois fois de la tête & des mains la terre, en disant *salamaleca*, c'est-à-dire, *paix soit avec vous*. Le gouverneur nous reçut fort bien, & nous fit signe de reprendre l'argent qui étoit à ses pieds. Nous lui fîmes comprendre que ses gens l'avoient bien gagné, & que nous ne voulions pas les priver de leur salaire. Ensuite il donna ordre à deux ou trois de ses domestiques, de nous mener au logis de nos compagnons, qui nous ayant apperçus de loin, vinrent au-devant de nous, & témoignèrent une grande joie de nous revoir. Il y avoit cinq jours que ceux qui étoient demeurés dans l'île après nous, étoient dans ce village; & il y en avoit davantage que les cinq qui s'étoient servis d'un radeau, aussi-bien que nous, y étoient arrivés avec le secours de quelques pêcheurs qu'ils avoient rencontrés.

Aussi-tôt qu'ils nous virent, ils s'empressèrent à nous bien traiter; & peut-être eussent-ils mieux fait de ne point donner à des gens qui avoient jeûné si long-tems, de tant de sortes de viandes & en si grande quantité; car, sans le pisang & le miel qui nous servirent d'entremêts & de médecine, je crois que nous eussions tous crevé. Cette opération fut si heureuse, que toutes ces viandes ne nous causèrent aucune incommodité; & ce qu'il y avoit de singulier, c'est qu'encore que nous mangeassions beaucoup & souvent, nous avions le même appétit & toujours également faim.

Deux jours après que nous fûmes là, le gouverneur jugea à propos d'envoyer les premiers venus au bureau de la compagnie, pour informer les officiers du naufrage de leur vaisseau; & il leur fit dire par son truchement qu'ils ne manquassent pas de faire de grandes provisions, parce que le voyage étoit de plus de deux cens lieues; qu'outre cela ils marcheroient cinq grandes journées dans un pays stérile & désert; & que celui qu'on trouvoit ensuite, n'étoit gueres plus fertile ni plus habité. Cette nouvelle alarma ces pauvres gens, qui n'étoient encore ni bien remis de leurs fatigues, ni entièrement rassasiés, & il sembloit même que plus ils mangeoient, plus ils avoient envie de manger. Nonobstant cela, il fallut partir, & ils n'y répugnèrent pas, pour les raisons que nous avons dites. Pour nous qui étions les derniers venus, après avoir donné les trois ou quatre premiers jours au repos & à la joie, je m'informai par quelle aventure nos compagnons étoient sortis de l'île infortunée, & l'on me conta ce qui suit:

Après nous avoir dit adieu ils se retirèrent au lieu ordinaire, & comme il étoit tard ils tâchèrent de reposer. Le lendemain s'étant apperçus qu'on leur avoit pris leurs provisions, ils en eurent autant de douleur que si on leur eût ôté la vie. Dans le fort de leur affliction ils levèrent les yeux au ciel, & demandèrent à dieu avec toute l'ardeur dont les affligés sont capables, qu'il les délivrât de cette misère. Chacun ensuite eut recours aux feuilles, mais ce ne fut pas sans gémir de se voir réduits à ce triste mets.

Sur le soir il y en eut deux qui en s'entretenant de leur mauvais sort, se trouvèrent insensiblement

siblement à la pointe de l'île, d'où ils découvrirent des pêcheurs. Dès qu'ils crurent en être vus, l'un des deux rompit une branche d'arbre où il attacha un morceau de toile pour servir de signal qu'il y avoit quelqu'un dans l'île. Les pêcheurs s'approchèrent, & baissèrent la voile à un jet de pierre du rivage. Après un quart d'heure de consultation, ils s'approchèrent un peu plus près, & demandèrent aux nôtres en Portugais, quels gens ils étoient. On leur répondit en la même langue, & après avoir satisfait à tout, les pêcheurs descendirent à terre où ils attachèrent leurs trois barques. Ils étoient tous armés, les uns de dards & de javelots, & les autres d'arcs & de flèches; & quoiqu'ils vissent bien que nos gens n'avoient pas la mine de les vouloir surprendre, ils usèrent de précaution & leur demandèrent leurs armes. Nos gens qui n'avoient que leurs couteaux, les jetèrent à terre sans hésiter & un des nègres les ramassa. Ensuite ceux-ci s'approchèrent, demandèrent à voir les autres, & combien ils étoient. De peur que le nombre n'effrayât les nègres, les nôtres dirent qu'ils n'étoient que sept, & qu'ils alloient les leur faire voir. Ceux qui les guidoient, ravis de se voir sur le point d'être délivrés, éclatèrent à l'entrée du bois, & jetèrent des cris qui causèrent une équi-

L

voque. Leurs compagnons qui les entendirent, crurent qu'on leur crioit arrête, & que quelque bête étoit blessée. Chacun, à ce bruit, s'arma d'un bâton, & courut de toute sa force vers le lieu où les voix se faisoient entendre. Quand les nègres les virent si ardens & si échauffés, ils s'imaginèrent qu'ils étoient trahis, & dans cette surprise, ils tirèrent quantité de flèches dont nul des nôtres ne fut atteint. Ceux-ci se voyant attaqués par des visages qu'ils prenoient pour des misérables esclaves qu'ils avoient vus de l'autre côté, deux jours après qu'ils furent dans l'île, se figurèrent que la faim les avoit poussés là, où trouvant nos gens à leur avantage, il les avoient voulu massacrer. Dans cette pensée ils s'animèrent de telle sorte, qu'ils étoient résolus de les mettre en pièces quand leurs carquois seroient épuisés. Les deux qui étoient près des nègres s'étant apperçus de la méprise de leurs compagnons, leur crièrent qu'ils se trompoient; qu'ils se défissent de leurs bâtons, & qu'ils approchassent hardiment. Ceux-ci obéirent, & en approchant ils demandèrent par signes aux nègres s'ils avoient de quoi manger, & qu'ils se hâtassent de leur en donner. L'un des pêcheurs répondit en bon hollandois que leurs besoins étoient évidens, qu'on leur donneroit ce qu'ils souhaitoient, mais qu'il falloit auparavant qu'on leur mît en main toutes les armes de l'équipage, & on leur donna sans répugnance jusqu'aux couteaux.

Les pêcheurs ne craignant plus rien, donnèrent à nos gens un peu de riz cuit, qui fut mangé si avidement que les premiers en demeurèrent tout surpris. Cependant les nôtres, impatiens de se voir hors de là, demandèrent aux nègres s'ils vouloient bien les en tirer, & ceux-ci y consentirent, pourvu qu'on payât la voiture, alléguant qu'ils étoient pauvres & qu'ils ne pouvoient, sans s'incommoder, les porter à terre pour rien. Comme les nôtres avoient de l'argent on fut bientôt d'accord du prix, & l'on convint de leur donner quatre écus pour chacun, puis les pêcheurs s'occupèrent tout le jour suivant à renforcer leurs barques qu'ils disoient être trop legères & trop petites pour tant d'hommes. Pour ce qui est des vivres, ils dirent qu'ils avoient assez de riz pour eux & pour les Hollandois, & qu'ils espéroient prendre du poisson en assez grande quantité pour rassasier les plus affamés. C'étoit la meilleure nouvelle que pussent apprendre ces derniers; aussi en eurent-ils une joie extraordinaire; & dès ce moment il y en eut qui demandèrent plein leur chapeau de riz, ce qu'ils obtinrent pour le prix d'un demi-écu. Pendant que les nègres pêchoient, nos gens faisoient cuire le riz qu'ils leur avoient donné; & avant qu'il fût prêt, on leur apporta du poisson, & ce qu'il falloit pour l'apprêter. Le soir, avant que de nous coucher, le maître ordonna secrètement que nos gens veillassent l'un après l'autre, pour empêcher que les nègres ne les insultassent; & ceux-ci, de leur côté, prirent la même précaution.

Deux jours après, les pêcheurs les avertirent de se tenir prêts pour partir la nuit suivante; & dès que l'on fut embarqué, les pêcheurs ramèrent avec tant de force, qu'ils furent bientôt à leur village. Dès qu'ils eurent mis pied à terre, ils menèrent nos gens chez le gouverneur, qui leur fit bon accueil, & qui dépêcha deux ou trois barques chargées de vivres vers ceux qui étoient sur le radeau. Après avoir donné cet ordre, il les fit asseoir autour de lui sur une grande nate, où les pêcheurs mirent les armes dont ils s'étoient saisis pour leur sûreté; & l'argent donné pour le passage. Le truchement du gouverneur leur dit de sa part qu'il falloit qu'ils les reprissent; mais ils ne reprirent que leurs armes, alléguant qu'il n'étoit pas juste que ces pauvres pêcheurs fussent frustrés de leur salaire. Dès qu'ils furent assis, un eunuque dit que la plupart des femmes du gouverneur avoient envie de voir les plus jeunes des Hollandois, & ils leur furent envoyés. Le lieu où ils entrèrent est un grand espace distingué par plusieurs petits appartemens, au milieu desquels est une cour où l'eunuque les fit entrer. A peine y étoient-ils qu'ils furent entourés de ces femmes, dont les unes leur prenoient le nez; les autres leur pinçoient les joues; celles-ci les déboutonnoient pour voir & toucher leurs estomacs; celles-là leur passoient doucement la main sur le visage en les regardant d'un œil tendre; & il n'y en avoit pas une qui ne témoignât souhaiter que ces deux jeunes hommes demeurassent là quelques heures; mais le fâcheux eunuque sortit & leur fit signe de le suivre. Lorsqu'ils eurent joint leurs compagnons, ils furent menés tous ensembles dans l'auberge des étrangers. Le lendemain, qui étoit un jour de marché, le gouverneur les alla trouver, leur changea leur argent en certaines petites coquilles qui est la monnoie du pays, & leur aida à acheter les choses nécessaires afin qu'on ne les trompât pas.

Le reste du jour fut employé à faire bonne chère; & sur le soir le teneur de livres ayant mis le nez à la porte, reçut un coup de pierre dont il fut fort incommodé. Celui-ci ayant fait ses plaintes, le gouverneur se mit en colère & fit chercher le criminel, qui étoit un de ses domestiques. Après l'avoir aigrement repris, il lui fit passer une flèche au travers des narines; ensuite on lui attacha un tambour sur les épaules, & dans cet équipage on le mena devant la maison du blessé, où, après avoir eu quelques coups de fouet sur les épaules, il fut banni à perpétuité. Voilà l'aventure des quinze hommes qui étoient demeurés dans l'île après nous ; voici celle des sept qui s'étoient servis, aussi-bien que nous, d'un radeau pour en sortir.

Comme ils n'avoient point d'ancre, durant cinq jours & autant de nuits, ils luttèrent inutilement contre la force des courans qui les jetèrent contre un banc de sable. Ce banc occupoit un grand espace, où ils crurent d'abord qu'ils trouveroient de l'herbe & des feuilles dont ils pourroient vivre quelque tems, ne leur restant plus rien de ce qu'ils avoient pris dans l'île. Cette opinion ne leur dura pas, car, après avoir bien cherché, ils ne virent en nul endroit qu'un peu de fiente de buffle qu'ils amassèrent avec soin. Il y avoit deux jours qu'ils ne vivoient que de la mousse que le flot de la mer fait naître sur le bois qui en est frappé. Ainsi leurs estomacs étant accoutumés aux ordures, cette dernière leur parut fort bonne, & ils ne se plaignoient que de n'en trouver pas assez.

Cette fiente leur dura trois jours, & au bout de ce tems, ils se trouvèrent tous si foibles, qu'ils ne pouvoient plus ni ramer, ni se tenir debout qu'avec peine. Un de la troupe faisant réfléxion fut la nécessité de mourir en ce triste lieu: Que vous en semble, dit-il à quatre autres qui l'accompagnoient? faut-il que nous mourions tous de faim? & ne seroit-il pas plus juste que quelques-uns fussent sacrifiés pour les autres? Il est vrai que la loi ordonne d'aimer son prochain, & qu'elle défend l'homicide; mais est-il rien qui nous soit plus proche que nous-mêmes? & ce précepte de prohibition ne semble-t-il pas nous insinuer que tout est permis pour conserver l'être que la nature nous a donné? J'ai pour garant tout ce qui a vie, les grands poissons mangent les petits, & le moindre petit insecte fuit par un instinct naturel les approches de son ennemi. La mort nous talonne! s'écria-t-il, de tous nos ennemis, c'est le plus terrible & le plus cruel. Pourquoi ne lui pas opposer le seul obstacle qui nous reste? Tuons les plus foibles d'entre nous, la nature nous le conseille; & je ne vois pas que vous puissiez éluder mon raisonnement.

Faux raisonnement, faux principe, reprit un de ceux à qui il parloit, la défense de tuer personne est si expresse dans la loi, que nulle raison ne nous en dispense. Ces paroles, tu ne tueras point, sont formelles & ne souffrent nulle exception, & sans user de plus longs discours pour vous faire voir que vous vous trompez, sachez que si vous continuez dans un si pernicieux dessein, vous devenez l'ennemi de Dieu & des hommes.

Cet honnête homme qui se nommoit Adrien Raas eut beau prêcher ce cœur endurci, ses raisons furent mal reçues, & on lui opposa toujours que l'extrême nécessité n'étoit sujette à aucune loi. Les trois autres qui s'étoient trouvés à cette funeste harangue se laissèrent persuader, & se préparèrent tous ensemble à pousser à bout leur résolution. Adrien Raas qui s'en apperçut alla avertir les deux victimes de ce qui se tramoit contr'elles. A cette nouvelle ces misérables se lamentèrent de telle sorte que leur ami leur promit de les assister. Dès ce moment il les mena dans un lieu écarté, où il leur aida à faire deux fosses pour s'y cacher pendant la nuit, qui étoit le tems destiné à ce sacrifice sanglant. Par ce moyen leur dessein ne réussit pas ; c'est pourquoi ils prirent d'autres mesures & en usèrent comme il suit : Trois des complices voyant la peine qu'ils avoient à surprendre ceux qu'ils avoient envie d'égorger, jetèrent les yeux sur un d'entr'eux qui étoit grand, & dans lequel seul ils crurent trouver ce qu'ils perdoient dans les deux autres. Celui-ci étoit pénétrant & il vit bientôt à leurs manières que c'étoit à lui qu'ils en vouloient.

Dès-lors il se tint sur ses gardes, sans faire semblant de rien, il les flatta, les exhorta à bien espérer; & leur dit qu'il ne doutoit pas qu'il ne passât bientôt quelques barques, & qu'alors la langue du pays qu'il avoit apprise à Coromandel où il avoit été soldat, leur viendroit fort à propos. Cette ruse eut un bon succès, on crut qu'étant aussi habile qu'il disoit l'être, il méritoit qu'on le conservât. Adrien Raas qui étoit un homme de paix lui aida à pousser sa pointe; & quoiqu'il sût que ce qu'il disoit étoit faux, il ne laissa pas de l'appuyer, & qu'un tel homme étoit un trésor en pays étranger. Un des plus affamés voyant qu'on ne finissoit rien, & qu'on détruisoit tous ses projets. Hé bien! dit-il, est-ce là le fruit de tant de complots & de veilles; & ne mourra-t-il donc personne ? Qu'on raisonne comme l'on voudra, mais je déclare qu'il me faut un homme, & que je ne me couche point que je n'en aie fait un bon repas. Trois autres ayant dit la même chose, Adrien Raas leur remontra qu'ils alloient tomber, par leur impatience, dans un péché criant: qu'ils y pensassent sérieusement, & qu'ils attendissent encore un peu. Ce n'est déjà que trop avoir attendu, reprit un des plus déterminés, & les deux qu'on veut massacrer sont si peu dignes de la vie, que c'est péché de les laisser vivre. Adrien Raas voyant que ses remontrances ne servoient de rien, leur proposa de tirer au sort, que nul de la troupe n'en fût exempt, & il leur dit que celui sur qui le ciel le feroit tomber, seroit jugé digne de mort. Sa proposition fut rejetée, & comme on cherchoit un autre expédient, il y en eut deux qui s'offrirent d'aller chercher terre, d'où ils promirent d'envoyer du secours aux autres le plus promptement qu'ils pourroient. Cet avis plut à toute la troupe, & pour rendre la chose plus aisée, ceux qui demeurèrent sur le banc donnèrent aux deux aventuriers presque tout leur argent, avec quoi ces derniers partirent & arrivèrent inopinément à un village de Bengala. Comme ils ne savoient où ils étoient & qu'ils ne pouvoient se faire entendre, ils ne purent indiquer le lieu où étoient leurs compagnons. Cependant leur mal étant visible, les habitans les traitèrent bien pendant deux jours, puis on les mit dans une barque, où on leur fit faire trois cens lieues pour être présentés au général des armées du Grand Mogol.

Huit jours après qu'ils furent partis, les cinq misérables qui les attendoient virent passer des pêcheurs assez près du lieu où ils étoient pour en être vus. Ces derniers s'étant approchés à la portée de la voix, les Hollandois pressèrent celui d'entr'eux qui s'étoit vanté de savoir leur langue de leur parler, & il leur cria *paï, paï*; ces deux mots ne signifiant rien, les pêcheurs n'avancèrent pas, c'est pourquoi les autres se repentirent de ne l'avoir pas mangé. Après lui avoir fait des reproches, & l'avoir appelé cent fois le plus fourbe de tous les hommes, ils se firent entendre le mieux qu'ils purent; & les pêcheurs, en s'approchant, leur firent signe de se défaire de leurs couteaux avant que d'entrer dans leurs barques. Aussi-tôt qu'ils y furent, ils se battirent à qui auroit quelques poissons morts qu'ils apperçurent dans la barque, & dans ce tumulte, il leur tomba quelques sacs d'argent que les pêcheurs regardèrent d'un œil d'envie. Incontinent après ils se saisirent de nos malheureux affamés, & après leur avoir ôté jusqu'au dernier sol, ils en jetèrent trois sur un banc de sable, & deux qui résistoient dans l'eau, en leur disant par ironie que ce bras de mer étoit Bengala. Ces pauvres gens ainsi maltraités, dépourvus de tout, & hors d'espérance de sortir de ce fatal endroit, se couchèrent sur le sable, où ils attendoient à tous momens que la mort vînt finir leurs misères. Après avoir été vingt-quatre heures dans cette détresse, il passa d'autres barques, qui apparemment étoient du nombre de celles que le gouverneur, dont nous avons parlé, avoit envoyées au-devant d'eux. Les Mores approchèrent d'eux-mêmes, & firent signe à nos malheureux d'y entrer. Aussi-tôt qu'ils y furent, on leur ouvrit un tonneau de miel qu'on leur abandonna. Ils étoient tous surpris de se voir si bien régalés ; & cependant ils appréhendoient qu'on ne les laissât là ; c'est pourquoi la nuit ils remplirent leur chapeau de miel, qu'ils cachèrent pour l'avenir, en cas que les pêcheurs ne voulussent pas les emmener. Leur crainte néanmoins fut vaine, le lendemain ils furent menés à Sondiep, où le maître & ceux qui l'accompagnoient arrivèrent le même jour. Le gouverneur du village où ils arrivèrent les reçut favorablement, eut soin que rien ne leur manquât ; & cinq jours après il leur conseilla d'aller porter aux officiers de la compagnie la nouvelle de leur naufrage.

Pour nous qui étions les derniers venus, nous ne songeâmes qu'à nous reposer, ou plutôt qu'à manger ; car, jour & nuit nous dévorions & avions toujours la même faim. Notre bonne chère néanmoins n'étoit pas toujours égale ; car, comme il étoit défendu d'avoir du feu la nuit, nous ne pouvions manger que du riz & des œufs tout crus.

Après avoir été là cinq jours, nous priâmes le gouverneur de nous permettre d'aller à Bolwa où nos compagnons étoient allés. D'abord il en fit difficulté, ne jugeant pas que nous fussions encore assez forts pour entreprendre un si long voyage ; mais quand il vit que nous y étions résolus, il nous fit préparer trois barques, l'une pour nous porter, & les deux autres pour notre escorte.

La nuit suivante nous arrivâmes à Anam, pauvre & misérable village où nous ne pûmes rien trouver. Delà nous renvoyâmes nos trois barques, & nous en louâmes une autre jusqu'à Bolwa. A deux lieues de cette ville, nos guides nous menèrent à terre, & nous firent faire à pied le reste du chemin. Pendant qu'ils allèrent chez le gouverneur pour l'avertir de notre arrivée, nous achetâmes du lait & du riz que nous fîmes cuire dans un pot, qui nous fut prêté par des Mores qui parloient portugais. Il étoit presque cuit lorsque nos guides revinrent nous dire que le prince nous attendoit, & qu'il falloit partir tout-à-l'heure. Cette nouvelle nous déplut, car nous avions une faim canine, & nous ne pouvions nous résoudre à laisser à des étrangers ce que nous avions eu bien de la peine à apprêter. Nous prîmes donc le pot, & le portâmes tour-à-tour jusqu'à la porte du palais du prince, où nous mangeâmes avant que d'entrer. Ensuite on nous mena où étoient nos vingt compagnons qui étoient partis long-tems avant nous, & une demi-heure après nous fûmes tous ensemble introduits dans un salon où l'on voulut voir tout notre argent, afin de nous en tenir compte si nous étions volés en chemin. Ensuite on nous mena au logis qui nous étoit préparé ; & par ordre du prince on nous y servit d'un consommé nommé brensie qui ne se voit que sur la table des grands du pays. Ce mets se fait d'excellent riz, d'une oye fort grasse & de deux poulets, qu'on presse dans un linge quand ils ont bouilli deux ou trois heures. On ajoute au suc ainsi préparé de plusieurs sortes d'épiceries, sur-tout de la fleur de muscade, du girofle, du sucre, du safran & de la canelle. Ce consommé est si nourrissant, qu'en moins de trois ou quatre jours nous reprîmes notre embonpoint. Avec tout cela, nos estomacs n'en étoient pas fort satisfaits, & ils eussent bien mieux aimé une viande moins succulente ; mais il falloit nous laisser conduire, & l'on eût trouvé fort étrange que nous eussions préféré un peu de riz sec & du poisson cuit dans l'eau, à ce qui n'est que pour les personnes de la première qualité.

Cinq jours après que nous fûmes-là, les états du royaume que le prince avoit convoqués, s'assemblèrent devant son palais, où, à mesure qu'ils arrivoient, on les voyoit s'asseoir à la mode des Orientaux. Quand tous les membres y eurent pris place, le prince sortit du palais au milieu de ses gardes, les uns avec l'arc & la flèche, les autres avec le coutelas & le bouclier, & alla s'asseoir comme les autres. Ils furent tous dans cette postute depuis le matin jufqu'au foir; & ce qu'ils avoient réfolu fut fi peu fecret, qu'une heure après le peuple en étoit informé. Je voulus favoir la raifon d'une chofe fi peu commune, & l'on me répondit qu'on ne faifoit point là de myftère des affaires d'état, foit par coutume ou par impoffibilité. La raifon eft que les chrétiens qui font là fort confidérés, compofent la garde du prince; & bien que ces chrétiens ne le foient peut-être que de nom, car ce font des nègres qui font nés fujets du roi de Portugal, ils font néanmoins eftimés fi braves, qu'on a pour eux un refpect tout particulier; ainfi les grands fe font un plaifir de leur amitié, & pour l'obtenir il n'y en a guères qui ne leur difent tout ce ce qui fe paffe au confeil. C'eft par leur moyen que tout eft fu; car, comme ces gardes ont leurs amis, d'heure en heure ont fait dans la ville tout ce qui fe fait à la cour.

Le lendemain le prince nous envoya dire qu'il nous étoit libre de partir & que les barques étoient toutes prêtes. Comme c'étoit ce que nous fouhaitions le plus, nous partîmes une demi-heure après, & arrivâmes fort heureufement à Decka. Les officiers de la compagnie nous reçurent parfaitement bien. Nous leur contâmes nos aventures, & ils nous apprirent le naufrage du vaifseau nommé le Wésop, vers les îles des Ananans, où les habitans avoient mangé quarante hommes de l'équipage.

Lorsque nous eûmes fait connoître que nos forces étoient revenues, le commandeur nous fit apprêter une barque pour aller à Ougueli, où les Hollandois ont un comptoir; mais une heure avant que de partir, le commandeur reçut une lettre du général du Grand Mogol, par laquelle il ordonnoit que nous allassions le trouver. Cet ordre étoit exprès, & quelque répugnance que nous eussions à y obéir, on ne put nous en dispenser. On disoit pour raison que ce général qui étoit puissant, menaçoit, en cas de refus, de faire esclaves tous les Hollandois qui se trouveroient dans les états de son maître, & qu'il ne falloit pas l'irriter.

Il fallut donc céder à la force; & en nous préparant à un voyage de plus longue haleine que le premier, on nous dit que ce général nommé Nabab étoit un homme à qui la fortune avoit toujours été favorable. Qu'il n'avoit jamais perdu de batailles, ni levé le siège devant quelque place que ce fût; & qu'il avoit pris quantité de villes, défait des armées toutes entières, & rendu plusieurs royaumes tributaires du Grand Mogol. Ces prospérités nous firent

embarquer

embarquer de meilleur courage pour suivre les guides qui avoient ordre de nous mener à l'armée que commandoit un si vaillant homme.

Durant trente jours, nous allâmes, tantôt par mer, tantôt par terre, & nous passâmes par plusieurs villes presque désertes, les habitans de ce pays-là ayant coutume en tems de guerre de quitter leurs maisons pour suivre l'armée, quelque part qu'elle aille. Ces gens sont doux & de bonne foi. Ils n'ont ni ambition, ni envie, & bien loin de chercher à s'emparer du bien d'autrui, ils ont peu de soin de leur intérêt, & se contentent de peu de choses. Ils sont querelleux & injurieux, mais dans leur plus grande colère ils ne parlent jamais du diable. Pour les sermens, ils n'en font point que dans les affaires d'importance ; & ces sermens sont si inviolables, qu'on s'y peut fier, y allât-il de tous les empires du monde.

Le trente-cinquième, nous allâmes à bord d'un des vaisseaux du Nabab ; nous y trouvâmes quatre Anglois, quelques Portugais, & deux hommes de notre équipage dont nous avons parlé. Delà nous allâmes mouiller près de la ville de Renguémati, d'où nous joignîmes peu après l'armée du Mogol. Le général que nous saluâmes dans sa tente, nous témoigna qu'il étoit bien aise de nous voir, & un moment après il nous fit donner une grande coupe pleine d'arak, pour

M

boire à sa santé. Cette coupe étoit fermée d'une manière assez difficile à trouver ; aussi étoit-ce pour se divertir que le général nous la fit donner. Lorsque nous nous en apperçûmes, nous la primes tous l'un après l'autre avec peu de succès ; & nous étions sur le point de l'abandonner, quand il me tomba dans l'esprit que cette coupe n'étant que de bois elle étoit aisée à percer. Je la repris donc & y fis un trou avec la pointe de mon couteau. Comme elle étoit pleine jusqu'au haut, l'arak en sortit impétueusement ; & par ce moyen nous en bûmes tous, & usâmes de la liberté que le Nabab nous avoit donnée, en disant qu'il falloit bien boire & bien combattre. Cette boisson étoit si forte, que nous en sentîmes les effets ; nous devînmes gais, libres, & hardis avec le général, qui nous fit dire que dans six mois il nous renverroit auprès de ceux de notre nation. Il nous accorda en même tems la jouissance de tout le butin que nous ferions sur les ennemis : nous promit cinquante (1) roupies pour chaque tête de Portugais que nous lui apporterions, & cent pour chaque prisonnier. Ensuite il dit à notre maître de navire qu'il le renverroit vers ses maîtres pour leur donner avis de la perte de leur vaisseau ; qu'il pouvoit prendre notre chi-

---

(1). La roupie vaut trente sols de notre monnoie.

rurgien avec lui, & trois garçons de l'équipage, qui étoient trop jeunes pour suivre l'armée. Cependant l'arak nous avoit si fort étourdis, que sans considérer que nous étions dans la tente du général, nous pensâmes nous battre pour des oranges qu'on nous avoit servies, parce que quelques-uns en avoient pris plus que les autres. Le général excusa notre impertinence, & se contenta de commander à son chirurgien de nous emmener dans sa tente pour y boire modérément.

Le lendemain le général nous envoya trois cens roupies, & nous assigna certains bâtimens nommés gourapes, chacun desquels étoit monté de quatorze pièces de canon & de cinquante-cinq ou soixante hommes. Chaque gourape étoit appuyée de quatre kosses : ce sont des bâtimens à rames qui ne servent qu'à remorquer. Ils sont montés de quatre-vingt hommes. De plus, il y avoit deux vaisseaux, chacun desquels étoit commandé par quatre Anglois ; & une galiote dont les officiers qui étoient Portugais, eurent ordre de nous céder leurs places. La galiote & les deux vaisseaux avoient chacun cinq cens hommes, & huit gourapes pour les remorquer. Il y avoit aussi un très-grand nombre de gros bâtimens de bas bord, dont la poupe & la proue étoient larges, & qui ne portoient point de mâts. Ces bâtimens avoient à proue trois batteries, dont la plus basse étoit de deux pièces qui portoient chacune trente-six livres de balle, la seconde de deux pièces, qui en portoient vingt-quatre, & la troisième de deux autres pièces qui en portoient dix. Ils avoient deux batteries à poupe, chacune de trois pièces par bande, & chaque pièce de huit livres de balles. La plupart des officiers étoient Portugais, & le général avoit si bonne opinion des chrétiens, que pour peu qu'un More sût de portugais, il lui donnoit quelque belle charge, sur-tout, s'il se disoit chrétien.

Il y avoit encore plusieurs vaisseaux qui n'étoient chargés que d'artillerie & de bonnes pièces de canon, afin que l'on n'en manquât pas. On y voyoit principalement de grands bâtimens distingués par de petites huttes fort propres, pour les femmes des grands qui suivoient l'armée. Le général en avoit cinq cens, ses conseillers trois cens, & ainsi des autres, à proportion de leur qualité & de leurs biens. Toutes ces femmes étoient gardées par des eunuques à qui l'on avoit tout coupé dès leur jeunesse, & qui avoient beaucoup de crédit auprès de leurs maîtres. Une infinité d'autres bâtimens chargés de toutes sortes de vivres, étoient dispersés dans l'armée, où toutes les choses nécessaires étoient en abondance.

Dès qu'on eut ordre de marcher, nous cherchâmes les bâtimens que l'on nous avoit assignés, mais j'eus le malheur de m'égarer avec un de mes compagnons, & nous fûmes huit jours sans nous reconnoître. Ce petit malheur me donna lieu de voir de plus près la cavalerie & l'infanterie qui étoient, celle-là de trois cent mille hommes, & celle-ci de cinq cent mille. Le général étoit au milieu de la cavalerie, & devant lui marchoient quantité de trompettes, & de timbaliers, tous montés sur des éléphans. Il étoit suivi de vingt de ces animaux, chacun desquels portoit deux petites pièces de canon, deux canonniers & deux chargeurs. Ensuite marchoient trois ou quatre mille Moscovites tous montés sur de beaux chevaux. L'infanterie n'étoit pas moins leste que la cavalerie, & il y avoit un très-grand nombre d'éléphans sur lesquels on disoit que le général faisoit fond.

Plusieurs milliers de chameaux chargés du bagage, étoient suivis de toutes sortes de marchands, d'artisans, de courtisannes, les uns montés sur des chameaux, & les autres sur des chevaux. On nous dit que ce grand corps coûtoit tous les jours au Grand Mogol plus de cinq millions, dont la plupart étoient payés par les courtisannes & par les marchands qui suivoient l'armée. Ce que je n'eus pas de peine à croire, parce que je savois qu'en ce pays-là n'y ayant rien à faire dans les villes pendant la guerre, les habitans étoient contraints de suivre l'armée, où par ce moyen on avoit de tout en abondance, excepté la boisson forte, dont l'usage étoit permis aux seuls chrétiens, parce que les Mores, pour peu qu'ils en boivent, sont cruels & sanguinaires.

Après une longue marche, nous entrâmes dans le Kosbia, pays situé entre les royaumes de Bengala & d'Azo, dont le général se rendit maître avec peu de peine. Le roi d'Azo s'étoit figuré que les murailles de sa capitale étoient à l'épreuve de notre canon, & il s'y croyoit en sûreté; mais il éprouva bientôt le contraire, nous prîmes sa ville d'assaut; & lui-même fut fait prisonnier. On lui mit au cou un collier de fer, d'où pendoient deux grosses chaînes qu'on attacha à ses deux jambes; & dans cet état, il étoit servi par quatre valets. Si-tôt que le roi fut enchaîné, on indiqua au général certaines caves taillées dans le roc où étoient ses trésors; le reste fut mis au pillage, & nous pensions tous nous y enrichir; mais tous se trompèrent dans leur opinion; car, outre que ces gens-là n'ont pour tout habit qu'un morceau de toile qui leur descend depuis la ceinture jusqu'aux genoux, ils avoient si bien tout caché, qu'il fut impossible de trouver chez les riches, non plus que chez les pauvres, autre chose qu'un pot plein de riz, & une boîte pleine de chaux & de quelques feuilles qu'ils mâchent toujours afin d'avoir la bouche nette. Nous nous attendions si peu à cela, que nous eûmes bien de la peine à croire ce que nous voyions, & notre surprise fut d'autant plus grande, que nos gages ne suffisant pas pour nous entretenir, nous avions fait fond par avance sur le butin de Kosbia. C'est pourquoi nous ne pûmes qu'avec un déplaisir extrême nous voir réduits à nous contenter de dix écus par mois, les vivres étant extrêmement chers, & n'ayant aucune ressource. La raison pour laquelle nous avions si peu c'est que nous étions-là malgré nous, & que nous n'y étions que pour un tems; au lieu que les Anglois & les Portugais qui s'étoient offerts d'eux-mêmes, & dont le tems n'étoit point fixé, touchoient vingt-cinq écus par mois.

Quelques jours après, le général fit proposer à nos deux charpentiers de lui construire un beau vaisseau sur un modèle qu'il leur montra; après quoi il leur promit de les remettre en liberté. Ils acceptèrent la proposition ; ils furent envoyés à Déka, où ils entreprirent la construction du vaisseau qui plut au général, & celui-ci leur tint parole.

On nous demanda en même tems si quelqu'un de nous vouloit accepter le gouvernement du château d'Agra, & pour nous y engager, on nous promit qu'on nous y traiteroit en princes; mais toutes ces belles promesses ne nous tentèrent nullement; & quoiqu'on dise que c'est un grand avantage, ce n'en étoit pas un pour des gens qui ne pouvoient vivre parmi les Mores, & qui craignoient que cet emploi ne les attachât, en sorte qu'ils ne pussent plus sortir du pays.

Comme le général étoit un homme d'expédition, incontinent après la défaite du roi d'Azo, il se hâta de passer sur les terres du roi d'Assam qui étoit un des principaux ennemis du Grand Mogol. On dit que ce roi étant averti de la marche, plaignit le peu de jugement de ce pauvre vieillard, & qu'il s'étonnoit qu'avec huit cent mille hommes seulement, il entreprît de faire ce que n'avoient pu deux millions d'hommes. En effet, il sembloit qu'il y eût un peu de témérité dans notre entreprise & que l'exemple d'une si prodigieuse armée qui venoit de périr au même endroit où nous allions, dût intimider notre général. Mais bien loin de craindre dans ces occasions, la difficulté du péril irritoit son courage: & de peur que l'eau qui inondoit tous les six mois plus de la moitié de ce royaume n'arrêtât ses projets, il avança à grandes journées, & se rendit avant ce tems-là où il avoit envie d'aller. Dès que nous fûmes dans le pays de l'ennemi, la consternation fut générale; & la bonne opinion que tout le monde avoit du Nabab, fit résoudre une infinité des sujets de l'ennemi à se jeter de son côté comme le meilleur & le plus sûr : mais la chance tourna peu après, & la bonté de nos ennemis ne fut pas de longue durée.

Sur ces entrefaites, les Anglois & nous, ayant remarqué tous les signes d'une prochaine tempête, nous regardâmes avec attention si l'étoupe étoit bien poussée dans toutes les fentes du bordage de notre bâtiment, & nous en bouchâmes toutes les jointures avec des planches, des plaques de plomb, des pièces de bois, & d'autres matières propres à le tenir sain, étanché, & franc d'eau : mais tout cela n'empêcha pas que notre galiote ne pérît. Comme elle n'étoit point lestée, les courans la renversèrent ; & ce qui hâta notre perte, ce fut la sotte & extravagante curiosité d'un matelot qui en étoit le chef. Cet homme, pour mieux éprouver ce que pouvoit ce bâtiment, voulut qu'on fît force de voiles, & dès qu'on lui eut obéi, la rivière nous engloutit. Il y avoit assez près de nous des bâtimens qui eussent pu nous secourir, si la coutume l'eût permis ; mais en de semblables rencontres les Mores n'assistent personne, non pas même leurs proches parens, ni leurs plus intimes amis. Par bonheur néanmoins il se trouva une femme forte & bienfaisante, qui voyant cinq Hollandois sur le point de se noyer, s'approcha d'eux à force de rames, malgré deux hommes qui l'en empêchoient, & les reçut dans son bateau.

La largeur du Gange est inégale, étant en quelques endroits d'une demi-lieue, d'une lieue, & d'une lieue & demie: si-bien que lorsque le vent est grand, cette rivière a des lames & des houles comme la mer. Il périt dans ce naufrage quatre Hollandois & vingt-six Mores; & j'eusse été du nombre de ces malheureux, si après avoir nagé inutilement plus de quatre heures vers la terre, je ne m'étois trouvé auprès d'un vaisseau commandé par les Anglois. Dès que je me fus fait connoître, ils envoyèrent à mon secours plus de soixante hommes, qui me firent passer dans leur barque, où ils m'échauffèrent le mieux qu'ils purent. Ensuite on me mena au vaisseau où je trouvai un de nos gens dont les Anglois avoient eu la même compassion. Le lendemain nous remerciâmes nos bienfaiteurs, & nous allâmes à l'armée, où nous cherchâmes l'occasion de parler au général.

C'étoit une assez fâcheuse nouvelle que la perte de sa galiote, mais nous ne pouvions nous dispenser de la lui dire, car nous n'avions plus de retraite. Quand il la sut, il s'emporta d'une si terrible manière, que nous nous crûmes tous deux perdus. Après quelques reproches d'avoir laissé perdre ce qu'il aimoit, principalement son canon de fonte, il nous commanda de nous retirer, & de nous hâter de choisir tel bâtiment que nous voudrions, parce qu'on attendoit à tout moment la flotte ennemie.

Nous fûmes si aises d'en être quittes à si bon marché, que nous nous hâtâmes d'obéir; ainsi quatre de nos compagnons choisirent une gourape, & deux autres & moi, une barque montée de six pièces de canon.

Deux jours après notre Amiral alla audevant de l'ennemi, & toute la flotte le suivit. Nous entendîmes en même-tems le bruit continuel du canon; d'où nous inférâmes qu'on étoit aux mains du côté de terre; mais pour nous, il n'y avoit aucune aparence que nous en vinssions si-tôt là, les vaisseaux ennemis étant encore bien loin de nous, du moins à ce que l'on croyoit. Quand l'Amiral eut mis la flotte dans l'ordre où il la souhaitoit, le chirurgien du général, qui étoit de notre nation, ému d'un zèle pour la patrie, nous exhorta à soutenir la bonne opinion qu'on avoit de nous, & à remplir dignement l'idée qu'on avoit conçue des Hollandois. Il nous représenta que si l'on en venoit aux mains, toute la flotte auroit les yeux sur les chrétiens, & principalement sur nous qui avions parmi les Mores la réputation d'être braves; qu'il importoit à la compagnie que l'on eût de nous cette haute estime, & que nous aurions bonne part à la gloire des belles actions qui seroient faites en cette rencontre.

Après qu'il eut ainsi parlé, nous résolûmes d'avancer pour chercher l'ennemi; & quoique le vent fût forcé, nous continuâmes notre route, & trois ou quatre heures après nous heurtâmes si fort contre le terrein, que notre gouvernail sauta. Peu après nous le recouvrâmes, & après l'avoir rataché, nous poursuivîmes notre route. Durant deux ou trois heures nous ne fîmes que ranger la côte, & sur le point de doubler le cap, nous apperçûmes la flotte ennemie qui consistoit en six cens voiles. Encore que nous la cherchassions nous fûmes extrêmement surpris de voir si près de nous ce que nous en croyions bien loin. Dès que l'ennemi nous eut reconnus, il avança vers nous, & nous l'attendîmes avec assez de résolution, autant peut-être par nécessité que par bravoure, le vent contraire nous empêchant de reculer. Pendant qu'il approchoit nous nous mîmes à table, & un moment après, un plat de viande qu'on venoit d'y mettre fut enlevé d'un coup de canon, qui ne nous fit point d'autre mal que celui de nous ôter une partie de notre pitance. D'abord nous courûmes à notre canon, & depuis cette heure jusques à minuit il se fit de part & d'autre un feu continuel. Une heure après que l'ennemi se fut retiré, nous fumes joints par un bâtiment qui venoit à notre secours. C'étoit un More nommé le prince Ménorcan, qui avoit équipé trente vaisseaux pour le service du Grand Mogol. Ce prince voyant que notre poste étoit dangereux, nous commanda d'aller vers lui, & quand il sut que la chose étoit impossible, il nous fit remorquer par deux galéasses qui nous mirent au vent de l'ennemi. Dès que nous eûmes jeté l'ancre il s'éloigna de nous & promit de revenir le lendemain avec toute la flotte. Il ne pouvoit pas être loin, quand nous apperçûmes six voiles qui tâchoient de fondre sur nous. Il y en eut cinq qui ne purent surmonter la force des courans ; & le sixième, qui étoit peut-être plus fin de voiles, s'approcha, se vint mettre en travers du nôtre, & nous donna insensiblement le côté. Si-tôt qu'il fut à notre avantage, nous sautâmes dedans, & les ennemis nous l'abandonnèrent, s'imaginant avoir affaire à beaucoup plus de gens que nous n'étions. Ainsi nous eûmes le premier vaisseau qui fut pris sur l'ennemi, & les prémices du butin. Lorsque nous l'eûmes dépouillé de ce qu'il avoit de meilleur, nous l'abandonnâmes au courant, de peur d'en être embarrassés.

Une demi-heure après, huit ou neuf vaisseaux

ennemis avancèrent encore vers nous, & ce grand nombre nous intimida ; c'est pourquoi nous levâmes l'ancre ; nous nous rendîmes au poste avancé, qu'occupoient les Hollandois & les Portugais, & ils cessèrent de nous suivre. Au point du jour, nous trouvâmes que notre amiral étoit encore à une demi-lieue de nous. Toute la flotte dont les Portugais & les Hollandois avoient l'avant-garde, étoit en bon ordre, & avançoit vers l'ennemi, autant que le pouvoit permettre le peu de vent qu'il faisoit alors. Pour nous, les courans nous étoient contraires, c'est pourquoi nous fûmes contrains de nous faire remorquer par des Mores qui descendirent à terre. Cependant un trompette & dix ou douze cavaliers venant de la part du général, qui nous croyoit perdus, sur de faux bruits qui avoient couru, nous crièrent de loin par plusieurs reprises, Sauwas Hollandois. Le mot de Sauwas signifie courage, & nous voyions bien à leur mine qu'ils le répétoient de bon cœur. Quand ils nous eurent joints, ils nous apprirent que le général avoit passé un mauvaise nuit, sur le faux rapport que lui avoit fait un More de la perte des Hollandois, des Anglois & des Portugais ; mais qu'il l'auroit eue encore plus mauvaise, si son conseil, mieux inspiré, ne lui eût fait voir que cette nouvelle étoit peu vraisemblable. Ils retournèrent donc vers leur maître, qui sachant ce qui se passoit, fit couper la langue au misérable qui lui avoit donné cette alarme, & fouetter d'un fouet nommé chamboc, dont chaque coup fait dans la peau le même effet qu'un coup de rasoir.

Malgré la force des courans, & le grand avantage que les ennemis avoient sur nous, nous trouvâmes moyen de passer au vent de trois cens de leurs vaisseaux; & dès ce moment nous fîmes un feu continuel de notre canon. En quoi nous fûmes bientôt secondés des Anglois & des Portugais, & une heure après de toute la flotte. Lorsque l'ennemi la vit approcher, il fit de si grand cris qu'il sembloit que tout dût périr. Il ne laissa pas de se bien défendre, & durant trois heures on se battit, de part & d'autre, avec une égale vigueur. Depuis ce tems-là cette grande ardeur se ralentit de l'autre côté ; les ennemis reculèrent insensiblement, & comme on les poussoit toujours avec la même impétuosité, ils abandonnèrent leurs bâtimens, & descendirent à terre, où se voyant suivis de plus près qu'ils n'avoient pensé, ils tâchèrent, mais vainement, de se saisir d'une haute digue, car nous les poussâmes si vivement, qu'ils demeurèrent tous sur la place, l'ordre étant de faire main-basse, & de ne donner point de quartier. Nous prîmes trois cens de leurs bâtimens, le moindre desquels étoit monté de soixante & dix hommes; & de tout ce grand nombre, il ne s'en sauva pas cinquante, que le roi, outré que ses ordres eussent été mal suivis, condamna au dernier supplice.

Ceux qui furent trouvés avec quelque reste de vie, furent attachés à des poteaux, où les goujats les achevèrent à coups de flèches. Ainsi périt cette nombreuse & puissante armée, dont à peine resta-t-il un homme pour porter la nouvelle de la perte de tous les autres. Un des plus heureux fut l'Amiral, qui s'étant déguisé afin de n'être pas reconnu, ne laissa pas de l'être. On le fit prisonnier, mais le général le relâcha à l'instance de quelques-uns de ses principaux officiers. Pour le butin, il ne fût pas grand, & il ne consistoit qu'en poudre, en plomb, & en quelques pièces de canon, dont nous nous pourvûmes sans opposition, suivant les articles de notre accord.

On dit que la faute de l'Amiral, qui venoit de perdre la bataille, étoit d'autant moins pardonnable, que ce chef d'armée avoit négligé les ordres de son roi. Ce prince lui avoit commandé d'aller, avec ses six cens voiles, nous attendre au-dessous de la ville de Goëati. C'étoit un poste aisé & commode pour nous couper les vivres, & nous enfermer dans le pays; mais il avoit

avoit mieux aimé suivre ses lumières, dans la pensée que les hurlemens de sa flotte nous épouvanteroient, ce qui avoit mal réussi.

Les trois cens bâtimens qui avoient trouvé moyen de s'enfuir, eurent le malheur d'aller mouiller à un quart de lieue du général qui avançoit à grandes journées dans le pays. Aussitôt qu'il sut où ils étoient, il fit pointer de leur côté deux ou trois cens pièces de canon, & en foudroya plus de la moitié; le reste passa de l'autre côté de la rivière, où les nôtres les poursuivirent avec succès. Quelques uns prirent des détours où les Mores les massacrèrent.

La flotte ennemie étant dissipée, nous passâmes au pied d'un roc escarpé, où étoit bâtie une forteresse de difficile accès. Elle étoit néanmoins abandonnée, mais c'étoit pour nous attirer plus avant dans le pays. De-là nous nous rendîmes à la ville de Guéragan, d'où le roi s'étoit enfui, & notre amiral alla camper devant la ville de Lokwa, située quelque six lieues au-delà. Quelque tems après, le général commanda aux chefs de notre flotte, de lui envoyer tout l'or & l'argent qui s'y trouveroit, & des provisions pour l'armée; & nos chefs envoyèrent sous une bonne escorte six bateaux, deux chargés d'or, & quatre d'argent; mais ces six bateaux eurent le malheur de tomber entre les mains des ennemis, qui, dans la furie de la surprise en égorgèrent la plus grande partie. Ils réservèrent, pour se divertir, quelques chrétiens à qui ils attachèrent sous les bras quantité de bouchons de paille mêlés de poudre, & quand ces bouchons étoient consumés, ils en remettoient d'autres jusqu'à ce qu'ils expirassent. Le plaisir des barbares étoit d'entendre les cris des patiens, qui les divertissoient d'autant plus qu'ils crioient plus haut, & qu'ils témoignoient plus d'impatience. Ceux qui s'étoient sauvés dans le bois, à force de marcher la nuit, joignirent enfin l'armée qui avoit déjà de la peine à trouver de quoi subsister; & l'eau étoit déjà si haute, que l'on étoit presque enfermé.

Notre campement étoit dans un lieu tout planté d'arbres fruitiers, & semé d'excellent riz. Les montagnes produisent le poivre, le bois d'agra, de sandal, & des simples qui sont vendus au poids de l'or. Pour ce métal, il n'y est pas rare; & les éléphans y sont si communs, que le terroir, tout bon qu'il est, ne suffit pas pour les bien nourrir; c'est pourquoi ils sont toujours maigres.

Nous choisîmes dans ce bon pays un lieu propre pour nous retrancher; & nous coupâmes, de peur de surprise, tous les arbres d'alentour. Presque tous les jours il se faisoit des détachemens pour tenir la campagne, & pour avoir des nouvelles de l'ennemi. Ceux qui tomboient dans nos partis étoient cruellement fouettés, puis on leur coupoit la tête que l'on pendoit dans des paniers à des branches d'arbres. Lorsqu'ils étoient en trop grand nombre pour être tous faits prisonniers, on coupoit la tête au deux tiers, & l'on pendoit au cou de chacun des autres deux de ces têtes qu'on leur faisoit porter au camp. Là on les fouettoit cruellement, & quand on les jugeoit sur le point de rendre l'esprit, on leur coupoit la tête, puis on les pendoit comme les autres dans des paniers à des branches d'arbres. Quelques-uns étoient empalés. A d'autres on fourroit dans le corps quatre doubles crochets qui leur déchiroient les entrailles ; & dans cet état, on les portoit aux lieux fréquentés par les ennemis, afin que l'horreur du supplice les déterminât à abandonner le plus foible parti.

Si ces supplices étoient cruels, ceux des ennemis ne l'étoient pas moins ; car ils faisoient si long-tems languir dans les tourmens nos pauvres prisonniers, que les plus durs en avoient pitié. Après les avoir fait expirer en les maltraitant, ils les attachoient debout sur des radeaux faits exprès, & les pouſſoient de la ſorte le long de la rivière, ou vers l'armée, ou vers la flotte, où ils étoient pris de loin pour un renfort qu'on nous envoyoit, & de près ils produiſoient un ſi triſte effet dans les eſprits, que la plupart ne les pouvoient voir ſans abattement & ſans frayeur.

Pour ceux qui ſe rendoient d'eux-mêmes, bien loin de leur ôter leurs biens, ils étoient careſſés & traités humainement. On reçut même des ambaſſadeurs du roi des antropophages ou mangeurs d'hommes, offrant le ſecours de ſon armée contre les ſujets du roi d'Aſſam ; mais comme on connoiſſoit le peu de bonne foi de ces peuples, on ne voulut point accepter leurs offres, & on les aſſura de la protection du Mogol, en cas qu'ils ne donnaſſent aucun ſecours aux ennemis.

Ces peuples avoient le regard affreux, la démarche fière, le port terrible, & l'abord de gens qui ſembloient dévorer les autres tout vivans. En effet, ces peuples ſe nourriſſent de chair humaine, & ils feroient ſcrupule d'enterrer leurs morts qu'ils deſtinent à un meilleur uſage. Ceux qui ſont malades, ou qui languiſſent, ſont aſſommés & mangés, & c'eſt toute la charité qu'ils ont les uns envers les autres. Ils ne poſſèdent rien en propre, & ce qu'ils volent aux étrangers, ils le portent de bonne foi dans la maſſe commune où ils ont tous le même droit. Quand nous leur diſons que leur vie étoit toute oppoſée à celle du reſte des hommes, & que c'étoit quelque choſe de dénaturé que de manger ſon ſemblable, ils répliquoient que l'opinion & la coutume faiſoient trouver toutes choſes bonnes ou mauvaiſes, & que nul homme ne pouvoit pécher en ſuivant celles qu'il avoit trouvées établies.

Il y avoit dans notre armée certains ſoldats dont la maxime eſt de ne reculer jamais, & de mourir plutôt que d'abandonner le poſte qu'on leur a confié. Ceux qui meurent de cette manière ſont aſſurés de leur ſalut, au lieu que les poltrons ſont infailliblement damnés. C'eſt cette créance qui les rend braves, en quoi ils ne ſont peut-être pas ſi barbares qu'on s'imagine, des nations plus polies étant coîffées de cette opinion, que le plus haut point de la gloire conſiſte à périr pour leur prince. Le général nous avoit dépeints ſi vaillans, que le ſeul bruit de notre nom lui valoit une armée. Les ennemis qui ſe réfugioient parmi nous, avoient tant d'eſtime de notre valeur, qu'ils nous faiſoient place quand nous paſſions, & qu'ils avoient même du reſpect pour nos valets. Les Mores avoient la même conſidération, mais les intrépides dont j'ai parlé, gardoient avec nous leur gravité, ils prétendoient dans les rencontres que nous leur cédaſſions le pas, & nous le cédions pour avoir la paix.

Après les Hollandois, certains cavaliers Arméniens étoient les plus conſidérés, tant à cauſe qu'ils étoient chrétiens, que parce qu'ils avoient ſoin d'être toujours bien montés, & de ſe tenir en bon ordre ; notre réputation étant établie de la ſorte, l'amiral crut que nous étions les ſeuls capables de gouverner l'artillerie ; il nous fit prier d'en prendre ſoin, & fit, pour nous y engager, de fort belles promeſſes, mais qui ne nous tentèrent point ; les engagemens de ce pays-là n'ayant point de charme pour nous, nous le priâmes donc de jeter les yeux ſur quelqu'autre à qui cet emploi convînt mieux qu'à nous, qui ne ſavions pas aſſez la langue pour nous faire obéir, & cette raiſon le ſatisfit.

Chaque nouvelle une eſt un jour de fête pour les Mores, & cette fête commence par une décharge générale de l'artillerie, après quoi on paye les ſoldats & ce paiement conſiſte en cinquante roupies ou vingt-cinq écus pour chaque cavalier, quelques uns en ont cent, d'autres n'en ont que trente, que vingt, & que dix. l'infanterie a très-peu de choſe, & le prêt d'un fantaſſin n'eſt chaque mois que de quatre ou cinq roupies. Pour les forçats qui travaillent preſque jour & nuit, on ne leur donne rien, ou ce qu'on leur donne eſt ſi peu de choſe, que la plupart meurent de faim.

Ces forçats étoient des Indiens qui ne mangent rien de ce qui a vie, & leur ſuperſtition étoit telle, que quelque faim qu'ils euſſent, ils aimoient mieux mourir que de manger ni chair ni poiſſon; leur nourriture n'étoit que de riz, & quand il leur manquoit, (ce qui arrivoit fort ſouvent), ils mouroient gaiement, ne doutant pas que ce genre de mort ne leur procurât la vie éternelle. Ces miſérables ne parloient que du mépris de l'abondance, & des mérites de la diſette; ils ne pouvoient comprendre que ceux qui ſont heureux dans ce monde, le puſſent être dans l'autre; & dans cette penſée ils prenoient leur peine & leur miſère comme une marque qu'ils étoient au nombre des élus.

Les habitans du pays d'Aſſam ſont une autre ſorte de ſuperſtitieux qui adorent la vache, & qui par conſéquent n'en tuent point, en quelque extrémité qu'ils ſoient. On ne voit dans leurs temples que des figures de ces animaux, la plupart d'or, & quelques-unes d'argent & de cuivre.

A trois heures du lieu où notre vaisseau étoit à l'ancre, nous pillâmes un de ces temples, où une de ces vaches d'or nous échut en partage. C'étoit pour ces pauvres payens une douleur amère que de voir enlever à leurs yeux leur chère divinité, & cependant ils nous vendoient de ces animaux à très-vil prix, car les plus belles vaches ne nous coûtoient que vingt-cinq ou trente sols. Quel aveuglement disois-je en moi-même! Ces peuples vendent leur divinité, il est vrai qu'il falloit promettre de ne les pas tuer; mais ils savoient bien le contraire; & quand on blâmoit leurs grimaces, ils demandoient si les chrétiens n'en faisoient point, & si leurs actions répondoient toujours à la religion qu'ils professent.

Comme notre vaisseau étoit éloigné de l'armée, nous ne savions qu'une partie de ce qui s'y passoit, & quoique nous sussions que la misère y étoient grande, nous n'eussions jamais cru qu'il y fût mort tant de milliers d'hommes, si la rivière ne nous les avoit amenés. L'eau fut si infectée par la prodigieuse quantité des morts que l'on y jeta, que plusieurs personnes en moururent; & il en fût mort bien d'avantage, si on ne s'étoit avisé de faire bouillir l'eau avant que d'en user.

Après un campement de trois mois, l'eau ayant toujours été si haute qu'il étoit impossible de sortir de nos tranchées, l'ennemi crut que nous y étions affamés, & par conséquent qu'il étoit facile de nous défaire. A la vérité la famine y étoit fort grande, & il y avoit plus d'un mois qu'on ne se nourrissoit que d'éléphans, de chameaux, & de chevaux qui mouroient tous les jours, faute d'avoir de quoi les nourrir. Les ennemis étant donc venus presque assurés de la victoire, notre général commanda qu'on les laissât avancer comme si tout eût été mort, pendant qu'il fit prendre un grand tour à la cavalerie, pour les enfermer, s'il étoit possible. Son stratagême réussit; dès qu'ils commencèrent à nous attaquer, notre cavalerie leur donna le change; & de tous côtés ils furent surpris & battus de telle sorte, qu'il en demeura plus de vingt-cinq mille sur la place; pour nous, nous n'eûmes que dix blessés, & depuis cette attaque les eaux baissèrent si sensiblement, que nous eûmes ordre de nous tenir prêts pour livrer la bataille.

Pendant que l'on s'y préparoit, notre général fit charger quelques charriots de vivres, & les envoya au roi d'Assam, à qui il fit dire que c'étoit un présent qu'il lui faisoit, de peur

qu'il n'en manquât ; que pour lui il en avoit beaucoup plus qu'il n'en falloit pour faire subsister son armée pendant plus de six mois. Le but de notre général étoit d'alarmer le roi d'Assam, qui méditoit alors de se retirer dans les montagnes, ayant perdu toute espérance de pouvoir résister. Ce prince pénétra dans le dessein du général, & vit bien que c'étoit une sommation tacite de se rendre à lui à discrétion, mais il n'avoit garde de s'y fier, & il connoissoit trop son ennemi pour en espérer aucune douceur. Il aima donc mieux lui répondre que sa personne lui étoit trop chère pour la confier au hasard, mais qu'il étoit prêt de souscrire à toute autre condition quelque onéreuse qu'elle pût être. Cette réponse fit connoître la foiblesse de l'ennemi, & le général qui étoit outré qu'il l'eût insulté dans ses tranchées, songea à l'en faire repentir. Il annonça donc à son conseil qu'il avoit dessein de donner bataille, & presque tous en étoient d'avis, pourvu qu'on ne différât plus ; entre les plus hardis à ne rien celer de ce qu'ils pensoient il y en eut un qui s'exprima ainsi : « Seigneur, dit-il au général,
» quand nous sommes venus ici nous avions
» quatre armées toutes lestes & en bon ordre,
» & maintenant il ne nous en reste pas une qui

» mérite de porter ce nom ; de ce grand nombre
» de soldats qui composoient ces quatre armées,
» la plupart sont morts, le reste est malade ou
» languissant, & peut-être que dans un mois
» ces malades ne seront plus ; à quoi tient-il
» donc que dès-à-présent nous n'allions droit
» à l'ennemi ? Attendons-nous que toutes nos
» forces soient dissipées ? Et ne seroit-il pas
» plus glorieux à notre monarque & plus ho-
» norable à un chef tel que vous, seigneur,
» d'aller insulter l'ennemi, que de languir ici,
» où un plus long séjour ne peut-être que
» très-honteux. » Cet avis fit un bon effet,
le général se résolut d'aller trouver le roi
d'Assam, en cas qu'il refusât de signer les conditions suivantes : à savoir que ce prince cé-
deroit au général la moitié de son royaume,
& la plus jeune de ses filles pour concubine,
deux mille éléphans, quelques millions d'argent
comptant, & ses plus beaux vaisseaux chargés
d'excellentes racines, dont le pays abonde, &
qui sont là au poids de l'or. Quoique l'armée
du général fût dans la dernière misère, son
ennemi ne laissa pas d'accepter ces conditions,
& cette paix inespérée nous ouvrit le chemin
du ciel, lorsque nous nous croyions perdus, car
il est certain que jamais armée ne fut en plus
mauvais état.

Dès que les eaux furent écoulées suffisamment, nous nous hâtâmes de plier bagage pour quitter ce malheureux poste, chargés de fatigues & de butin. Je dis chargés de fatigues; car il est certain que nous en étions accablés, de sorte que, pour peu d'efforts qu'eût fait l'ennemi, nous n'eussions fait nulle résistance.

Pour les richesses, nous en étions assez bien pourvus, & nous avions ouvert des tombeaux où il y en avoit une quantité prodigieuse. La coutume de ces peuples est d'enterrer avec leurs morts leurs plus beaux habits, leurs richesses, & la plupart de leurs valets qu'ils enterrent tout vivans, sans que ceux-ci y trouvent à redire. Bien loin de s'affliger de leur sort, ces pauvres gens ont de la joie d'être trouvés dignes de suivre leurs maîtres en un pays où dans trois jours ils espèrent être grands seigneurs, & jouir de certains plaisirs qui ne se goûtent point ici.

Notre général fit ouvrir quantité de ces caves où l'on trouva des trésors immenses qu'il emporta, mais dont il ne jouit pas, car il mourut peu de tems après; & suivant la coutume de l'empire du grand Mogol, qui est que ce prince devient héritier de tous ceux qui meurent sur ses terres, les conquêtes du général qui se montoient à plus de quatre millions, furent adjugées à ce monarque. Voilà ce que j'ai vu de cette guerre contre le roi d'Assam, & voici ce qu'en a écrit un médecin de Montpellier qui étoit alors au Mogol.

Le prince Jamla ou l'Emir (c'est ainsi qu'il nomme notre général) s'étant signalé en plusieurs rencontres, & ayant chassé Sultan Sujah, frère d'Auren-Zeb, du royaume de Bengale, supplia le Mogol de lui envoyer sa femme & ses enfans, pour vivre avec eux dans un lieu qu'il avoit choisi, éloigné du bruit & de l'embarras dont son grand âge n'étoit plus capable. Il s'imaginoit que ce prince dont il venoit d'affermir le trône, en chassant ses frères qui le troubloient dans la possession de l'empire, ne pouvoit honnêtement lui refuser ce qu'il demandoit. Mais son opinion le trompa, Auren-Zeb étoit pénétrant; il savoit que Jemla étoit les délices des soldats & l'admiration de ses peuples; qu'il étoit grand homme d'état, grand capitaine & le plus riche de l'empire. Il connoissoit son ambition & n'ignoroit pas qu'il aspiroit à voir Mahmet Emirkan son fils sur le trône de Bengale.

D'un autre côté il songeoit qu'il étoit dangereux de choquer un homme si puissant; ainsi, de peur de l'irriter, non-seulement il lui accorda ce qu'il demandoit, mais même il le fit mir-al-omrag, dignité annexée à la seconde personne de l'empire ; & pour son fils, il le fit bacchis, ou général de la cavalerie, la troisième charge de l'état, mais qui demande que celui qui en est revêtu ne sorte jamais de la cour. Ce coup étoit d'un homme rusé & consommé dans les affaires; il s'agissoit de couper pied aux projets du prince Jemla, on ne le pouvoit plus sûrement qu'en le séparant de son fils ; & celui-ci ne pouvoit être dispensé, à meilleur titre, de suivre son père, qu'en l'attachant à la cour par une charge si éclatante. Jemla vit le but d'Auren-Zeb, & ne trouvant d'abord aucun moyen de l'éluder, céda à la nécessité, en attendant que le changement des affaires lui donnât moyen d'avoir par force ce que ses ruses ne lui pouvoient faire obtenir. Ces deux grands hommes se craignoient, & comme ils étoient également forts, ils s'accabloient de civilités apparentes, pendant que l'un & l'autre tâchoient de fortifier leur parti secrètement. L'année s'étant passée en dissimulations réciproques, Auren-Zeb vit bien que l'émir n'étoit pas homme à se reposer. Il jugea donc qu'il valoit mieux l'occuper au-dehors, que de lui donner le tems de troubler ses états ; & pour le faire plus finement, il proposa à l'émir de partir pour cette grande expédition dont celui-ci lui avoit autrefois parlé. C'étoit de marcher contre le raja ou roi d'Assam, dont le pays est au nord du royaume de Deka, qui est sur le golfe de Bengale. Il est vrai que l'émir en avoit parlé à Auren-Zeb qui, prévoyant l'éclat qui résulteroit de ses conquêtes, forma d'abord des difficultés, sur lesquelles depuis il ferma les yeux, pour éloigner l'émir dont il étoit embarrassé. Quoique l'émir ne doutât pas du dessein d'Auren-Zeb, il obéit sans hésiter, & se disposa avec joie à la conquête d'un pays qui devoit achever d'établir sa réputation. Il s'embarqua donc avec son armée sur une rivière dont la source est dans ce pays-là; & après avoir fait environ soixante lieues, il arriva au château d'Azo que le raja d'Assam avoit enlevé depuis long-tems au roi de Bengale. L'émir attaqua cette place & l'emporta quinze jours après.

Ensuite il marcha vers Chamdara, frontière du pays d'Assam, où un mois après il livra bataille au roi d'Assam qui eut le dessous. Ce prince vaincu se retira dans sa capitale nommée Guerguon, où l'émir Jemla l'ayant suivi cinq jours après, il se sauva dans les montagnes de Lassa; & pour le faire plus commodément il ouvrit ses trésors dont l'émir augmenta les siens.

Ces montagnes n'étant pas un lieu où l'on pût mener des armées, l'émir n'y put suivre son ennemi; & pendant qu'il songeoit aux moyens de le surprendre, la saison des pluies vint, durant lesquelles tout le pays est inondé, excepté les villages qui sont bâtis sur des collines. Cette saison, qui dura trois mois, borna les desseins de l'émir qui, se voyant si à l'étroit, tâcha vainement de se mettre au large, les eaux l'empêchant également d'avancer & de reculer. Ajoutez à cela que le raja fit enlever tous les vivres des montagnes, & mit par ce moyen l'émir dans une étrange extrémité. Ce mauvais tems dura trois mois, pendant lesquels la faim, les fatigues & l'incommodité du lieu, ruinèrent presque toute son armée. Il ne songea donc plus qu'à se retirer sans rien faire, & dans sa retraite il fut harcelé par les ennemis qui, profitant de l'occasion, enfermoient des troupes entières dans des plaines de boues, & ne leur donnoient point de quartier. Nonobstant ces difficultés, l'émir retourna comme en triomphe & se retira malgré eux, chargé de gloire & de dépouilles. Son dessein étoit d'aller l'année suivante achever la conquête de ce royaume, que le château d'Azo qu'il avoit fait bien fortifier, tenoit en bride, & qui pouvoit tenir long-tems contre les forces du raja. Mais à peine fut-il de retour à Bengale, que la dissenterie désola le reste de son armée & lui ôta la vie. Par ce moyen Auren-Zeb n'eut plus rien à craindre,

craindre, & tout grand comédien qu'il étoit, il ne put s'empêcher de dire que cette mort le réjouissoit. Il dit même un jour au fils du défunt, en présence de toute sa cour, qu'il avoit perdu un père; mais que pour lui il étoit défait d'un très-redoutable ami.

Après avoir été quinze mois entiers à l'armée du grand Mogol, le général de la compagnie obtint enfin notre passe-port, & nous partîmes mal escortés, tous ceux qui nous servoient étant morts; ainsi tout las & fatigués que nous étions, il nous fallut ramer nous-mêmes. Dans quinze jours nous fûmes à Déka où nous vîmes le beau vaisseau que nos deux charpentiers avoient fait pour le général. Il étoit monté de vingt-huit à trente pièces de canon, & ils avoient ordre d'en faire un autre qui seroit plus long de quinze pieds, & dont l'étrave & l'étambord étoient déjà dressés. De-là nous nous rendîmes à la loge des Hollandois, où l'on nous reçut parfaitement bien, mais nous n'y fûmes pas long-tems, parce qu'il falloit prendre la commodité des vaisseaux qui partoient d'Ongueli. Après avoir fait cent vingt lieues le long de la rivière, nous relâchâmes pour quelques heures à Cazimabahar, que le grand négoce des soies a rendu fort célèbre. De-là nous allâmes à Ongueli où est le principal comptoir de la compagnie des Indes. Chacun y prit différens emplois, & le mien m'attacha tellement au service de ces messieurs, que je ne pus être de retour en ma chère patrie que l'an 1673.

Fin du Naufrage d'un Vaisseau Hollandois.

NAUFRAGE
ET AVENTURES
DE M. PIERRE VIAUD,
NATIF DE ROCHEFORT,
CAPITAINE DE NAVIRE.

PRÉFACE

DE *l'Éditeur du Naufrage de* M. VIAUD.

LES aventures de M. Viaud font faites pour intéresser les cœurs honnêtes & sensibles. On ne sera pas moins étonné qu'attendri des infortunes qu'il a éprouvées pendant quatre-vingt-un jours, depuis le 16 Février 1765, jusqu'au 8 Mai 1766. On conçoit à peine comment un homme a pu vivre dans une situation aussi terrible. C'est dans cette occasion qu'on peut dire que la vérité n'est pas vraisemblable. Mais tout ce qu'on rapporte dans cette relation, est attesté. M. Viaud est actuellement plein de vie, & estimé de ceux qui le connoissent. Sa bonne foi, son intelligence dans la Marine, lui ont mérité la confiance de plusieurs négocians. Il ne craint pas de publier ses aventures, & de les laisser paroître sous son nom: c'est lui-même qui les a écrites; on n'y a changé que quelques mots & quelques expressions en faveur de ces lecteurs difficiles, auxquels le style simple & souvent grossier d'un marin auroit pu déplaire; mais on a conservé précieusement ses idées, ses réflexions, & autant qu'il a été possible, sa manière de les rendre: on a préféré à une plus grande correction, cette rudesse marine, si l'on peut s'exprimer ainsi, qui n'est peut-être pas sans mérite, & qui a sur-tout un ton de franchise & de vérité que l'on verra certainement avec plaisir. On laisse l'élégance & la délicatesse du style aux romanciers, qui en ont besoin pour dédommager leurs lecteurs du vide de leurs productions. Quel effet pourroient produire, sans cet attrait, les actions souvent mal imaginées de leurs héros chimériques? Elles attacheroient peut-être les jeunes gens qui recherchent avidement ces sortes d'ouvrages, & dont le goût n'est pas difficile; mais les hommes faits les mépriseroient sans les lire. Les infortunes de M. Viaud n'ont pas besoin de ces ornemens étrangers. On ne trouve pas ici l'histoire de sa vie : on n'y voit que la relation de son naufrage, & des malheurs qui l'ont suivi.

Qu'il nous soit permis d'ajouter un mot sur cette nouvelle édition : on a lieu d'espérer qu'elle sera aussi-bien accueillie que la première : on en a retranché quelques répétitions; c'est à ces seules corrections qu'on a dû se borner. Ce n'est pas ici un roman qu'on peut augmenter ou élaguer à sa volonté. Les faits ont dû rester tels qu'ils sont. Quelques lecteurs ont été révoltés du meurtre du nègre : on n'entreprendra pas de le justifier; mais on les priera de considérer un instant les circonstances dans lesquelles se trouvoient M. Viaud & sa malheureuse compagne, lorsqu'ils se portèrent à cette atrocité. Si le déſeſpoir & la faim qui la leur firent commettre ne les juſtifient pas, ils les excuſent peut-être. Pluſieurs perſonnes ont prétendu que ce fait n'étoit pas vraiſemblable, & en ont conclu que la relation n'étoit qu'un roman. Si ce trait étoit unique, leur incrédulité pourroit être fondée; mais les voyageurs en fourniſſent une infinité d'exemples, dont la plupart ſont aſſez connus. Qu'elles nous permettent de leur en citer un qui l'eſt moins ; nous le rapporterons d'après la dépoſition qui en fut faite au commencement de l'année 1766, entre les mains de M. George Nelſon, lord-maire de Londres, & reçue par M. Robert Shank, Notaire public.

David Harriſſon, commandant du petit bâtiment la Peggy, de la Nouvelle-Yorck, s'étoit rendu à Fyal, l'une des Açores, où il avoit chargé du vin & des eaux-de-vie. Il en étoit parti le 24 d'Octobre 1765, pour retourner à la Nouvelle-Yorck. Dès le 29 le vent qui étoit favorable, changea tout-à-coup; des tempêtes qui se succédèrent jusqu'au premier Décembre suivant, endommagèrent son vaisseau, y ouvrirent des voies d'eau, renversèrent ses mâts, déchirèrent ses voiles, & les mirent toutes hors d'état de servir, à l'exception d'une seule. Le mauvais tems continua encore après le 1ᵉʳ Décembre. Les provisions étoient épuisées; le navire avoit été écarté de sa route, il ne pouvoit avancer : l'équipage étoit dans la situation la plus déplorable, n'attendant des secours que du hasard. Un matin on apperçut deux vaisseaux; l'un de la Jamaïque, & faisant route pour Londres, & l'autre de la Nouvelle-Yorck, allant à Dublin. L'agitation de la mer ne permit pas au capitaine Harrison de s'approcher de ces vaisseaux qui furent bientôt hors de sa vue. L'équipage désespéré, manquant de tout, se jeta sur le vin & sur les eaux-de-vie de la cargaison : il abandonna au capitaine deux petites mesures d'eau de quatre pintes chacune, qui étoient l'unique reste des provisions. Quelques jours s'écoulèrent. Les matelots parvinrent, en s'enivrant, à adoucir les déchiremens de la faim. Ils rencontrèrent bientôt un nouveau navire ; ils lui firent les signaux ordinaires pour marquer leur détresse : ils eurent la consolation de voir qu'on y répondoit. La mer étoit calme; les deux vaisseaux s'approchèrent : on promit du biscuit aux malheureux; mais on ne le leur donna pas sur le champ. Le capitaine s'excusa de ce délai sur une observation qu'il avoit commencée & qu'il vouloit finir ; & il eut la barbarie de s'éloigner sans tenir sa parole; la consternation & le désespoir de l'équipage de la Peggy augmentèrent. Il y avoit encore une paire de pigeons & un chat vivans dans le bâtiment : on les dévora les uns après les autres. La tête du chat échut au capitaine, qui assure qu'il n'a jamais rien mangé de plus délicieux. Les huiles, les chandelles, les cuirs, servirent encore d'alimens à ces malheureux, & furent consommés le 28 Décembre. On ne sait comment ils vécurent jusqu'au 13 Janvier suivant; ils étoient encore tous vivans. Le matin ils se rendirent dans la chambre d'Harrison, qui étoit retenu au lit par la goutte. Le contre-maître prenant la parole, après avoir peint des couleurs les plus terribles la situation déplorable à laquelle ils étoient tous réduits, lui déclara qu'il étoit nécessaire d'en sacrifier un pour sauver les autres, & qu'ils étoient résolus de tirer au sort. Le capitaine fit tout ce qu'il put pour les détourner de cette horrible résolution. Ils ne l'écoutèrent pas : il lui répondirent qu'il leur étoit indifférent qu'il l'approuvât ou non; que ce n'étoit point par déférence qu'ils lui en avoient fait part; & que s'ils l'avoient prévenu qu'ils alloient tirer au sort, c'étoit parce qu'il en devoit aussi courir les risques lui-même : car, ajoutèrent-ils, l'infortune générale anéantit toutes les distinctions. Ils le quittèrent à ces mots, & montèrent sur le pont, où ils firent parler le sort.

Le capitaine avoit un nègre, ce fut lui qui périt le premier. Il y a lieu de soupçonner que les matelots s'étant contentés de feindre de tirer au sort, l'avoient fait tomber sur lui. Il fut immolé sur le champ. L'un d'eux pressé par la faim, lui arracha le foie & le dévora, sans avoir la patience de le faire griller. Il en tomba malade, & mourut le lendemain avec tous les symptômes de la rage. Ses camarades auroient bien voulu le conserver pour le manger après le nègre; mais la crainte de mourir comme lui les en empêcha, & ils le jetèrent dans la mer.

Le capitaine ne voulut point partager leur horrible repas; il se contenta de son eau qu'il mêloit avec un peu de liqueur, & il ne prit point d'autre nourriture. Le corps du nègre ménagé avec beaucoup d'économie, dura jusqu'au 26 Janvier. Le

29, la troupe résolut de chercher une autre victime : elle alla encore en inftruire Harrifon, qui fut forcé d'y confentir; mais craignant que s'il laiffoit à fes matelots le foin de faire prononcer le fort fans lui, ils ne lui donnaffent pas beau jeu, il ranima fes forces : il fit écrire fur de petits billets le nom de chaque homme, & après les avoir pliés, il les mit dans un chapeau. L'équipage refta dans le filence pendant ces préparatifs : la terreur étoit peinte fur tous les vifages. Celui qui porta la main au chapeau pour en tirer un billet, ne le fit qu'en tremblant : il le remit au capitaine qui l'ouvrit, lut tout haut, & leur fit lire le nom de David Flat. Le malheureux que le fort avoit nommé, parut fe réfigner à fa deftinée. « Mes amis, dit-il à fes compagnons, » tout ce que j'ai à vous demander, c'eft » de ne me pas faire fouffrir : dépêchez- » moi auffi promptement que le nègre »; & fe tournant vers celui qui avoit fait cette première exécution : « c'eft toi que

» je choisis, ajouta-t-il, pour me porter
» le coup mortel ». Il demanda ensuite
une heure pour se préparer à la mort. Ses
compagnons fondirent en larmes; la pitié
combattit la faim, & ils résolurent de
retarder le sacrifice jusqu'au lendemain
matin à onze heures. Ils se déterminèrent
à ce délai, dans l'espérance de trouver quelqu'autre secours. L'infortuné Flat n'en
reçut qu'une foible consolation. La certitude de mourir le lendemain fit sur lui
une impression si profonde, qu'il tomba
dangereusement malade. Son état devint
si cruel, qu'avant la nuit quelques matelots proposèrent de le tuer sur le champ,
pour mettre fin à ses souffrances. Mais la
résolution qu'on avoit prise d'attendre
au lendemain matin, prévalut. A dix
heures & demie on avoit déjà allumé un
grand feu pour rôtir les membres du malheureux Flat. Celui qui devoit le tuer
chargeoit déjà le pistolet dont il vouloit
se servir, lorsqu'on apperçut un vaisseau:
c'étoit *la Susanne* qui revenoit de la Vir-

ginie, & faisoit voile pour Londres. Le capitaine instruit de l'état de la Peggy, fit porter à l'équipage les secours les plus prompts, & le conduisit à Londres. Deux matelots périrent pendant la route. Flat recouvra sa santé, & le capitaine Harrison, à son arrivé, fit la déclaration dont on vient de voir le précis : elle est aussi authentique qu'on peut le désirer, & peu de relations sont aussi attestées que celle là. Il étoit intéressant pour le commandant de la Peggy, qu'elle le fût, parce qu'il devoit répondre du vaisseau & de sa charge qui n'étoit point pour son compte. Son intérêt eût pu le porter à en imposer; mais il n'a pas été possible de douter des faits qu'il a déclarés : le témoignage de l'équipage de *la Susanne* a confirmé son récit. Aucun motif ne pouvoit engager M. Viaud à tromper sur sa situation. Il a été malheureux ; mais lui seul a perdu dans son voyage, ainsi que ses compagnons. Il n'a écrit l'histoire de ses infortunes, qu'à la sollicitation d'un ami auquel il ne

224 *PRÉFACE, &c.*

pouvoit rien refuser; & lorsqu'il a consenti à la publier, il y a été déterminé par l'espoir triste, mais consolant, de voir les ames honnêtes & sensibles s'attendrir sur son sort.

NAUFRAGE

NAUFRAGE
ET AVENTURES
DE M. PIERRE VIAUD,
CAPITAINE DE NAVIRE.

Vous avez été long-tems inquiet sur mon sort, mon ami, vous étiez presque persuadé, ainsi que ma famille, que j'avois péri dans mon dernier voyage; le tems que j'ai passé sans écrire, vous confirmoit dans cette opinion; ma lettre, dites vous, a séché les larmes que l'idée de ma perte faisoit couler: les regrets de mes amis me flattent & m'attendrissent; ils me consolent de mes malheurs passés; & je me félicité de vivre pour goûter encore le plaisir d'être aimé.

Vous vous plaignez de ce que je ne suis entré dans aucun détail sur mon naufrage; rassuré sur ma vie & sur ma santé, vous desirez un récit plus circonstancié de mes aventures: je n'ai rien à vous refuser; mais c'est une entreprise pénible, & dont je viendrai difficilement à bout; je ne puis me rappeler sans frémir les infortunes que j'ai essuyées : je suis étonné moi-même d'y avoir résisté; peu d'hommes en ont éprouvé de pareilles; plusieurs exciteront la pitié d'une ame aussi sensible que la vôtre; quelques-unes vous feront horreur. Vous verrez à quel excès a été quelquefois le désespoir dans lequel m'ont plongé mes souffrances, & vous ne serez point surpris qu'elles aient épuisé mes forces, affoibli mon tempérament; & qu'un état aussi terrible que le mien m'ait ôté souvent l'usage de la raison.

N'attendez pas sur tout que je mette de l'ordre dans cette relation; j'ai perdu la plupart des dates; pouvoient-elles fixer mon attention lorsque j'étois accablé des peines les plus cruelles? Chaque jour ajoutoit à mes souffrances; le malheur présent m'affectoit trop vivement pour me permettre de songer à celui qui l'avoit précédé; pendant près de deux mois mon ame a été incapable de tout autre sentiment que celui de la douleur; toutes ses facultés sembloient suspendues par le délire & la fureur du désespoir; les époques se sont presque toutes effacées de ma mémoire, & je ne me ressouviens plus que d'avoir souffert. Je vous rapporterai les faits tels qu'ils sont, sans ornement, sans art; ils n'en ont pas besoin pour intéresser mon ami: vous ne chercherez pas de l'élégance dans mon style; vous y trouverez le ton d'un marin, beaucoup d'incorrections & de franchise.

Lorsque je partis de Bordeaux au mois de Février 1765, sur le navire *l'aimable Suzette*, commandé par M. Saint Cric, à qui je servois de second, je ne m'attendois pas aux malheurs que la fortune me préparoit dans le nouveau monde. Mon voyage fut heureux, & j'arrivai à Saint Domingue sans avoir éprouvé aucun accident. Je ne vous parlerai point de mon séjour dans cette île; des soins de commerce remplirent tous mes momens; je m'occupai enfin de mon retour en France; le tems en approchoit; il étoit déjà fixé; je tombai malade quelques jours avant l'embarquement. Affligé de ce contre-tems, ne l'imputant qu'au climat du pays, je me persuadai que je me rétablirois aussi-tôt que je l'aurois quitté; cette idée consolante me fit desirer avec impatience le jour du départ : il arriva ; je n'en tirai point le soulagement que j'avois espéré ; la mer, le mouvement du vaisseau augmentèrent mon mal ; on me signifia que je ne pouvois continuer la route sans danger ; ma foiblesse m'en assuroit à chaque instant : je fus forcé de consentir à redescendre à terre, & l'on me débarqua dans le mois de Novembre à la Caye de Saint-Louis (1). Cette nécessité d'interrompre mon voyage fut la source de mes infortunes.

Quelques jours de repos à Saint-Louis, & les soins généreux de M. Desclau, habitant de cette île, qui m'avoit donné un logement dans sa maison, me rendirent bientôt ma première santé. J'attendois avec une vive impatience l'occasion de retourner en Europe : il ne s'en présentoit aucune ; un long séjour à Saint-Louis pouvoit nuire à ma fortune ; cette inquiétude se joignoit à l'ennui qui me dévoroit ; M. Desclau, mon hôte, s'en apperçut ; la générosité avec laquelle il m'avoit secouru pendant ma maladie, m'avoit inspiré la reconnoissance la plus vive, &

―――――――――――――――――――

(1) C'est un petit terrein de quatre à cinq cens pas de long, sur soixante de large, qui n'a précisément que la hauteur suffisante pour n'être pas couvert d'eau quand la mer est haute ; il n'est séparé de Saint-Domingue que par un canal d'environ huit cens pas de large.

la plus tendre amitié; je ne pus lui cacher la cause de mes chagrins; il y prit part, & n'oublia rien pour me consoler. Un jour il vint me trouver, & me tint ce discours: J'ai réfléchi sur votre situation; la crainte de rester long-tems sans emploi est la seule chose qui vous afflige; l'espérance d'en trouver est le motif qui vous fait souhaiter de vous revoir promptement en France; si vous m'en croyez, vous renoncerez à ce projet: vous avez quelques fonds, tentez la fortune, vous pourrez les tripler; je vous en fournirai les moyens. Je compte me rendre incessamment à la Louisiane avec des marchandises dont la vente est sûre; celles que je me propose d'y prendre à mon retour, me produiront un bénéfice honnête. Je connois ce commerce, je l'ai fait plusieurs fois, j'en connois tous les avantages; il dépend de vous de les partager en me suivant; vous me remercierez un jour du conseil que je vous donne.

Dans la position où je me trouvois, je n'avois pas de meilleur parti à prendre; ce discours de M. Desclau lui étoit dicté par l'amitié; je ne balançai pas à suivre ses avis; je m'associai avec lui pour une partie de son fonds; nous fîmes les achats nécessaires, & il me servit dans cette occasion avec le zèle le plus empressé, & la probité la plus exacte. Nous fretâmes le Brigantin *le Tigre*, commandé par M. la Couture; le chargement se fit avec toute la célérité possible, & nous nous embarquâmes au nombre de seize, savoir, le capitaine, sa femme & son fils, son second, neuf matelots, M. Desclau, un nègre que j'avois acheté pour me servir, & moi.

Nous appareillâmes de la rade de Saint-Louis le 2 Janvier 1766, faisant route vers le trou Jeremy, petit port au nord de la pointe du cap Dame-Marie, où nous restâmes vingt-quatre heures; nous en partîmes pour nous rendre au petit Goave (1); mais cette seconde traversée ne fut pas si heureuse que la première. Nous essuyâmes un grain forcé de douze heures qui nous auroit infailliblement jetés sur le Cayes-Mittes (2), si la violence du vent qui céda un peu, ne nous eût permis de faire usage de la voile pour nous écarter de cette côte.

---

(1) Ou Gouaves; on distingue le grand & le petit. Le premier est à quatre lieues sous le vent de Léogane; le second est à une lieue du premier; on n'y mouille guère que dans des cas de nécessité.

(2) Petites îles au couchant de l'île Espagnole, entre le quartier du nord & celui du sud: elles font partie des Antilles.

Un peu moins d'entêtement, & plus d'expérience de la part de notre patron, auroient pu nous éviter ce danger. Je commençai dès lors à m'appercevoir qu'il avoit plus de babil que de science; je prévis que notre voyage ne se termineroit pas sans accident, & je me promis bien d'avoir l'œil sur sa manœuvre, pour prévenir, s'il étoit possible, les périls auxquels son ignorance pourroit nous exposer.

Nos affaires nous obligèrent de séjourner pendant trois jours au petit Goave; nous dirigeâmes, en partant, notre route vers la Louisiane; les vents nous furent presque toujours contraires. Le 26 Janvier, nous apperçûmes l'île des Pins (1), que notre capitaine soutint être le cap de Saint-Antoine. Je pris la hauteur: je découvris facilement qu'il se trompoit; j'essayai vainement de lui démontrer qu'il étoit dans l'erreur; son opiniâtreté ne lui permit pas d'en sortir; il continua sa route sans précaution, & il nous conduisit dans les brisans; nous y étions déjà enfoncés, lorsque je m'en apperçus pendant la nuit à la clarté de la lune. Je ne m'amusai pas à lui faire des reproches; il com-

_____

(1) Elle est au midi de la partie occidentale de Cuba, & en est séparée par un canal d'environ quatre lieues de largeur.

mençoit à sentir qu'il avoit eu tort de ne m'avoir pas cru, & la crainte faisant taire son amour-propre, le contraignit de l'avouer. Le danger étoit pressant ; je pris la place du capitaine en second, qui étoit très mal & hors d'état de nous servir. Je fis virer de bord, & je commandai la manœuvre qui seule pouvoit nous sauver la vie : le succès y répondit ; mais après avoir évité ce péril, nous nous trouvâmes exposés à une infinité d'autres.

Notre bâtiment, fatigué par la mer, faisoit déjà de l'eau dans plusieurs endroits ; l'équipage étoit inquiet, il vouloit que je me chargeasse de la route ; mais je n'avois qu'une connoissance théorique de ces côtes où je n'avois jamais été, & je savois qu'elle ne peut suppléer qu'imparfaitement à la pratique ; je sentois d'ailleurs que ce seroit faire de la peine au capitaine ; on ne pouvoit lui refuser le droit de conduire un navire qui lui appartenoit. Je ne voulus pas lui donner ce désagrément, & je me contentai d'observer attentivement sa manœuvre, tant pour ma tranquillité, que pour celle de tout le monde qui n'avoit plus de confiance qu'en moi.

Nous doublâmes enfin le cap de Saint-Antoine ; de nouveaux coups de vent nous assaillirent, & ouvrirent encore des voies d'eau que les deux pompes épuisoient avec peine, quoiqu'on y travaillât sans relâche. Le vent ne cessoit pas de nous être contraire. Le mauvais tems augmentoit, la mer s'agitoit & nous menaçoit d'une tempête furieuse; nous n'aurions pu y résister. L'alarme etoit générale sur notre bâtiment; cette situation douloureuse & terrible ne paroissoit pas prête à changer. Dans ces circonstances funestes, le 16 Février à sept heures du soir, nous rencontrâmes une frégate espagnole venant de la Havane, & portant le gouverneur & l'état-major qui alloient prendre possession de Mississipi; elle nous demanda compagnie, ce que nous accordâmes avec joie, car nous l'aurions priée de nous permettre de la suivre si elle ne nous avoit pas prévenus. Rien n'est plus consolant pour des marins, dans le cours d'un voyage fatigant & pénible, que de rencontrer quelque vaisseau qui tienne la même route; ce n'est pas qu'ils puissent compter en tirer beaucoup de secours au milieu d'une tempête, où chacun est trop occupé de sa propre conservation pour songer à celle des autres; mais dans l'attente d'un péril, il semble qu'il sera moindre lorsqu'on sait qu'il sera partagé.

Nous ne conservâmes pas long-tems la compagnie de la frégate, nous la perdîmes pendant la nuit; elle faisoit route à petite voile, nous n'en pouvions porter aucune, & nous étions contraints de tenir à la cape. Le lendemain, nous nous trouvâmes seuls ; nous découvrîmes une nouvelle voie d'eau qui redoubla notre consternation. On me consulta sur ce qu'il falloit faire. Je sentis qu'il étoit nécessaire d'alléger promptement le bâtiment : nécessité cruelle pour des marchands, qui sont obligés de jeter eux-mêmes dans la mer une partie des biens qu'ils ont acquis avec beaucoup de peines, & sur lesquels ils ont fait des spéculations qui pouvoient les augmenter ; mais dans de pareilles circonstances, la conservation de la vie est le premier intérêt, on l'écoute seul, & l'on oublie tous les autres. Je fis décharger le brigantin de toutes les marchandises de poids. J'établis un puits au grand panneau avec les barriques de notre cargaison, afin d'essayer si l'on pourroit achever d'épuiser l'eau avec des seaux, les deux pompes ne suffisant pas. Ces soins furent inutiles ; l'eau nous gagnoit de plus en plus ; le travail des matelots les épuisoit avec de foibles succès. Il étoit impossible de tenir la mer encore long-tems : nous prîmes la résolution de relâcher à la Mobille : c'étoit le seul port où le vent nous permettoit de nous rendre, c'étoit aussi le plus près ; nous étions à quatre ou cinq lieues des îles de la Chandeleur.

Nous dirigeâmes donc notre route vers la Mobille, mais le ciel ne nous permit pas d'y arriver; le vent qui nous étoit favorable changea au bout de deux heures; nous fûmes obligés de renoncer à notre projet; nous fîmes tous nos efforts pour gagner Paſſacole, port plus éloigné que celui de la Mobille; mais cette entrepriſe échoua encore. Les vents toujours déchaînés contre nous, nous contrarièrent de nouveau, & nous retinrent au milieu d'une mer agitée contre laquelle nous combattions, privés de l'eſpoir de prendre port nulle part, & attendant le moment où l'Océan ouvriroit ſes abîmes pour nous engloutir.

J'ai fait pluſieurs voyages dans ma vie, je ne me ſouviens pas d'en avoir fait aucun où j'aie tant ſouffert, & où la fortune m'ait été auſſi contraire; jamais le ciel & la mer ne ſe ſont réunis avec plus de fureur & de conſtance, pour tourmenter de malheureux voyageurs. Nous ſentions enfin, qu'il étoit impoſſible de ſauver notre bâtiment & nos effets; la conſervation même de notre vie devenoit difficile; nous nous occupâmes de cet unique ſoin, & nous tentâmes de faire côte aux Appalaches, mais nous ne pûmes parvenir à les gagner. Nous reſtâmes à la merci des flots entre la vie & la mort, gémiſſant ſur notre infortune, aſſurés de périr, & faiſant néanmoins des efforts continuels pour ſortir du danger. Tel fut notre état depuis le 12 Février juſqu'au 16. Le soir à sept heures, nous nous trouvâmes échoués sur une chaîne de brisans, à deux lieues de la terre. Les secousses furent si terribles, qu'elles ouvrirent l'arrière de notre bâtiment; nous demeurâmes trente minutes dans cette situation, éprouvant des alarmes inexprimables. La violence & la force des lames nous jetèrent, au bout d'une demi-heure, hors de ces brisans, nous nous retrouvâmes à flots sans gouvernail, combattus par l'eau qui nous environnoit, & par celle qui entroit dans notre vaisseau, & qui augmentoit à chaque instant.

Le peu d'espoir qui nous avoit encore soutenus jusqu'alors, s'évanouit tout-à-fait ; notre bâtiment retentit des cris lamentables des matelots, qui se faisoient leurs adieux, se préparoient à la mort, imploroient la miséricorde du ciel, lui adressoient leurs prières, & les interrompoient pour faire des vœux, malgré l'affreuse certitude où ils étoient de ne pouvoir jamais les accomplir. Quel spectacle, mon ami! Il faut en avoir été le témoin, pour s'en former une idée, & celle que je vous trace est bien imparfaite & bien au-dessous de la réalité.

Je partageois les terreurs de l'équipage. Si mon désespoir éclatoit moins, il étoit égal au sien. L'excès du malheur, l'assurance qu'il étoit inévitable, me rendirent un reste de fermeté ; je me soumis au sort qui m'attendoit, & qu'il n'étoit pas en mon pouvoir de changer; j'abandonnai ma vie à l'Être qui me l'avoit donnée, & je conservai assez de courage pour envisager de sang-froid le moment fatal, & pour m'occuper des moyens qui pouvoient le retarder.

Ma tranquillité apparente en imposa à l'équipage; je lui inspirai, dans ce moment affreux, une espèce de confiance qui le rendit docile à mes ordres. Le vent nous poussoit vers la terre: je fis gouverner avec les bras & les écoutes de misaine; & par un bonheur inoui, & auquel nous ne devions pas nous attendre, nous arrivâmes le même soir à neuf heures à l'est de l'île des Chiens, & nous y fîmes côte à une portée de fusil de la terre; l'agitation de la mer ne nous permettoit pas de la gagner; nous songeâmes à couper nos mâts pour faire un radeau qui pût nous y conduire; pendant que nous nous occupions de cet ouvrage, la violence du vent, la force des vagues jetèrent notre brigantin sur le côté de bas-bord; ce mouvement imprévu faillit à nous être funeste, nous devions tous périr & tomber dans la mer; nous échappâmes à ce péril, & quelques-uns des matelots que la secousse y avoit précipités, eurent le bonheur de regagner le bâtiment, & de pouvoir profiter des secours que nous leur donnâmes pour y remonter.

La lune, qui jusqu'à ce moment, nous avoit prêté une foible clarté, que les nuages interceptoient souvent, se cacha tout-à-coup. Privés de sa lumière favorable, il nous fut impossible de penser à nous rendre à terre; il fallut nous résoudre à passer la nuit sur le côté de notre vaisseau. Que cette nuit nous parut longue! Nous étions exposés à une pluie affreuse; on eût dit que le ciel se fondoit en eau; les vagues qui s'élevoient à chaque minute couvroient notre navire, & se brisoient sur nous; le tonnerre grondoit de toutes parts; les éclairs qui brilloient par intervales nous faisoient découvrir, dans un horison immense, une mer furieuse & prête à nous engloutir; les ténèbres qui leur succédoient étoient plus terribles encore.

Attachés au côté de notre bâtiment, cramponnés pour ainsi dire à tout ce que nous avions pu saisir, mouillés par la pluie, transis de froid, fatigués des efforts que nous faisions pour résister à l'impétuosité des flots qui nous auroient entraînés avec eux, nous vîmes renaître le jour; il éclaira les dangers que nous avions courus, ceux que nous courions encore, & sembla rendre ce spectacle plus terrible & plus effrayant. Nous appercevions la terre à peu de distance, & nous ne pouvions nous y rendre; l'agitation de la mer épouvantoit les plus intrépides nageurs; les ondes rouloient avec une fureur dont on a peu vû d'exemples; le malheureux qui s'y seroit exposé eût couru le risque d'être emporté en pleine mer, ou d'être écrasé contre le navire ou contre la terre. Le désespoir s'empara de nos matelots à cet aspect; leurs cris plaintifs & lugubres redoublèrent, le sifflement des vents, le bruit du tonnerre, celui qu'excitoit l'Océan n'étouffoient point leurs plaintes, & en s'y mêlant, ils en augmentoient l'horreur.

Plusieurs heures s'écoulèrent sans apporter aucun changement à notre état: un matelot (1) qui, depuis le jour, n'avoit cessé de verser des larmes, & qui s'étoit montré plus foible que ses compagnons, les sèche tout-à-coup, garde un profond silence pendant quelques minutes, se lève enfin avec une agitation extraordinaire.

Qu'attendons-nous, s'écria-t-il avec la fermeté du désespoir? La mort nous environne de tous côtés, elle ne tardera pas à fondre sur nous; volons au-devant d'elle, hâtons ses coups lents à nous frapper, c'est dans les flots que nous devons la trouver; peut-être que si nous la cherchons elle nous fuira. La terre est devant nous, il n'est pas impossible d'y arriver... Je vais le tenter. Si je ne réussis point, j'avance la

---

(1) Ce matelot étoit Hollandois.

fin de mes jours de quelques heures, & je diminue la durée de mes malheurs.

A ces mots il se plonge dans la mer : plusieurs, animés par son exemple, veulent le suivre ; je leur montre leur camarade roulé par les flots, se débattant inutilement contr'eux, entraîné vers le rivage qu'il touche déjà, remporté par la mer, disparoissant quelques minutes, & ne reparoissant que pour être vu écrasé contre un rocher. Ce tableau cruel les fit frémir, & leur ôta l'envie de l'imiter.

La plus grande partie du jour s'étoit écoulée, il étoit cinq heures du soir, nous songions avec terreur à la nuit que nous avions déjà passée ; nous frémissions d'avance de celle qui alloit la suivre. Les mâts & les haubans que nous avions coupés la veille, avoient été emportés par les vagues ; l'espoir de nous sauver dans un radeau s'étoit évanoui ; nous avions un mauvais canot, mais hors d'état de faire le court trajet du navire jusqu'à terre ; nous l'avions examiné à différentes reprises, & chaque fois nous avions renoncé à nous en servir. Trois matelots, plus courageux ou plus désespérés, osèrent s'embarquer sur cette frêle machine ; ils y descendirent sans avertir personne de leur dessein ; nous ne nous en apperçûmes que lorsqu'ils se furent éloignés ; nous les regardâmes comme des hommes perdus.

Nous

Nous fûmes témoins de leurs efforts, des peines qu'ils se donnèrent & des risques qu'ils coururent à chaque instant d'être submergés; ils réussirent cependant contre notre attente, & abordèrent au rivage. Nous enviâmes leur félicité; tous regrettèrent de n'avoir pas eu la même hardiesse; chacun se plaignit de n'avoir pas été prévenu de leur projet. Si l'aspect d'un heureux a jamais été terrible aux yeux d'un infortuné, ce fut dans cette occasion; les signes qu'ils nous faisoient, leurs démonstrations de joie étoient autant de coups de poignard pour nous; leur bonheur sembloit ajouter à notre infortune. Ce que je vous dis ici est sans doute horrible & révolte l'humanité: ce sentiment affreux n'en est cependant pas moins dans la nature; il ne lui fait pas honneur, je l'avoue, mais il est vrai. Que ceux qui le condamneront ne nous regardent pas pour cela comme des monstres, qu'ils se mettent d'abord à notre place, & qu'ils nous jugent.

La nuit nous déroba bientôt la vue de nos compagnons qui s'étoient sauvés: contraints de rester encore sur notre bâtiment, nous comparions leur situation à la nôtre qui nous paroissoit plus mauvaise; nos souffrances sembloient augmenter, parce qu'ils ne les partageoient pas. Cette nuit fut aussi terrible que la première, la fatigue fut la même, & l'épuisement où nous étions de la veille nous laissoit à peine la force de la supporter.

Depuis que notre navire étoit sur le côté, nous n'avions pas pu pénétrer dans l'intérieur, nous n'avions pas osé y faire des ouvertures, dans la crainte d'ouvrir de nouveaux passages à l'eau, qui, en le remplissant l'auroit eu bientôt brisé, & nous auroit privés du seul asyle où nous pussions nous reposer; nous étions en conséquence sans provisions, nous n'avions pas le pouvoir de nous en procurer, & nous avions passé tout ce tems sans boire & sans manger.

Le ciel sembloit avoir pris plaisir à rassembler sur nous toutes les infortunes; nos corps fatigués demandoient en vain du repos & des alimens pour réparer leurs forces, l'un & l'autre leur étoient refusés; jamais nous n'avions vu la mort dans un appareil plus affreux. Notre brigantin échoué étoit retenu par de gros rochers; les vagues lui donnoient des secousses épouvantables qui l'ébranloient, & menaçoient à chaque instant de le rompre & de nous ensevelir: heureusement pour nous il tint bon.

Le lendemain, 18 Février, nous revîmes le jour dont nous avions désespéré de jouir encore. La mort qui nous eût délivrés de nos souffrances eût été sans doute un bienfait; mais l'amour de la vie est le sentiment le plus puissant sur le cœur de l'homme ; il le conferve jufqu'au dernier inftant : les tourmens qu'il éprouve peuvent l'affoiblir ; il eft rare qu'ils l'éteignent entièrement. Notre premier mouvement, en nous voyant encore fur le côté du brigantin, fut de remercier le ciel de nous avoir confervés jufqu'à ce moment, & d'élever vers lui nos mains fuppliantes pour le conjurer d'achever fon ouvrage, & de mettre le comble à fon bienfait, en nous facilitant les moyens de nous rendre à terre.

Jamais prière ne fut plus ardente ; le ciel touché parut l'exaucer. Le vent fe calma un peu ; l'agitation furieufe de la mer diminua, & nous offrit un fpectacle terrible encore à la vérité, mais beaucoup moins que les jours précédens. Un de nos matelots, excellent nageur, après avoir examiné quelque tems le chemin qu'il y avoit à faire pour atteindre la terre, fe détermina à rifquer le paffage. J'irai, nous dit-il, rejoindre mes compagnons ; nous effayerons de calfater & de cintrer le canot ; peut-être parviendrons-nous à le mettre en état de faire quelques voyages à bord pour vous fauver à tous la vie ; il n'y a plus que cette reffource à tenter ; nous ne devons pas différer ; nos forces s'affoibliffent à chaque inftant ; n'attendons pas qu'elles foient abfolument éteintes ; employons le peu de vigueur qui nous reste encore, à nous tirer de cet horrible état.

Nous applaudîmes à son discours; nous l'encourageâmes du mieux qu'il nous fut possible à l'exécution de ce dessein, le seul qui pût nous être utile. Nous lui donnâmes des mouchoirs & dix brasses de ligne qui pouvoient servir à calfater le canot; il s'en chargea & se jeta dans la mer; nous le vîmes plusieurs fois sur le point de périr; nos yeux inquiets s'attachoient à tous ses mouvemens : nous le regardions comme notre unique ressource, notre unique sauveur; nous partagions les risques qu'il couroit; notre sort dépendoit du sien; nous l'encouragions du geste & de la voix; nous travaillions pour ainsi dire avec lui; nous souffrions lorsqu'il avoit de la peine à surmonter les obstacles que lui présentoient les flots; notre imagination, nos desirs ardens nous mettoient à sa place; nous éprouvions ce qu'il éprouvoit; nous triomphions des vagues; nous cédions à leur fureur; nous fatiguions autant que lui; nous demandions au ciel de le secourir; son salut devoit faire le nôtre. Enfin, après avoir passé cent fois alternativement de la crainte à l'espérance, nous le vîmes gagner le rivage avec des efforts infinis. Nous tombâmes aussi-tôt à genoux pour en remercier le ciel; un rayon de joie se répandit dans nos ames & les fortifia.

Il étoit alors sept heures du matin; nous attendîmes avec impatience le moment où l'on viendroit nous chercher; nous restions continuellement tournés vers la terre; nos yeux avides s'y élançoient; ils regardoient nos quatre matelots occupés autour du canot; ils ne perdoient aucun de leurs mouvemens, autant que l'éloignement le leur permettoit. Cette attention vive & soutenue sembloit adoucir notre impatience & nous faire trouver moins long le tems de l'attente; nous hâtions leur travail par nos vœux; il avançoit cependant avec lenteur, & nous frémissions quelquefois qu'il ne fût inutile; il fut fini à trois heures après midi; nous vîmes lancer le canot à l'eau, il s'approcha de notre bâtiment. Comment peindre la joie de l'équipage à cette vue! elle éclatoit par des cris, par des larmes délicieuses, chacun embrassoit son compagnon, & se félicitoit de cette faveur du ciel.

Cet attendrissement, cette sensibilité mutuelle ne durèrent pas; tout changea lorsqu'il fut question de s'embarquer: le canot étoit petit, il ne pouvoit contenir qu'une partie de notre monde, tous ne pouvoient y entrer sans le surcharger; chacun le sentoit, mais aucun ne vouloit rester pour un second voyage: la crainte de quelque accident qui pût l'empêcher de revenir, celle de rester encore exposé sur le brigantin, portoient tous les matelots à demander à passer les premiers. Ceux qui avoient amené le canot, me conjurèrent d'en profiter sur le champ, en me disant qu'ils n'espéroient pas qu'il fût en état de venir deux fois. Ces mots entendus de tout le monde excitèrent de nouveaux gémissemens, & rendirent les sollicitations plus pressantes. Je pris aussi-tôt mon parti ; j'élevai la voix, & j'imposai silence à tous. Vos clameurs, vos inquiétudes, leur dis-je, sont inutiles & ne servent qu'à suspendre notre salut. Vous périssez tous, si vous persistez à vouloir être transportés tous à la fois : écoutez la raison, soumettez-vous à ce qu'elle dicte, & espérez. Nous courons tous les mêmes risques ; les préférences seroient odieuses dans une occasion telle que celle-ci ; le malheur nous rend tous égaux, que le sort choisisse ceux qui doivent partir les premiers, soumettez-vous à sa décision ; & pour montrer à ceux de vous qu'il ne favorisera pas, que ce n'est point une raison de perdre l'espérance, je resterai avec eux, & je ne quitterai le brigantin que le dernier.

Cette résolution les étonna & les mit d'accord : un matelot avoit par hasard des cartes dans sa poche ; ce fut avec ce jeu que nous fîmes parler le fort. De onze que nous étions encore, quatre s'embarquèrent avec les quatre matelots qui avoient amené le canot; ils arrivèrent heureusement à terre, & l'on revint chercher les autres. Pendant ce tems j'avois remarqué que la violence de l'eau avoit détaché en partie l'arcasse (1) de notre bâtiment : à l'aide de M. Desclau & de mon nègre, je parvins à l'en séparer tout-à-fait; ce débris me parut propre à suppléer au canot pour me conduire à terre. M. Desclau, à qui j'en parlai, en jugea comme moi. Nous y descendîmes avec mon nègre, lorsque tout le monde fut embarqué ; nous suivîmes le canot, & nous abordâmes presque en même tems.

Avec quelle joie ne nous vîmes-nous pas sur la terre! Quelles graces ne rendîmes-nous pas au ciel! Quelle douceur nous éprouvâmes à reposer nos corps sur un plancher solide, sans crainte de le voir manquer sous nous ! Des huîtres que nous trouvâmes sur le bord d'une rivière dont l'embouchure n'étoit pas éloignée, nous fournirent un repas délicieux; la privation de nourriture que nous avions soufferte depuis le 16, donna à celle-ci l'assaisonnement le plus agréable; nous jouîmes de notre situation présente; nous passâ-

---

(1) C'est un terme de marine, qui désigne toute la partie extérieure de la poupe d'un vaisseau.

mes une nuit paisible dans un sommeil profond qui répara nos forces, & qui ne fut point troublé par les inquiétudes de l'avenir. Le lendemain nous nous éveillâmes avec la même satisfaction; mais elle ne fut pas de longue durée.

Notre capitaine en second étoit tombé malade quelques jours après notre départ; la fatigue du voyage, le mouvement du vaisseau, les alarmes perpétuelles dans lesquelles nous étions, avoient aggravé son mal; à peine avoit-il eu la force de quitter son lit lorsque nous avions échoué, & je suis encore étonné qu'il ait eu celle de gagner le côté du navire lorsque les flots l'eurent couché; le tems que nous passâmes dans cette situation, avoit achevé de l'épuiser. Lorsqu'il fut question d'entrer dans le canot, il fut le premier nommé par le sort, & il y descendit sans secours. La nature sembloit s'être ranimée en lui, mais c'étoit un effort dangereux que la crainte lui avoit fait faire, & qui, rassemblant toutes ses forces pour un moment, les épuisa. Il fut le seul de l'équipage qui passa une mauvaise nuit à terre; il eut la constance de souffrir sans se plaindre, il ne voulut point nous réveiller. Lorsque le jour nous eut arrachés des bras du sommeil, j'allai le voir, je le trouvai dans la plus grande foiblesse; j'appelai pour le secourir, tout le monde se rassembla autour de lui; mais que pouvions-nous? Ma dernière heure est venue, nous dit-il, je remercie le ciel de m'avoir conservé jusqu'au moment où je vous verrois tous sauvés. Cette inquiétude ne me suit point au tombeau. O mes chers compagnons, puissiez-vous profiter des faveurs que le ciel vous accorde ! Vous n'êtes peut-être pas encore à la fin de vos peines ; j'aime à me persuader que vous avez passé les plus graves ; je n'en partagerai plus avec vous; priez pour moi... Je meurs.

Il perdit connoissance à ces mots, & un instant après il rendit le dernier soupir. Sa perte nous arracha des larmes & suspendit notre joie: elle nous fit faire des réflexions. Nous étions dans un lieu désert ; la terre ferme n'étoit pas éloignée ; mais comment nous y transporter? Nous nous empressâmes de rendre les derniers devoirs à notre second capitaine (1). Nous l'ensevelîmes dans ses habits, & nous creusâmes sa fosse dans le sable. Après avoir terminé cette pieuse & lugubre cérémonie, nous nous promenâmes sur le bord de la mer ; nous y trouvâmes nos malles, plusieurs bariques de raffia, & quantité de balots de marchandises que la mer y avoit jetés, & qui devoient y être arrivés avant nous. Ces effets, à la réserve du raffia, étoient

_____

(1) Il se nommoit Dutronché.

alors d'une bien foible valeur à nos yeux; nous aurions préféré un peu de biscuit, des armes à feu pour nous défendre, pour nous procurer du gibier, & sur tout du feu dont nous manquions, & qui auroit séché nos habits & nos membres transis par le froid & l'humidité. Ce dernier besoin étoit celui qui se faisoit sentir avec le plus de violence: notre imagination se tournant toute entière de ce côté, ne s'exerçoit que sur les moyens de le satisfaire; nous essayâmes en vain la méthode des sauvages, en frottant deux morceaux de bois l'un contre l'autre; mais notre mal-adresse ne nous permit pas d'en venir à bout.

Nous renoncions enfin à l'espoir de faire du feu, lorsque je remarquai que la mer s'étoit presqu'entièrement calmée; je résolus de faire un voyage à bord, à l'aide du canot; si par hasard il venoit à me manquer, le trajet n'étoit pas long, je savois nager, & les flots considérablement abaissés ne m'exposoient pas à un grand danger. Je tâchai d'engager un ou deux matelots, très-bons nageurs, à m'accompagner. Ils frémirent à ma seule proposition; ils se ressouvenoient de ce qu'ils avoient souffert sur le côté du brigantin; ils trembloient de s'y revoir encore sans espérance de revenir, si la mer recommençoit à s'agiter. Je ne jugeai pas à propos d'insister, je n'aurois rien gagné peut-être; & s'ils s'étoient déterminés à me suivre, toujours en proie à leurs craintes, tremblans à la moindre vague qu'ils auroient vu s'élever, ils ne m'auroient été d'aucun secours, & n'auroient fait que me nuire & m'embarrasser dans mon entreprise. L'idée seule de notre navire effrayoit tout le monde: on essaya même de me détourner de mon projet. Je plaignis cette terreur panique, & je courus m'embarquer avec précipitation, sans vouloir rien entendre, de peur que tous les avis réunis ne me rendissent aussi foible; car j'ai remarqué dans plusieurs occasions où je me suis trouvé, combien l'exemple de plusieurs peut influer sur un seul. Un brave soldat devient pusillanime avec des lâches, comme un lâche prend souvent le courage de ceux qui l'entourent.

J'arrivai heureusement au brigantin; la mer, en s'abaissant, avoit laissé une partie de l'entrée libre; j'y amarrai mon canot, & je passai dedans, non sans peine. Il y avoit beaucoup d'eau; j'en eus quelquefois jusqu'à la poitrine. Je ne trouvai pas facilement ce que je cherchois, tout avoit été bouleversé; par un hasard dont je me félicitai, je rencontrai sous ma main un petit baril, qui contenoit environ vingt-cinq livres de poudre à tirer; il étoit placé dans un endroit où l'eau n'étoit pas montée; le baril d'ailleurs en auroit été difficilement pénétré; c'étoit une outre autrefois employée à mettre de l'eau-de-vie, qui étoit bien conditionnée, & dans laquelle M. Lacouture avoit mis sa poudre. Je pris avec cela six fusils, plusieurs mouchoirs de pariaca, des couvertures de laine; & un sac qui pouvoit contenir trente-cinq à quarante livres de biscuit; je trouvai encore deux haches, & c'est tout ce que je pus tirer.

Je revins dans l'île avec ma petite cargaison; elle y fut reçue avec une joie générale. Je fis ramasser un gros tas de bois sec, dont on trouvoit une grande quantité sur la côte, & je fis aussi-tôt du feu; ce fut une douceur incroyable pour toute notre petite troupe. Nous nous occupâmes à sécher nos habits, les couvertures que j'avois apportées, & quelques-unes des hardes que nous avions trouvées dans nos malles. J'ordonnai ensuite à quelques matelots de prendre de l'eau de la rivière pour passer notre biscuit que la mer avoit presque entièrement gâté; cette eau étoit plus salée que douce, mais elle n'étoit point amère; nous la corrigions avec du taffia, & nous nous en contentions, parce que nous n'imaginions pas que cette île en fournît d'autre (1).

―――――――――――――――――――

(1) Nous nous trompions : l'île des Chiens est arrosée par un grand nombre de rivières; mais nous ne le savions pas, & nous nous écartions peu de la côte où nous avions abordé.

Pendant que quelques-uns s'occupoient à passer notre biscuit, & à l'étendre ensuite pour le faire sécher, d'autres nettoyoient les six fusils, & les mettoient en état de servir; ils furent bientôt prêts. J'avois mis dans ma malle quelques livres de plomb en grains; j'en donnai avec de la poudre à nos deux plus adroits tireurs; ils chassèrent, & nous apportèrent au bout d'une heure cinq ou six pièces de gibier, car il est très-abondant sur cette côte. Nous le fîmes cuire, & il nous fournit un excellent souper le soir même. Nous passâmes ensuite la nuit auprès de notre feu, enveloppés dans nos couvertures qui étoient sèches; nous étions chaudement, & les autres commodités nous eussent paru peu de chose en comparaison de celle-là.

Le lendemain 20 Février, nous réfléchîmes sur ce que nous avions à faire; le passage du mal-être à un état meilleur, & nos occupations de la veille ne nous avoient pas permis de songer à l'avenir; nous nous étions estimés heureux depuis que nous avions échappé au naufrage; nous cessâmes de l'être en pensant à ce que nous allions devenir. Nous étions dans un lieu desert; il n'y avoit aucun chemin frayé pour nous conduire à quelqu'endroit habité; il falloit traverser des rivières extrêmement larges, des bois épais & inaccessibles dans lesquels on risque de s'égarer à chaque pas. Les bêtes féroces étoient à craindre; la rencontre des sauvages n'étoit pas moins dangereuse; nous ignorions s'il n'y en avoit pas actuellement dans notre île; nous savions que ceux qui habitent la côte des Appalaches, abandonnent leurs villages pendant l'hiver, se rendent dans les îles voisines où ils chassent jusqu'au mois d'Avril, qu'ils retournent sur la terre ferme, avec les dépouilles des animaux qu'ils ont tués, & vont les troquer avec les Européens, contre les armes, la poudre & l'eau-de-vie, dont ils ont besoin. Il se pouvoit faire que nous fussions surpris par un parti considérable de ces sauvages, au moment où nous nous y attendrions le moins; qu'ils ne nous arrachassent la vie pour s'approprier les misérables effets qui nous restoient encore. Nous craignîmes aussi que les barriques de taffia qui étoient sur la côte ne tombassent entre leurs mains. Ces barbares qui aiment cette liqueur, auroient pu s'enivrer, nous rencontrer dans cet état où il est impossible de leur faire entendre raison, & nous massacrer sans pitié. Nous ne balançâmes pas à prévenir ce péril en défonçant toutes ces barriques; nous n'en conservâmes que trois; nous les cachâmes dans un bois; & pour plus grande sûreté, nous les enterrâmes dans le sable.

Nous demeurâmes ce jour entier & le suivant

dans les inquiétudes qué ne pouvoient manquer de nous inspirer ces réflexions. Nous tremblions à chaque instant d'être attaqués par les sauvages; nous n'osions plus nous écarter les uns des autres; le jour & la nuit nous veillions alternativement, regardant de tous côtés, dans la crainte d'être surpris. Quelques-uns qui se défioient de la vigilance de celui qui faisoit sentinelle, interrompoient leur repos pour veiller en même tems. Je n'ai jamais vu rassemblés sur un si petit nombre d'hommes, tant de malheurs & tant de timidité.

Le 22 Février au matin, presque toute notre troupe fatiguée de la veille de la nuit, s'étoit enfin laissé surprendre au sommeil. Tout à-coup, deux matelots que la crainte tenoit encore les yeux ouverts, s'écrient d'un ton lamentable : Alerte, voici des sauvages, nous sommes perdus. Tous se levent à ce mot, & sans songer à prendre d'autres informations, se préparent à fuir Je réussis enfin à les arrêter ; je les force à regarder ces sauvages qu'on nous annonçoit ; ils étoient au nombre de cinq, deux hommes, trois femmes, tous armés d'un fusil & d'un casse-tête. Que craignez vous, leur dis-je ? Cette troupe est-elle si redoutable ? N'est elle pas inférieure à la notre ? Nous sommes en état de leur faire la loi, s'ils ne viennent pas avec des intentions pacifiques ? Attendons-les, ils peuvent nous servir & nous aider à sortir de ce lieu.

Mes compagnons rougirent de leur terreur, & se rassirent tranquillement auprès de leur feu. Les sauvages arrivèrent ; nous les reçûmes avec de grandes démonstrations d'amitié ; ils y répondirent par de pareilles. Nous leur fîmes présent de quelques-unes de nos hardes, & de quelques tasses de taffia qu'ils burent avec plaisir. Celui qui étoit à leur tête parloit un peu espagnol ; un de nos matelots qui entendoit cette langue, lia conversation avec lui, & nous servit d'interprète.

Nous apprîmes du sauvage qu'il s'appeloit Antonio, & qu'il étoit de Saint-Marc des Appalaches ; il étoit venu hiverner dans une île éloignée de trois lieues de celle où nous étions. Quelques débris de notre naufrage, que la mer avoit entraînés sur la côte où il s'étoit établi, l'avoient engagé à venir dans l'île aux Chiens. Il avoit avec lui sa famille, composée de sa mère, de sa femme, de sa sœur & de son neveu. Nous lui demandâmes s'il vouloit nous conduire à Saint-Marc des Appalaches, en l'assurant qu'il seroit content de nous. Il se retira à l'écart à cette proposition ; il parla pendant près d'une heure avec sa famille ; nous remarquâmes que durant ce tems il porta souvent les yeux sur nos armes, sur nos malles, nos couvertures & nos

autres

autres effets. Nous ne savions que penser de cette conférence : nous conçûmes quelques soupçons contre lui ; mais l'air ouvert avec lequel il nous revint trouver, & l'offre qu'il nous fit de venir nous prendre incessamment, les dissipa ; il nous dit que nous n'étions qu'à dix lieues de Saint-Marc des Appalaches, & il nous trompoit, car il y en avoit vingt-six ; mais nous l'ignorions : peut-être que si nous eussions été plus instruits, ce petit défaut de bonne foi nous auroit fait tenir sur nos gardes.

Antonio repartit avec nos présens ; trois de nos matelots ne firent point de difficulté de s'en aller avec lui ; il promit de revenir le lendemain avec sa pirogue. Il tint effectivement parole; nous le vîmes le 23 ; il nous apporta une outarde & la moitié d'un chevreuil. Comme il étoit arrivé tard, nous ne nous embarquâmes point ce jour-là. Le 24 nous chargeâmes une partie de nos effets, & nous partîmes au nombre de six, parce que sa pirogue n'en pouvoit contenir davantage. Ceux qui restèrent derrière nous, exigèrent que je m'en allasse le premier ; bien assurés, disoient-ils, que je ne les oublierois pas, & que si le sauvage refusoit de les venir prendre, je saurois l'y forcer.

Antonio nous débarqua dans l'autre île, où nous trouvâmes nos trois compagnons, qui l'avant-veille avoient pris les devans. Je n'eus rien de plus pressé, à mon arrivée, que de répondre à la confiance qu'avoient en moi les cinq matelots que nous avions laissés dans l'île aux Chiens : je conjurai notre hôte de les amener avec le reste de nos effets ; mais je ne pus le déterminer à entreprendre tout de suite ce voyage ; il vouloit, disoit-il, nous conduire auparavant en terre ferme. Je n'y consentis point ; son opiniâtreté me devint suspecte, & je le forçai de céder à la mienne. Après deux jours entiers de sollicitations, j'obtins qu'il se mît en route, & le 28 Février nous nous trouvâmes tous réunis ; ce fut une consolation pour nous : dès que nous n'étions pas ensemble, il sembloit qu'il nous manquoit quelque chose. Nous nous regardions comme des frères, nous nous prêtions mutuellement des secours & de l'appui ; la distinction des états avoit disparu ; le capitaine & le matelot étoient amis & égaux : rien de plus tendre que les liaisons formées par le malheur ! Nous étions quatorze, nous ne formions tous qu'une famille.

Dès que tout notre monde fut rassemblé, je sommai le sauvage de tenir sa promesse, & de nous conduire enfin en terre ferme ; mais l'ardeur qu'il avoit d'abord montrée s'étoit beaucoup ralentie ; il nous fayoit pour éviter nos sollitations. Tout le jour il alloit chasser avec sa famille, & le soir il ne paroissoit point dans sa cabanne qu'il nous avoit abandonnée, & que nous habitions; nous ne savions que penser de sa conduite. Que vouloit-il faire de nous? Epioit-il le moment de s'emparer de nos effets & de nous quitter? Ce soupçon nous excita à la vigilance, & nous la fîmes si exacte, qu'il lui fut impossible de nous voler. Quelques-uns de nos compagnons, las de ses délais, proposèrent un parti violent, mais qui nous auroit épargné peut-être bien des malheurs: c'étoit de tuer les cinq sauvages, & de nous emparer de leur pirogue, pour tenter d'arriver aux Appalaches. Je les détournai de ce dessein, dont les conséquences me parurent très-dangereuses; il étoit à craindre que les sauvages de leur nation ne fussent instruits de leur mort, & ne voulussent la venger; aucun de nous ne connoissoit ces îles & ces mers; comment aurions-nous trouvé la terre ferme? Le hasard seul pouvoit nous y conduire. Mais est-il prudent de s'embarquer sans autre espérance que celle qui est fondée sur le hasard?

Nous demeurâmes cinq jours dans cette île, vivant de notre pêche & de notre chasse, économisant notre biscuit, dans la crainte de le voir manquer, & nous bornant à une once par jour.

Enfin, à force de chercher Antonio, nous le rencontrâmes, nous parvînmes à le gagner par nos prières & par quelques préfens ; il confentit à nous mener. Notre troupe fe divifa encore, & le 5 Mars nous chargeâmes dans la pirogue la meilleure partie de nos effets : nous nous y embarquâmes au nombre de fix ; favoir, M. Lacouture, fa femme, fon fils âgé de quinze ans, & qui par un prodige inconcevable avoit réfifté, ainfi que fa mère, à toutes nos traverfes, M. Defclau & moi. J'emmenai aussi mon nègre qui faifoit le fixième. Antonio & fa femme vinrent avec nous ; les trois autres fauvages reftèrent avec nos huit matelots, dont nous ne nous féparâmes pas fans verfer bien des larmes. Nous éprouvâmes, les uns & les autres, un ferrement de cœur, un faififfement qui fembloit nous annoncer que nous nous faifions nos derniers adieux, & que nous ne nous verrions plus.

Ce voyage fi ardemment defiré, obtenu avec tant de peine, devoit nous être plus funefte que celui où nous avions fait naufrage. Nous avions déjà effuyé bien des infortunes, de nouvelles nous attendoient. C'eft ici, mon ami, que j'ai eu le plus befoin de ma fermeté, & qu'elle m'a abandonné plufieurs fois. Vous trouverez dans ce que je vais vous raconter, des malheurs extraordinaires, & ces événemens horribles que je vous ai annoncés, & dont le souvenir seul me fait frémir encore.

Antonio nous avoit assurés que notre voyage ne dureroit pas plus de deux jours; nous avions fait nos provisions en conséquence. La crainte des événemens nous avoit cependant fait prendre des vivres pour quatre jours; ils consistoient en six à sept livres de biscuit, & plusieurs quartiers d'ours & de chevreuils boucannés. Cette précaution étoit raisonnable, mais elle ne fut pas suffisante; notre route devoit être plus longue, & nous nous en apperçûmes dès le premier jour. Antonio s'arrêta après trois lieues, & nous descendit dans une île, où il nous força de demeurer jusqu'au lendemain, que nous ne fîmes pas un chemin plus considérable. Je remarquai qu'au lieu de nous passer du côté de la grande terre, il s'amusoit à nous promener d'îles en îles (1). Cela me donna des inquiétudes, & augmenta la défiance que sa conduite m'inspiroit. Six jours s'écoulèrent dans ces petites traversées; nos provisions étoient épuisées; nous n'avions

---

(1) Ces îles ne me sont pas bien connues; lorsqu'on les voit de la pleine mer, on diroit qu'elles font partie de la terre ferme; mais elles en sont séparées par un canal d'environ deux lieues. Je suis descendu sur quatre de ces îles; elles sont fort basses & fort sablonneuses.

plus d'autre nourriture que les huîtres que nous rencontrions sur le rivage, & un peu de gibier que le sauvage nous donnoit quelquefois.

Les jours suivans ne changèrent rien à la manière dont Antonio nous faisoit voyager. Nous partions à huit ou dix heures du matin, il nous contraignoit de nous arrêter à midi jusqu'au lendemain; souvent nous faisions nos haltes dans des lieux désagréables où nous ne trouvions rien à manger, & où l'eau nous manquoit aussi.

Il y avoit sept jours que nous étions en route; la terre ferme, cet objet de tous nos desirs, le but de notre voyage, ne paroissoit point; nous étions accablés de fatigue, épuisés par la mauvaise nourriture que nous prenions en très-petite quantité; nous étions déjà sans forces, & presque incapables de pouvoir ramer. Cet état cruel fit sur moi une impression qu'il n'avoit pas encore fait; l'excès du malheur échauffa mon sang, aigrit mon caractère; je ne vis dans Antonio qu'un scélérat adroit qui vouloit abuser de notre infortune, & nous faire périr insensiblement. Ces réflexions m'agitoient au milieu de la nuit, & me tenoient réveillé auprès d'un grand feu que nous avions allumé, & autour duquel dormoient mes compagnons. J'appelai M. Desclau & M. Lacouture; je leur fis part des idées sinistres qui m'occupoient; je leur fis sentir ce que nous devions attendre de ce perfide sauvage ; ce qu'il avoit fait déjà justifioit ma défiance. Je leur dis nettement qu'il en vouloit à nos jours, & que c'étoit fait de nous si nous ne le prévenions pas. Je ne conçois pas comment je pus insister avec tant de chaleur sur la nécessité de tuer Antonio ; c'étoit moi qui dans l'île, avois empêché nos matelots de s'en défaire. Je ne suis pas né barbare ; mais l'infortune m'avoit rendu féroce, capable de méditer un meurtre & de l'exécuter ; la circonstance où j'étois me servoit d'excuse, & ce qui arriva ensuite, acheva de justifier ma résolution à mes yeux.

M. Desclau & M. Lacouture jugerent différemment de ce dessein ; ils me rappelèrent les mêmes raisonnemens dont je m'étois servi pour en détourner nos matelots. Ils ne me persuadèrent pas ; mais je cédai à leurs représentations ; je passa le reste de la nuit avec eux sans rien entreprendre.

Le lendemain 12 Mars, nous fîmes encore deux lieues, & nous descendîmes à l'ordinaire dans une île, abattus par la misère, pressés du besoin de dormir. Nous prîmes chacun une couverture dans laquelle nous nous enveloppâmes suivant notre usage, & nous nous couchâmes autour d'un grand feu. Le sommeil nous gagna, & nous nous y livrâmes avec joie, parce que c'étoit autant de tems de diminué sur notre infortune : mais le mien ne fut pas long, mes inquiétudes me reprirent avec plus de force, l'agitation de mon sang écarta loin de moi le repos ; les idées les plus funestes se présentèrent à mon imagination. Je ne sais si l'on doit croire aux pressentimens : c'est une chimère peut-être que la philosophie a détruite avec bien d'autres préjugés. Je n'entreprendrai pas de disserter sur ce sujet ; je dirai simplement ce que j'ai éprouvé. Je crus me voir sur le bord de la mer, où j'apperçus le sauvage avec sa femme gâgnant le large avec sa pirogue. Mon imagination étoit si fortement frappée de cet objet, que je croyois l'avoir devant les yeux ; il m'échappa un cri perçant qui réveilla mes compagnons ; ils me tirèrent, en m'interrogeant, de l'espece d'extase dans laquelle j'étois. Je leur dis ce qui m'occupoit, ils se moquèrent de mes terreurs. Leurs discours, leurs railleries, me firent croire qu'en effet j'avois rêvé ; j'étois trop éloigné du rivage pour pouvoir facilement y voir ce que j'imaginois avoir vu. Je finis par rire, comme les autres, de ce qui venoit de se passer. Ils ne tardèrent pas à se rendormir : moi-même je me laissai aller à un sommeil profond, & ce ne fut qu'à minuit que je me réveillai en sursaut, avec la même idée dont je m'étois moqué quelques heures auparavant.

Mes inquiétudes furent alors plus vives ; je

ne pus réfister à l'envie d'aller voir ce qui se passoit sur le bord de la mer. Je me lève seul, sans rien dire, sans réveiller personne ; je marche d'un pas chancelant sur le rivage ; le ciel étoit serein, la lune répandoit une clarté vive que rien n'interceptoit ; elle aide mes yeux, je les porte vers l'endroit où devoit être la pirogue ; je ne l'apperçois plus ; je cherche, je regarde de tous côtés... Elle étoit disparue. J'appelle le sauvage : personne ne répond. Mes compagnons éveillés par mes cris, accoururent sur le bord de la mer ; je n'ai pas besoin de les informer de ce qui se passe, ils poussent des plaintes douloureuses ; ils gémissent d'avoir retenu mon bras, lorsque j'allois la veille prévenir les desseins du perfide : mais de quoi servent les regrets, lorsque le mal est fait, & qu'il est irréparable ?

Nous voilà donc une seconde fois seuls dans une île déserte, sans secours, sans alimens, sans armes, sans moyens pour nous en procurer. Nous n'avions que les vêtemens qui étoient sur nos corps & nos couvertures ; nos fusils, nos effets étoient dans la pirogue, nos épées même que nous emportions ordinairement avec nous, y étoient restées ce jour-là. Toutes nos armes offensives & défensives consistoient dans un mauvais couteau qui se trouva par hasard dans ma poche, & j'étois le seul de la troupe qui en eût un. L'île ne produisoit aucune racine, aucun fruit que nous puissions manger, la mer n'y jetoit aucun coquillage. Quelle situation affreuse! Quelle espérance nous restoit-il? Et comment se soutenir par le courage avec tant de raison de le perdre?

Dès que le jour commença à paroître, nous ramassâmes nos couvertures, qui étoient l'unique bien qui nous restoit; nous nous rendîmes sur le rivage, dans l'espérance incertaine d'y trouver quelques huîtres pour soulager notre faim. Nos recherches furent inutiles, nous marchâmes pendant près de deux heures sans appercevoir le moindre aliment, ni même une goutte d'eau potable.

Nous arrivâmes enfin au bout de cette île stérile; de-là, nous en découvrîmes une autre qui n'étoit séparée de celle où nous étions que par un trajet d'eau d'un demi-quart de lieue; nous y avions passé un jour & une nuit avec le sauvage. Je me rappelai que nous y avions trouvé d'excellens coquillages & de la bonne eau. Combien nous regrettâmes de n'avoir pas été plutôt abandonnés sur celle-là! Nous y aurions du moins vécu. Cette réflexion ajoutoit à notre douleur. Nous nous assîmes sur le sable, en contemplant d'un œil avide cette île desirée & en gémissant de la stérilité de la nôtre.

Après nous être reposés quelque tems, nous

sentant pressés par la faim, nous délibérâmes s'il falloit hasarder de traverser le bras de mer qui séparoit les deux îles : nous devions nous attendre à mourir si nous ne le tentions pas. Personne n'hésita, mais lorsque nous allions l'entreprendre, nous fûmes arrêtés par une réflexion qui ne s'étoit pas encore présentée. Nous avions avec nous madame Lacouture & son fils : comment pourroient-ils nous suivre ? Ce passage n'étonnoit pas des hommes accoutumés à l'eau ; mais comment une femme & un enfant l'entreprendroient-ils sans danger ? Nous voyions déjà M. Lacouture inquiet, mesurant des yeux le canal, & songeant au moyen de conduire sûrement deux personnes qui lui étoient si chères. L'humanité ne nous permettoit pas de les laisser derrière nous. Nous offrîmes de nous relayer successivement pour leur donner la main à tous les deux, tandis que mon nègre qui étoit le plus petit de la troupe, marcheroit devant, sonderoit le terrein, & nous avertiroit des endroits où il ne seroit pas uni.

Je pris la main de madame Lacouture. M. Desclau prit celle du jeune homme : le mari fit deux paquets de nos couvertures & d'une partie de nos habits que nous quittâmes, en chargea un sur la tête de mon nègre, garda l'autre, & nous nous mîmes en route. Heureusement le fond étoit assez solide & assez égal ; l'eau, dans sa plus grande profondeur, ne nous alloit que jusqu'à l'estomac. Nous marchâmes avec lenteur, & nous arrivâmes à l'autre bord. Madame Lacouture, pendant cette traversée pénible, montra un courage & une vigueur qui me surprirent ; elle les conserva dans toutes les circonstances, & on ne peut pas dire que sa compagnie fut inutile ni embarrassante.

Parvenus enfin à cette île où nous espérions trouver des alimens, nous éprouvâmes une autre incommodité qui pensa nous être funeste. Nous avions passé une heure & demie dans l'eau, le froid nous saisit aussi-tôt que nous en fûmes sortis ; il nous étoit impossible de faire du feu pour nous sécher & pour nous réchauffer ; nous n'avions aucun instrument pour cela. Il n'y avoit pas une seule pierre dans cette île, ni dans toutes celles où nous nous étions arrêtés.

Nous sentîmes vivement la privation du feu ; c'est en nous donnant du mouvement, en nous agitant sans cesse, que nous parvînmes à nous échauffer ; nous marchâmes, pour cet effet, pendant quelques heures, en cherchant des huîtres que nous dévorions à mesure que nous en rencontrions. Dès que nous fûmes rassasiés, nous en fîmes une petite provision que nous portâmes auprès d'une source d'eau douce où nous nous établîmes. Nous nous y reposâmes. Le soleil qui étoit fort chaud, nous permit de rester quelque tems assis sans souffrir du froid que nous craignions d'éprouver; il sécha nos habits mouillés, sans quoi leur humidité nous auroit prodigieusement incommodés pendant la nuit. Cela n'empêcha pas que nous ne la passassions d'une manière très-désagréable; le froid nous réveilla plusieurs fois, & nous n'eûmes pas d'autre parti à prendre pour l'éloigner, que celui de nous lever & de nous promener.

Le lendemain il fit un vent de sud & de sud-est, qui contribua à nous échauffer : nous allâmes chercher des coquillages vers le bord de la mer; elle n'étoit point baissée, & nous n'en trouvâmes point; nous fûmes forcés de nous en tenir à ceux que nous avions amassés la veille : nous eûmes occasion de remarquer que lorsque le vent venoit du même côté, la mer ne se retiroit point, & qu'il falloit se précautionner d'avance pour des provisions, & les faire toujours avant l'heure de la marée. Nous n'acquîmes cette connoissance qu'à nos dépens, après avoir resté quelquefois sans vivres; nous étions obligés de chercher parmi les herbes & les racines, celles que nous croyions pouvoir suppléer aux coquillages : nous ne pûmes faire usage que d'une plante qu'on appelle la petite vinette, & qui est une espèce d'oseille sauvage.

Je ne m'arrêterai pas sur ce que nous fîmes pendant les dix premiers jours qui s'écoulèrent depuis celui où Antonio nous avoit abandonnés. Nous eûmes beaucoup à souffrir du froid pendant la fraîcheur des nuits, & quelquefois de la faim; nous passions les journées entières à chercher de quoi fournir à notre subsistance, à pleurer sur nos infortunes, & à demander au ciel de daigner y mettre un terme. Notre état étoit toujours le même, & nos peines, nos plaintes, nos inquiétudes ne vous présenteroient que des détails monotones sur lesquels il est inutile de m'appésantir.

Le 22 Mars ou environ, car je ne puis vous répondre de l'exactitude des dates qui vont suivre, pendant que nous continuions nos gémissemens ordinaires, & que nous rêvions aux moyens de quitter ce triste séjour, nous nous rappelâmes que dans une île voisine, où notre sauvage nous avoit menés, il y avoit une vieille pirogue qu'on avoit abandonnée sur la côte. Nous imaginâmes qu'il ne seroit peut-être pas impossible de la raccommoder & de nous en servir pour traverser le bras de mer qui nous séparoit de la terre ferme. Cette idée nous séduisit; l'espoir qu'elle nous inspira pouvoit être chimérique, mais nous nous y livrâmes avec autant d'ardeur que si nous eussions été certains de sa réalité. Les malheureux ne sont pas difficiles en espérances; ils ne voient dans tous les projets qu'ils font que le terme de leurs maux : c'est à ce point que se terminent toutes leurs combinaisons. Les circonstances qui peuvent les empêcher d'y arriver, les obstacles inévitables qu'ils trouveront souvent devant eux, ne se présentent que foiblement à leur imagination; leur esprit les rejette avec effroi, & refuse de les examiner, de peur qu'ils ne lui fassent perdre l'idée flatteuse qui les console.

Nous raisonnâmes donc, M. Desclau, M. Lacouture & moi, sur les moyens de nous rendre auprès de cette vieille pirogue. Nous nous orientâmes du mieux que nous pûmes; nous évaluâmes le chemin que nous aurions à faire pour arriver à cette île ; nous conjecturâmes que nous n'en étions qu'à quatre ou cinq lieues, & effectivement nous ne nous trompions pas. Nous ne nous dissimulâmes point les difficultés que nous rencontrerions dans ce voyage; nous nous attendîmes à trouver des rivières & un bras de mer à traverser; mais cela ne nous rebuta point. Nous résolûmes de tenter l'entreprise, sûrs de l'exécuter, pourvu qu'elle fût posfible. Dès le même jour nous nous mîmes en marche; nous ne voulûmes point conduire avec nous Madame Lacouture & son fils: l'un & l'autre n'auroient fait que nous retarder; ils ne pouvoient supporter comme nous la peine & la fatigue; nous aurions été obligés peut-être de les laisser derrière nous sur le bord de quelque rivière où nous n'aurions pas trouvé de gué, & qu'il auroit fallu absolument passer à la nage. Madame Lacouture sentit ces raisons; elle consentit à nous attendre avec son fils; je leur laissai mon nègre pour les servir, & nous partîmes, après leur avoir promis de revenir incessamment avec la pirogue, si nous la raccommodions, & sans elle, si elle ne pouvoit nous être utile, ou si nous ne pouvions la trouver.

Le projet que nous avions formé étoit notre unique espoir & notre seule ressource; nous nous en entretînmes pendant notre route; nous en parlions comme d'une chose dont l'exécution étoit sûre; cela ranimoit notre courage, nous donnoit une nouvelle vigueur, & nous faisoit trouver le chemin moins long. Dans tous les états de la vie, dans toutes les circonstances, les hommes se bercent de chimères: on en voit quitter les plaisirs réels dont ils jouissent, pour en imaginer de nouveaux & s'amuser de l'illusion: c'est pour les infortunés qu'elle est réellement

un

un bonheur ; tant qu'elle les occupe, le sentiment de leurs peines les affecte moins vivement, ils les oublient pour ainsi dire.

Nous arrivâmes enfin, après trois heures & demie de marche, à l'extrémité de notre île. Nous n'avions point rencontré de rivières assez larges pour nous arrêter long-tems ; celles que nous vîmes n'auroient passé que pour de foibles ruisseaux en Europe ; il ne nous fut pas difficile de les traverser. Nous trouvâmes au bout de l'île une espèce de canal d'un quart de lieue, qui nous séparoit de celle où nous dirigions nos pas : cette étendue d'eau à traverser nous causa quelque effroi ; nous la mesurions des yeux avec une certaine inquiétude ; le desir de nous procurer une voiture, l'ardeur avec laquelle nous nous occupions à sortir de notre misère, soutinrent notre résolution. Nous nous assîmes pendant une heure pour nous reposer ; nous avions besoin de toutes nos forces pour réussir dans le trajet que nous allions entreprendre ; nous ignorions si le canal seroit partout guéable ; nous tremblions qu'il ne le fût pas, & que l'espace que nous aurions à traverser à la nage, ne fût trop considérable pour nos forces ; cette idée nous retint encore en suspens pendant une demi-heure ; enfin nous résolûmes de tout risquer. Avant d'entrer dans l'eau, nous nous jetâmes à genoux; nous adreſſâmes au ciel une prière courte, mais fervente, dans laquelle nous lui demandions ſon appui. Des infortunes auſſi longues que les nôtres, les périls ſans ceſſe renaiſſans auxquels nous étions expoſés, nous avoient fait ſentir plus que jamais le beſoin d'un ſecours ſurnaturel, & la néceſſité de recourir à Dieu. Après avoir rempli ce devoir, nous nous jetâmes dans l'eau, en nous confiant à la Providence; ce fut elle qui nous ſoutint & qui nous empêcha de périr dans cette traverſée.

Le terrein ſur lequel nous marchions étoit très-inégal; nous ne faiſions, pour ainſi dire, que monter & deſcendre : nous n'étions pas à cent pas du bord, que nous perdîmes tout-à-coup le gué; nous plongeâmes malgré nous; ce contre-tems nous étourdit, il nous fit preſque prendre la réſolution de revenir ſur nos pas : nous avancions cependant à la nage; nous trouvâmes bientôt le fond, & nous nous apperçûmes que ce qui nous avoit ſi fort effrayés, étoit un trou dans lequel nous étions tombés, & que nous aurions évité ſi nous nous étions écartés de dix ou douze pas. Nous fîmes notre route ſans accident, trouvant tantôt plus d'eau, tantôt moins, & en ayant quelquefois juſqu'au menton.

Nous n'en pouvions plus lorſque nous arrivâmes à l'autre bord; nous fûmes contraints de nous jeter par terre, & de nous y repoſer, en attendant que nous euſſions aſſez de forces pour pouvoir aller plus loin. Le tems, heureuſement pour nous, étoit très-ſerein, aucun nuage ne cachoit le ſoleil; ſes rayons qui dardoient à plomb ſur nous, nous garantirent du froid, dont nous n'aurions pu nous défendre ſans ce ſecours, & ſéchèrent nos habits & nos couvertures que nous avions apportés avec nous.

Dès que nous fûmes repoſés pendant quelque tems, nous ramaſsâmes des coquillages que le haſard nous préſenta, & qui réparèrent nos forces. Nous rencontrâmes à peu de diſtance une eſpèce de puits, dans lequel nous trouvâmes de l'eau douce qui ſervit à nous déſaltérer. Nous marchâmes enſuite vers la côte où devoit être la pirogue; nous ne tardâmes pas à la découvrir; perſonne ne pouvoit nous en diſputer la poſſeſſion. Nous l'examinâmes en arrivant d'un œil avide & curieux; elle étoit dans l'état le plus déplorable. Au premier aſpect, il nous parut impoſſible de la rendre jamais capable de quelque uſage. Nous ne nous en tînmes cependant pas à ce premier examen; il eût été affreux pour nous d'avoir fait un voyage auſſi pénible & auſſi long, dans cette eſpérance, pour la voir enſuite trompée. Nous la retournâmes de tous les côtés, nous en sondâmes toutes les parties, & je reconnus que tous nos efforts seroient inutiles. M. Desclau & M. Lacouture n'en jugèrent pas comme moi; je me rendis à leur raisonnement : après tout, il n'y avoit aucun risque à essayer de la raccommoder; ce ne seroit que du tems & de la peine perdus. Nous étions accoutumés à la peine; & quant au tems, à quelle autre chose pouvions-nous l'employer? Cette occupation pouvoit d'ailleurs nous distraire, nourrir un foible reste d'espérance, & tout cela étoit précieux dans une situation aussi fâcheuse que la nôtre.

Nous nous mîmes sur le champ à cet ouvrage; nous ramassâmes des gaules & une certaine herbe qui croît au haut des arbres, & que l'on appelle *Barbe espagnole* ; c'étoient les matériaux que nous devions employer pour radouber notre frêle bâtiment. Ce soin nous occupa le reste de la journée : nous fûmes enfin obligés de quitter ce travail de bonne heure pour chercher des alimens, & heureusement nous n'en manquâmes pas.

Le soleil venoit de se coucher; un vent frais commençoit à s'élever, & nous menaçoit d'une nuit qui seroit très-froide. Chaque fois que nous nous trouvions dans ces circonstances, nous pleurions amèrement l'impuissance où nous étions de faire du feu : la découverte du moindre caillou auroit été pour nous le tréſor le plus précieux ; mais j'ai déja dit qu'on n'en voyoit aucun dans ces îles. Dans ce moment, je me rappelai que le ſauvage qui nous avoit ſi cruellement trahis, avoit changé la pierre de ſon fuſil le jour qu'il nous avoit fait faire halte dans cette île. Ce ſouvenir fut un trait de lumière qui ramena un léger eſpoir dans mon ame. Je me lève avec une précipitation qui ſurprend mes deux camarades ; je les quitte ſans leur dire où je vais ; je cours avec précipitation vers le lieu où Antonio nous avoit débarqués : il n'étoit pas éloigné. J'y arrive, je reconnois la place où nous avions paſſé la nuit : on y voyoit encore les reſtes des cendres du feu que nous y avions allumé. Je parcours lentement les endroits voiſins ; je cherche avec attention le lieu où le ſauvage avoit changé ſa pierre & jeté la mauvaiſe ; il n'y a pas un coin que je n'examine avec l'attention la plus ſcrupuleuſe, pas un brin d'herbe que je ne ſoulève pour voir ſi elle ne me cache point cette pierre ſi précieuſe : pendant un gros quart d'heure je fais des recherches vaines ; la nuit approche ; je ne jouis plus que d'un foible crépuſcule, à l'aide duquel je diſcerne à peine les objets. Je renonçois déjà à mon eſpérance, & je me diſpoſois à rejoindre mes compagnons, plus triſte & plus affligé que je ne l'étois en les quittant, lorſque je ſens ſous mes pieds nuds, car j'avois quitté mes souliers qui ne pouvoient plus être d'aucun usage, je sens, dis-je, un corps dur; je m'arrête avec un secret frémissement, partagé entre la crainte & l'espérance : je me baisse, je porte une main tremblante sous mon pied que je n'avois osé déranger, de peur de perdre le corps qu'il couvroit; je le saisis : c'étoit en effet la pierre à fusil que je cherchois; je la reconnois avec une joie qu'il me seroit difficile de vous exprimer, & qui vous surprendra sans doute, ainsi que ceux qui n'ont pas été dans ma situation, & qui, dans cette vieille pierre, ne verront qu'un misérable caillou. O mon ami ! puissiez-vous ignorer toujours ce que c'est que le besoin, le malheur qui empêche de le satisfaire; & quelle importance & quel prix il attache aux choses les plus viles à nos yeux.

Transporté de joie, je courus à mes compagnons : bonne nouvelle, m'écriai-je de fort loin, & avant même qu'ils pussent m'entendre : je l'ai trouvée, je l'ai trouvée. Ils accoururent à mes cris, & m'en demandèrent la cause. Je leur montrai ma pierre à fusil; je leur dis de cueillir du bois sec; je tirai mon couteau, le seul instrument de fer que nous possédions; je déchirai mes manchettes qui me servirent d'amadou, & je parvins à allumer un grand feu qui nous défendit contre la fraîcheur de la nuit, & reposa, en les échauffant, nos membres fatigués. Que cette nuit nous parut délicieuse en comparaison de celles que nous avions passées précédemment? Avec quelle volupté nous nous étendîmes autour de notre feu! Que notre sommeil fut long & paisible! Les rayons du soleil, en tombant sur nous à son lever, occasionnèrent seuls notre réveil.

Il est inutile de vous dire avec quel soin je serrai cette pierre véritablement précieuse; la crainte de la perdre & d'être privé de ce secours, vous garantit les précautions que je pris; je n'en négligeai aucune: je ne voulus jamais m'en séparer; elle resta enveloppée dans deux mouchoirs que j'attachai à mon cou, & encore ne pus-je m'empêcher plusieurs fois d'interrompre mon ouvrage pour y porter la main, & tâter si elle y étoit encore.

Nous passâmes le second jour de notre arrivée dans cette île, à continuer nos travaux pour réparer la pirogue; nous la cintrâmes avec une de nos couvertures que nous sacrifiâmes à cet objet: nous achevâmes notre ouvrage au moment où le jour finissoit, & nous passâmes une seconde nuit avec l'espoir de ne pas voir notre peine inutile: le desir d'en faire l'épreuve nous éveilla de bonne heure: nous n'eûmes rien de plus pressé que de mettre notre pirogue à l'eau; tout ce que nous avions fait ne l'avoit pas rendue meilleure; il étoit impoſſible de s'y expoſer ſans danger. M. Lacouture jugea encore qu'on la remettroit peut-être en état, en employant deux autres couvertures. Il ſe propoſa de la conduire dans l'île où nous avions laiſſé ſa femme & ſon fils. M. Deſclau & moi, nous ſongeâmes à chercher les moyens de rejoindre celle du ſauvage où étoient nos huit matelots, dans l'eſpérance d'y retrouver Antonio, & de le forcer à nous mener aux Appalaches, ou à nous ôter la vie. Nous promîmes à M. Lacouture de ne point l'abandonner ſi nous réuſſiſſions, & de lui envoyer des ſecours prompts, ou de le rejoindre ſi nous ne venions pas à bout de notre deſſein. No. lui fîmes nos adieux, & nous gagnâmes l'autre extrémité de l'île; mais nous ne fîmes encore que nous fatiguer inutilement par ce voyage : nous n'apperçûmes aucun paſſage qu'il fût prudent & même poſſible de tenter. Un canal d'une lieue nous retenoit loin de l'île d'Antonio : un pareil trajet n'étoit point praticable à deux hommes ſeuls, qui n'avoient d'autre ſecours que celui qu'ils pouvoient tirer de leurs bras & de leurs jambes.

Nous revînmes ſur nos pas; nous ne trouvâmes plus M. Lacouture ſur la côte où nous l'avions laiſſé; il en étoit déjà parti avec ſa pirogue pour ſe rendre auprès de ſa femme; il avoit côtoyé le rivage, & nous reprîmes le chemin que nous avions fait lorsque nous étions venus. Nous n'arrivâmes que sur le soir au bord du canal qui nous restoit à traverser : nous attendîmes le lendemain pour entreprendre ce passage : notre lassitude ne nous auroit, sans doute, pas permis de l'exécuter avec succès. Les alarmes que nous avions eues la première fois, se représentèrent à notre souvenir, & nous ne jugeâmes pas à propos de nous y exposer pendant la nuit. L'infortune rend l'homme extrêmement timide ; en vain dans certains momens il appelle la mort qu'il regarde comme son asyle & le terme de tous ses maux : dès qu'elle s'approche, il fait tous ses efforts pour l'éloigner.

Le lendemain nous repassâmes le canal avec autant de bonheur que la première fois, & avec moins de risques. Nous arrivâmes auprès de madame Lacouture, qui n'avoit pas passé le tems de notre absence sans inquiétude sur notre sort & sur notre retour : nous trouvâmes son mari auprès d'elle ; il étoit arrivé la veille avec la pirogue qu'il avoit amenée heureusement ; mais ce voyage, quelque court qu'il eût été, n'avoit pas laissé de l'endommager beaucoup. Le travail que nous y avions fait n'avoit aucune solidité ; la plupart de ses parties s'étoient déjointes, & ouvroient de tous côtés des passages à l'eau. Ce peu de succès nous découragea d'abord, & nous fit renoncer à l'idée d'y travailler encore. Nous passâmes le reste de cette journée à nous reposer. Notre retour avec ma pierre à fusil fut un bonheur pour madame Lacouture, qui depuis si long-tems avoit été privée du feu. Nous en allumâmes un qui lui donna de nouvelles forces.

Les huîtres & les racines avoient fait jusqu'à ce moment notre unique nourriture, & quelquefois nous n'en avions pas une quantité suffisante. La providence nous en fournit ce jour-là d'une autre espèce. J'avois quitté mes compagnons pour me promener sur la côte : les réflexions déchirantes qui m'occupoient, m'empêchèrent de m'appercevoir que je m'en écartois beaucoup ; elles me menèrent loin & long-tems. Un chevreuil mort que je rencontrai devant mes pas, me retira de ma rêverie : je l'examinai & le tournai de tous les côtés ; il étoit encore assez frais : il me parut avoir été blessé, & s'être sauvé à la nage jusques dans ce lieu, où la perte de son sang, la douleur que devoit lui avoir causé sa blessure, l'avoient sans doute forcé de s'arrêter, & où il étoit mort ensuite. Je le regardai comme un présent du ciel, & le chargeant avec peine sur mes épaules, je revins auprès de mes compagnons, que je ne retrouvai qu'après environ une heure de marche.

Tout notre monde fut surpris de mon heureuse découverte, & en remercia le ciel. Nous avions besoin d'une nourriture plus solide que celle dont nous usions tous les jours. Nous nous préparâmes à faire le meilleur repas que nous eussions fait depuis long-tems. Nous nous empressâmes tous autour de notre chevreuil, que nous eûmes bientôt écorché & dépecé. Nous en fîmes cuire à notre feu une quantité suffisante pour nous rassasier, & nous passâmes ensuite une nuit paisible.

Le jour suivant, qui étoit, je crois, le 26 Mars, le desir de sortir de cette île nous fit encore courir à notre pirogue, à laquelle nous revenions sans cesse avec une nouvelle ardeur, & que nous n'abandonnions jamais sans un regret mortel. Le peu de succès de notre premier travail ne nous empêcha pas d'en entreprendre un second. Nous nous flattâmes de réussir mieux, & de profiter de l'expérience que pouvoient nous donner les fautes que nous avions faites la première fois. Nous fîmes usage de la même espèce de matériaux que nous avions déjà employés : nous ne nous pressâmes point ; nous mîmes trois jours entiers à cet ouvrage, auquel nous sacrifiâmes encore deux couvertures pour le cintrer. Lorsqu'il fut achevé, nous n'eûmes pas lieu d'en être plus contens. Cette malheureuse pirogue ne pouvoit être un quart d'heure sur l'eau sans se remplir. Cet inconvénient nous désespéroit, & nous n'y trouvions point de remède. Cependant nous n'avions pas d'autre bâtiment pour nous tirer de l'état déplorable auquel nous étions réduits. Empressés d'en sortir, nous fermâmes les yeux sur le danger. Nous n'avions que deux lieues à faire pour arriver à la terre ferme; mais il étoit impossible de nous embarquer tous; c'eût été submerger la pirogue, & la faire enfoncer en y entrant. Nous nous déterminâmes à partir tous trois, M. Lacouture, M. Desclau & moi. Pendant que deux de nous rameroient, le troisième devoit s'occuper sans cesse à tirer l'eau qui entreroit dans le bâtiment. Nos chapeaux devoient servir à ce travail; nous pouvions, par ce moyen, diminuer le danger : il n'en existoit pas moins à la vérité; mais enfin il falloit s'y exposer, s'abandonner à la Providence, & attendre d'elle les secours dont nous avions besoin pour réussir dans ce trajet périlleux.

Cette résolution ayant été prise, nous en remîmes l'exécution au lendemain. Nous employâmes le reste de la journée à faire consentir Madame Lacouture à attendre avec son fils & mon nègre que nous pussions lui envoyer un bateau plus solide, ce qui ne nous seroit pas difficile si nous parvenions à la terre ferme. Ce ne fut pas sans peine que nous vînmes à bout de la consoler & de la déterminer à nous laisser partir sans elle. Je lui promis de lui laisser ma pierre à fusil & mon couteau ; & j'avoue que ce ne fut pas sans quelques regrets que je consentis à céder ces deux meubles qui nous avoient été si utiles, & dont je pouvois avoir besoin moi-même, si je faisois un second naufrage avec la pirogue, ou si j'arrivois dans un lieu désert ; mais il falloit bien qu'elle eût quelque secours.

Dès que nous eûmes appaisé ses regrets, & mis fin à ses lamentations, nous ramassâmes des provisions pour elle & pour nous ; nous en embarquâmes quelques-unes pour nous en servir pendant notre voyage. Enfin le 29 Mars, au lever du soleil, nous entrâmes dans la pirogue : elle étoit à flot ; nous sentions le plancher sur lequel nous étions fléchir sous nos pieds : le poids de trois corps tels que les nôtres la fit un peu enfoncer, & nous vîmes bientôt l'eau qui la gagnoit. Cet aspect m'ôta toute espérance ; je ne pus me défendre d'un secret frémissement : la terreur la plus profonde s'empara de mon ame ; il me fut impossible d'y résister ; je voyois déjà la mort devant moi ; je ne voulus plus risquer le trajet : je sortis avec précipitation de la pirogue. Non mes amis, m'écriai-je en me tournant vers M. Lacouture & M. Desclau, non, nous ne pouvons entreprendre ce voyage; nous ne ferons pas un quart de lieue avec ce bâtiment; il s'enfoncera avant ce tems, & nous laissera au milieu d'une mer inconnue, & loin de toute île où nous puissions nous réfugier. Restons dans celle où nous sommes ; attendons-y les secours du ciel, ou la mort, mais n'en précipitons pas l'instant : il mettra fin à nos longues souffrances, & notre patience & notre résignation nous mériteront peut-être bientôt ce bienfait.

J'avois sauté sur le rivage en disant ces mots. M. Lacouture me pressoit de revenir, & se moquoit de ma peur. Mes sollicitations, mes raisonnemens ne purent le gagner : il persista dans le dessein de tout risquer, & M. Desclau partit avec lui. Je restai sur le bord, d'où je les regardai avec tristesse : je les vis avancer avec peine, tourner une petite île qui étoit à une portée de fusil de la nôtre, & qui les déroba bientôt à mes yeux : je ne doute point qu'ils n'ayent péri; je n'en ai jamais eu aucune nouvelle, & sans doute leur naufrage ne tarda pas long-tems. Sans l'île qui étoit entre nous, & qui me les cachoit, j'aurois vu la pirogue s'enfoncer, & mes malheureux compagnons s'ensevelir avec elle dans les flots. L'état de ce bâtiment est une preuve à laquelle il n'y a point de réplique à faire; & quelques rapports que j'eus occasion d'entendre, & dont je parlerai dans la suite, ne servirent qu'à m'assurer de leur perte.

Je revins auprès de madame Lacouture, qui ne s'attendoit plus à me revoir : elle n'avoit pas voulu être présente à notre embarquement ; comme elle n'y consentoit qu'avec peine, ce spectacle auroit augmenté sa douleur. Je la trouvai assise auprès du feu, le dos tourné contre le rivage, & pleurant amèrement sur sa situation. Ma présence la ranima. Vous n'êtes donc pas encore partis, me dit-elle ? Ah ! qui vous arrête? Croyant votre départ certain, je cherchois à m'accoutumer à notre séparation : cette idée affligeante commençoit à m'affecter moins, par l'espérance que vous ne m'oublieriez pas ; mais je vous revois, je n'ose me livrer à la joie ; les regrets vont bientôt la faire disparoître, & se renouveler avec plus d'amertume.

Je ne jugeai pas à propos de lui donner de plus vives inquiétudes, en lui disant naturellement la cause de mon retour, & les craintes que je concevois pour nos deux voyageurs, dont l'un étoit son mari. Je lui cachai le péril auquel il étoit exposé; je lui dis simplement que pour surcharger encore moins la pirogue, j'avois préféré de rester avec elle; que M. Lacouture enchanté de ma résolution qui rendoit son voyage moins périlleux, & l'assuroit qu'il laissoit du moins un ami sûr auprès de sa femme & de son fils, avoit continué sa route avec plus de tranquillité, & que je lui avois promis de ne rien épargner pour leur rendre tous les services qui seroient en mon pouvoir. Madame Lacouture me remercia avec la plus vive reconnoissance; ma présence sembloit la consoler & la rassurer tout-à-fait sur l'avenir.

Nous n'étions enfin plus que quatre dans notre île, & j'étois obligé de songer à la conservation & à la subsistance de tous. Madame Lacouture & son fils étoient trop foibles pour m'être d'un grand secours; je n'en tirois guères que de mon nègre; mais c'étoit une espèce de machine organisée, qui n'avoit que des bras & des jambes à employer à notre service; il manquoit à chaque instant de jugement & de prévoyance, & j'étois obligé d'en avoir pour lui comme pour les autres: il ne m'étoit utile que dans les occasions où il falloit agir, & où ses forces m'étoient nécessaires.

Pendant quelques jours que nous passâmes encore dans cette île, les vents de sud & de sud-est sud-est soufflèrent long-tems, & nous furent très-funestes en nous empêchant de trouver des provisions. Nous fûmes obligés de nous restreindre à la vinette, qui faisoit une nourriture très-legère, sans substance, & qui affoiblissoit notre estomac sans le rassasier. Le chevreuil que j'avois trouvé avoit été bientôt dévoré; le hasard qui me l'avoit procuré ne renaissoit plus, & il ne falloit pas compter deux fois sur ses bienfaits. Nos peines enfin augmentoient à chaque instant.

Six jours s'étoient écoulés depuis le départ de M. Lacouture & de M. Desclau : j'avois quelquefois espéré, foiblement à la vérité, de recevoir de leurs nouvelles, & des secours de leur part; mais je n'osai pas m'en flatter. Madame Lacouture elle-même ne comptoit plus sur eux; elle me disoit qu'elle croyoit ne les plus revoir, & que sans doute ils avoient péri. Je ne pouvois calmer ses craintes & ses soupçons, je les éprouvois moi-même, & je connoissois d'ailleurs la fragilité de leur bâtiment. Le mal-aise que je ressentois, mes longues infortunes me donnoient de l'humeur, de l'ennui, du dégoût; & dans cet état j'étois incapable de déguiser ce que je pensois, & d'avoir des ménagemens.

Las de ma situation douloureuse, reconnoissant avec amertume que je ne devois attendre que de moi les moyens de la changer, j'imaginai

T.

de faire un radeau sur lequel nous puissions nous embarquer. Je saisis vivement cette idée, & je regrettai de ne l'avoir pas eue avant le départ de mes deux compagnons ; ils m'auroient secondé dans ce travail plus utile & plus sûr que celui que nous avions fait à cette malheureuse pirogue que nous avions été chercher si loin. Je résolus du moins de ne pas différer l'exécution de ce nouveau dessein, tandis qu'il me restoit encore des forces pour l'entreprendre. J'en fis part à madame Lacouture, qui l'adopta avidement, & qui, surmontant la foiblesse naturelle à son sexe, & que nos malheurs avoient encore augmentée, mit elle-même la main à l'ouvrage : nous nous en occupâmes tous les quatre. Je chargeai le jeune Lacouture de dépouiller quelques arbres de leur écorce, en lui indiquant ceux qui pouvoient nous être plus utiles. Nous nous mîmes, sa mère, mon nègre & moi, à rassembler les plus grosses pièces de bois sec que nous pûmes trouver. Il y en avoit de considérables que nous avions de la peine à remuer, & que nous roulâmes tous les trois avec effort sur le rivage. Nous y en conduisîmes une douzaine ; ce soin nous retint un jour entier à cause de notre foiblesse ; à chaque instant nous étions contraints de nous reposer : après avoir pris haleine pendant quelques momens, nous recommençions à travailler avec une constance que soutenoit seul le desir de sortir du lieu de notre exil.

Nous étions tous extraordinairement fatigués, lorsque la nuit nous força d'interrompre notre besogne. Nous trouvâmes heureusement auprès de notre feu une grande quantité d'huîtres, de palourdes, de lambies & d'autres coquillages que le jeune Lacouture avoit pris sur le bord de la mer, & qu'il y avoit transportés. Ces alimens cruds étoient très-grossiers & très-indigestes; nous imaginâmes de les faire griller sur des charbons: c'étoit la première fois que cette idée nous étoit venue; nous l'essayâmes, & nous nous en trouvâmes bien. Ces sortes de poissons perdirent toute leur mauvaise qualité par la cuisson; ils devinrent plus légers, plus nourrissans, mais ils furent moins agréables au goût: nous ne pouvions les assaisonner; un peu de sel nous auroit suffi, mais nous n'en avions point, & nous ne savions comment en faire. Le radeau qui nous occupoit absolument, ne nous permit pas d'en chercher les moyens. Nous pouvions nous passer de sel, mais nous ne pouvions songer à finir nos jours dans cette île.

Le lendemain nous reprîmes notre ouvrage de la veille : les écorces d'arbres que le jeune Lacouture avoit préparées, me servirent à attacher nos pièces de bois les unes aux autres. Ce lien ne me parut pas suffisant; j'occupai madame Lacouture à couper une de nos couvertures par bandes, qui me servirent à faire un lien plus solide. Mon nègre, pendant ce tems, roula auprès de moi quelques autres pièces de bois moins pesantes, que je joignis à celles qui étoient déjà rassemblées. Mon radeau fut fini à midi. Je pris un morceau de bois que j'assujettis de mon mieux au milieu de mon ouvrage, pour servir de mât; j'y attachai une couverture entière qui devoit nous tenir lieu d'une voile.

Nous défîmes ensuite une partie de nos bas, dont le fil fut employé à faire des cordages pour les haubans, les bras & les écoutes. Tous ces différens travaux nous tinrent le reste de la journée; mais enfin nous les achevâmes. Je me munis d'une dernière pièce de bois de moyenne grosseur, dont je me proposai de me servir comme d'un gouvernail. Résolus de partir le lendemain de grand matin, nous commençâmes tout de suite à faire provision d'huîtres & de racines: nous fûmes assez heureux pour en trouver une quantité prodigieuse, dont nous chargeâmes ce que nous crûmes nécessaire sur notre radeau. Il étoit amarré avec soin dans le sable; la marée montante devoit le mettre à flot: elle commençoit ordinairement à se retirer au point du jour,

& nous comptions en profiter pour partir. En attendant ce moment, nous nous reposâmes auprès de notre feu; nous n'y goûtâmes pas long-tems le sommeil; il survint un orage affreux pendant la nuit. La pluie, la clarté des éclairs, le bruit du tonnerre nous réveillèrent: la mer s'enfla beaucoup; elle s'agita avec la plus grande fureur: nous tremblâmes pour le radeau qui nous avoit donné tant de peine. Hélas! nous ne pûmes point en profiter; les vagues le détachèrent & l'entraînèrent à la mer, après l'avoir mis en pièces. Ce tems affreux dura toute la nuit; il ne cessa qu'au retour du soleil.

Nous étions accourus sur le rivage pour voir si notre machine n'auroit point résisté à la tempête: nous ne la vîmes plus, elle avoit disparu. Le courage nous abandonna: nous passâmes le reste du jour à nous désoler, à nous plaindre, sans songer à rien entreprendre de nouveau. Un autre fléau vint encore nous accabler depuis que nos malheurs avoient commencé, nous n'avions point été malades; notre santé s'étoit conservée, & nous n'éprouvions pas d'autres incommodités que notre foiblesse. Mon nègre, pendant que nous nous affligions, avoit couru la côte pour chercher quelques coquillages: il n'en vit aucun; mais il trouva la tête & la peau d'un marsouin qu'il nous apporta. Le tout nous parut fort corrompu ; mais le besoin écarte la délicatesse, & notre estomac avide demandoit cette nourriture dont la vue étoit si dégoûtante. Nous la mangeâmes toute entière : une heure après nous sentîmes un mal-aise insupportable : notre estomac étoit surchargé, & ne pouvoit se débarrasser de cet horrible aliment. Nous eûmes recours à l'eau, dont heureusement nous ne manquions pas : nous en bûmes beaucoup ; elle ne nous soulagea que par degré. Nous fûmes tous incommodés d'une dyssenterie cruelle, qui nous fatigua pendant cinq jours, & qui mit le fils de madame Lacouture aux portes du tombeau.

L'idée de construire un autre radeau m'étoit venue lorsque j'avois vu le premier emporté ; mais la lassitude me força de renoncer à l'entreprendre sur le champ, & je ne fus pas en état de le faire, tant que dura notre maladie. Elle finit enfin, mais elle nous laissa tous dans une foiblesse extraordinaire. La crainte de la voir augmenter me détermina à m'occuper sur le champ de la construction d'un nouveau radeau : il ne falloit pas attendre que l'épuisement total de mes forces me mît dans la nécessité de renoncer pour toujours à ce projet. J'exhortai madame Lacouture à me seconder encore ; elle fit comme moi un effort sur elle-même, & nous nous mîmes tous à l'ouvrage, à l'exception de son fils qui étoit très-mal, & dont l'état me causoit les plus vives alarmes.

Nous étions alors au 11 Avril ou environ. Nous travaillâmes sans relâche, & avec autant de promptitude que notre foiblesse, qui étoit extrême, nous le permit. Nous n'eûmes entièrement achevé que le 15 au soir. Les pièces de bois que nous employâmes nous donnèrent beaucoup de peine à rouler; nous étions obligés de les aller chercher au loin : celles qui étoient le plus près de la mer avoient été employées déjà au radeau que nous avions perdu. Nous tremblions à chaque instant que le mauvais tems ne vînt interrompre notre ouvrage, & le détruire avant qu'il fût achevé : nous ne pouvions prendre aucune précaution; il falloit l'exécuter sur le rivage, & dans le lieu le plus près de la mer; afin qu'en montant, elle le mît elle-même à flot : il nous auroit été impossible de l'y mettre nous-mêmes; comment serions-nous venus à bout de le remuer? Le moindre nuage que nous appercevions dans le ciel, le moindre degré de force qu'acquéroit le vent, nous faisoient frémir, & sembloient nous présager une tempête. Nous nous arrêtions alors; nous n'osions poursuivre notre travail, dans la crainte qu'une seconde fois nous ne pussions en profiter.

Nous nous y remettions cependant, mais

c'étoit avec dégoût, avec inquiétude. Nous sacrifiâmes à ce bâtiment le reste de nos couvertures & de nos bas. Si les flots nous l'avoient encore enlevé, il ne nous restoit plus aucune ressource, aucune espérance, & nous n'aurions plus attendu que la mort.

Les craintes ne nous quittèrent point durant la nuit du 15 au 16. La sérénité du ciel nous rassuroit à peine : nous ne dormîmes point ; nous la passâmes à ramasser des provisions pour deux jours en coquillages & en racines, & à les charger sur notre radeau, résolus de partir le lendemain, si nous le possédions encore. Le jour vint enfin ; il nous promettoit un tems favorable. J'allai réveiller le jeune Lacouture pour nous embarquer ; il étoit le seul que la fatigue avoit forcé de se reposer. Je l'appelle, il ne me répond point. Je m'approche de lui pour le réveiller en le secouant ; je le trouve froid comme le marbre, sans mouvement, sans sentiment ; je le crus mort pendant quelques minutes : en passant la main sur son cœur, je sentis qu'il battoit encore. Notre feu étoit presque éteint. Comme nous devions quitter l'île, & que nous ne pensions plus en avoir besoin, nous ne nous étions pas donné la peine de l'entretenir. J'appelai mon nègre pour le ranimer, tandis que je cherchois à réchauffer ce malheureux jeune homme, en lui frottant les bras, les mains & les jambes. Madame Lacouture qui étoit éloignée, arrive dans ce moment. Qui pourroit peindre son état, ses cris, sa douleur, à la vue de son fils expirant ? Elle tomba à côté de lui dans un évanouissement profond qui me fit trembler. Occupé auprès de l'enfant, quel secours pouvois-je donner à la mère ? Je leur partageai mes soins. Celle-ci me sembla dans un état aussi terrible que son fils. Le nègre avoit rallumé le feu. Je lui ordonnai de soutenir le jeune homme, & de le réchauffer par degré. A force de soins & de mouvemens, je fis revenir la mère à elle même. Je m'attachois à la consoler, à lui donner de l'espérance : elle ne m'écoutoit pas. Son fils reprit enfin connoissance ; le froid l'avoit saisi pendant la nuit, & cela, joint à l'épuisement où il étoit, l'avoit plongé dans cette léthargie, qui eût terminé ses jours, si j'avois tardé un instant à le secourir.

Quelle situation étoit alors la mienne ! abandonné dans une île déserte, manquant de tout, au milieu de deux personnes dangereusement malades, ne sachant quel remède leur donner, n'ayant que des huîtres, des poissons, de mauvaises racines & de l'eau à ma portée. Dans quel moment sur-tout étoient-elles tombées dans ce funeste état ? à l'instant où nous nous préparions à quitter cette île, à nous rendre dans un lieu où nous trouverions des hommes & du secours. Il ne fallut plus songer à les embarquer ce jour-là ; la mère & le fils étoient trop foibles. Partir, c'étoit les exposer à une mort certaine. Les laisser, c'étoit une inhumanité dont l'idée seule révoltoit mon cœur, & dont j'étois incapable. Rester moi-même avec eux, c'étoit m'exposer à ne voir jamais la fin de mes peines, à perdre le radeau qui m'avoit tant coûté, à le voir emporter par les flots. Cette dernière idée, que le premier malheur que nous avions éprouvé fortifioit encore, déchiroit mon cœur, & me jetoit dans un désespoir que rien ne pouvoit calmer, & que chaque minute augmentoit. Je ne balançai pas cependant ; je remplis les devoirs que l'humanité m'imposoit : je me résignai à tous les maux qui m'étoient encore préparés ; je les offris au ciel, & j'en attendis ma récompense.

Je courus décharger le radeau des provisions que nous y avions placées. Mon cœur saigna encore à la vue de cet ouvrage qui alloit peut-être encore devenir inutile. Je songeai à l'amarrer de manière qu'il pût résister long-tems à l'impétuosité des flots, s'il survenoit une nouvelle tempête. J'en détachai le mât, les cordages, & tout ce que je ne pouvois plus espérer de recouvrer si je venois à le perdre, & je les mis dans un lieu sûr à l'abri de la fureur de la mer. Je pris la couverture surtout que je portai à nos malades qui avoient besoin de ce meuble. Je passai la journée à leur donner des soulagemens : heureux s'ils pouvoient contribuer à les rétablir, & à lever les obstacles qui s'opposoient à notre départ !

La douleur de madame Lacouture, ses inquiétudes sur son fils, étoient la seule cause de son mal. Je parvins à les dissiper en partie, non pas en lui donnant des espérances que je n'avois pas, car j'étois persuadé que nous perdrions le jeune homme, mais en lui inspirant du courage, & en l'exhortant à la soumission aux volontés du ciel. Je croyois qu'il étoit important de la préparer ainsi par degrés au coup qui devoit la frapper, & que je n'imaginois pas être fort éloigné. En effet le jeune homme étoit dans la position la plus douloureuse; il avoit toute sa connoissance; mais sa foiblesse étoit si grande, qu'il étoit forcé de se tenir couché. Ses membres ne pouvoient soutenir le poids de son corps, & ce n'étoit qu'avec des efforts infinis qu'il se tournoit d'un côté sur l'autre. S'il vouloit changer de place, il étoit obligé de ramper & de se traîner sur le ventre.

Je veillai sans cesse auprès de lui pendant la nuit, lui-même ne ferma pas l'œil : s'il me parloit quelquefois ; c'étoit pour me remercier de mes soins, & pour me témoigner combien il y étoit sensible, & le regret qu'il avoit de retarder notre voyage. Je n'ai rien entendu de plus tendre & de plus touchant que les discours qu'il me tenoit sur ce sujet. Ce jeune homme avoit une sensibilité profonde, un sens & une fermeté qu'on n'a pas ordinairement à cet âge. Il se trouva très-mal vers le point du jour, il n'y avoit presque pas de minutes où je ne m'attendisse à le voir passer : j'avois eu la précaution de tenir sa mère à quelque distance de lui, afin qu'elle ne le vît point expirer, s'il venoit à rendre le dernier soupir. Ce spectacle est toujours affreux pour des étrangers, combien l'auroit-il été pour une mère ! Je n'aurois pas répondu que madame Lacouture eût conservé la fermeté que j'avois tâché de lui inspirer, & je voulois lui dérober au moins cette cruelle image, dont l'effet est souvent moins sensible lorsqu'on ne l'a pas sous les yeux.

Le jeune homme, dans ce moment, me dit avec effort : Pardonnez-moi les inquiétudes & les peines que je vous donne ; je n'attends plus aucun succès de vos soins ; je sens que l'instant de ma mort est proche ; je ne quitterai pas cette île, quand même mes jours se prolongeroient, je ne pourrois vous suivre, mes jambes me refuseroient absolument tout service : arrivé avec vous sur la terre ferme, je n'en ferois pas plus heureux : les endroits habités ne se trouvent pas sur la côte ; comment pourrois-je m'y rendre ? Il me faudroit rester exposé dans les bois aux bêtes farouches, & à des incommodités plus cruelles encore que celles que j'éprouve à présent. M'en croirez-vous, M. Viaud, ajouta-t-il, après un instant de réflexion, partez sans m'attendre, ne vous inquiétez pas de mon sort : il ne peut être long ; profitez de votre radeau; craignez de perdre avec lui l'espérance qui vous reste de vous sauver : emmenez ma mère, ce sera une consolation pour moi ; tant qu'elle sera avec vous, je ne craindrai rien pour elle. Vous laisserez seulement auprès de moi le plus de provisions que vous pourrez ramasser, & j'en ferai usage tant que le ciel me laissera la vie. Si vous arrivez en lieu de sûreté, vous ne m'oublierez point, & vous aurez sans doute l'humanité de revenir ici me porter des secours dont je profiterai si je respire encore, ou me donner la sépulture si vous me trouvez mort. Ne me répondez point, ajouta-t-il, en voyant que j'allois l'interrompre, ce que j'exige est juste : il ne faut pas que l'espérance incertaine de me mettre en état de partir avec vous, vous fasse risquer de périr avec moi : je suis déterminé à périr seul, mais éloignez-vous, sauvez ma mère, & cachez-lui mon état & le conseil que je vous donne.

Je demeurai confondu à ce discours: je n'y répondis point; j'en étois incapable: une foule d'idées confuses se présentèrent à mon imagination, & toutes me disoient que notre salut dépendoit de ce conseil, que la nécessité m'ordonnoit de le suivre. Agité de mille mouvemens de compassion, de douleur & d'incertitude, je me jetai sur le jeune homme que j'embrassai avec tendresse; je mouillai son visage de mes larmes, en vantant son courage, en l'exhortant à le conserver, sans lui parler de mes réflexions, & sans lui dire non plus que je ne pouvois céder à son avis. Il me serra les mains, en me disant de réfléchir à ce qu'il m'avoit proposé.

Je le quittai, & je fus en effet occupé de son discours: je l'admirois; mais je songeois, en frémissant, que c'étoit fait de nous tous, si je balançois à entreprendre un voyage qu'il paroissoit desirer. Cependant l'idée de le laisser me désespéroit; j'aurois pu le porter sur le radeau, & lui faire partager notre fortune pendant la traversée; mais qu'en aurois-je fait quand nous serions arrivés à terre? Il ne pouvoit se remuer; son séjour dans l'île étoit moins dangereux; il n'y avoit point de bêtes féroces contre lesquelles il eût à se défendre. A force de m'arrêter sur cette idée, mon ame s'y accoutuma; & je l'avouerai, elle d'abandonner le jeune Lacouture me parut moins terrible. Mon intérêt, celui de sa mère, notre perte inévitable, me firent penser qu'une nécessité aussi pressante que celle dans laquelle nous étions, me dispensoit de toute espèce de ménagement.

Je dois cependant dire qu'au milieu de ces réflexions, il s'en présentoit d'autres qui rassuroient l'humanité gémissante, d'une résolution qu'elle ne prenoit qu'avec peine. Je pensois que mon voyage seroit court; que j'arriverois promptement dans un lieu habité, où je pourrois prendre un bateau & des hommes pour le venir chercher & le transporter auprès de sa mère. Ce raisonnement étoit hasardé, le succès l'étoit encore davantage; mais le malheur me le fit regarder comme très-solide & très-sensé.

Cependant je ne pus me résoudre à partir de toute la journée. Le soir, le jeune Lacouture me fit des reproches de mes délais. Si votre séjour en ce lieu pouvoit prolonger ma vie, me dit-il, je n'aurois rien à vous opposer; mais vos efforts seront inutiles, je le sens; je puis languir encore un jour ou deux, & pendant ce tems il peut s'élever une autre tempête qui vous privera de votre radeau : vous voudrez alors vous éloigner, & vous n'en aurez plus le pouvoir; vous gémirez d'avoir différé, &

vos regrets seront d'autant plus violens, que ce délai m'aura été inutile : j'aurai péri sous les yeux de ma mère, j'emporterai en mourant l'affreuse assurance qu'elle me suivra bientôt ; je la laisserai dans les pleurs & dans le désespoir; ce lieu cruel qu'elle ne pourra plus quitter, me rappelera sans cesse à son souvenir, & renouvelera la source de ses pleurs. L'absence, l'éloignement, le tems pourroient la consoler. Profitez de cette nuit pour faire vos préparatifs; raccommodez votre bâtiment ; ramassez vos provisions, laissez-m'en une certaine quantité, & partez demain au point du jour : réveillez ma mère au moment du départ; elle croira que je ne suis plus, & que vous voulez l'arracher à ce spectacle funeste; ne la tirez pas de son erreur, partez & consolez-là.

L'état de ce jeune homme, le sang-froid avec lequel il prononçoit ce discours, la nécessité enfin, tout me détermina. Je pris la couverture dont il étoit enveloppé, & je lui donnai à la place une redingotte que je portois par-dessus mon habit. Je me dépouillai encore de ma veste que je lui laissai : j'allai redresser le mât de mon radeau ; j'y attachai la couverture : pendant ce tems, mon nègre fut ramasser des coquillages ; il en trouva beaucoup ; ma cargaison fut bientôt prête ; je l'aidai à
transporter

transporter une quantité suffisante de vivres auprès du jeune Lacouture. Nous séchâmes plusieurs poissons au feu, afin qu'ils pussent se conserver plus long-tems; nous les mîmes à sa portée. Le printems étoit venu, les nuits n'étoient plus aussi fraîches; & le feu lui devenoit moins nécessaire.

Je me reposai quelques heures en attendant celle de mon départ; mais je ne dormis point : je parlai long-tems avec le jeune homme, qui faisoit des efforts continuels sur lui-même, pour me consoler de notre séparation, & pour me recommander sa mère. Une heure avant le jour il tomba dans une nouvelle foiblesse; il perdit la connoissance; je ne pus réussir à le faire revenir : dès cet instant, je le regardai comme un homme mort. Le dirai-je? je vis dans son trépas un bonheur pour lui, & un soulagement pour moi; je l'abandonnois avec moins de regret. Le jour vint, il respiroit encore, mais il ne parloit plus : il me paroissoit dans les douleurs de l'agonie; je ne pensai pas qu'il pût vivre encore une demi-heure. Je mis cependant près de lui le plus d'alimens qu'il me fut possible; je remplis d'eau toutes les écailles des huîtres que nous avions ouvertes, afin qu'il trouvât des secours, s'il reprenoit assez de forces pour pouvoir en profiter; mais je ne l'espérois pas, & en remplissant ce soin, je ne doutois pas qu'il ne fût inutile. Je le recommandai au ciel, & je courus auprès de sa mère que je réveillai avec peine. Ranimez votre courage, Madame, lui dis-je brusquement, le ciel veut que nous nous éloignions; obéissons à ses décrets; hâtons-nous : craignons un délai qui nous seroit sans doute funeste, & qu'il ne seroit plus en notre pouvoir de réparer. Juste ciel! s'écria-t-elle, mon fils est mort... je n'ai déja plus d'époux... j'ai tout perdu.

Elle se tut à ces mots ; elle répandit un torrent de larmes ; je ne m'amusai pas à les essuyer : je la pris dans mes bras, & avec l'aide de mon nègre, je la transportai dans le radeau, sans qu'elle fît la moindre résistance. J'avois craint qu'elle ne demandât à voir son fils : ce mouvement naturel eût pu lui être dangereux, & retarder encore notre départ jusqu'au lendemain. La persuasion où elle étoit qu'il avoit rendu le dernier soupir, l'empêcha d'y songer. De quel secours lui eût-elle été après sa mort? Elle n'avoit pas besoin d'un spectacle de cette espèce, capable de lui ôter les forces qui lui restoient, & qu'il lui étoit important de conserver.

Moi-même, quand nous eûmes gagné le large, je fus persuadé que le jeune homme n'étoit plus. Occupé de ces idées en gouvernant notre bâtiment, j'adressai pour lui mes prières au ciel, & je le conjurai en même tems de nous être plus favorable.

Nous étions partis le 19 Avril, si ma mémoire ne me trompe point. Nous voguâmes vers la terre ferme, sans éprouver le moindre accident, si ce n'est beaucoup de fatigue. Notre navigation dura douze heures, au bout desquelles nous prîmes terre. Notre premier mouvement fut de rendre graces à Dieu de notre heureuse arrivée. Nous abandonnâmes notre radeau, & nous n'emportâmes que nos provisions, notre couverture & les cordages que nous avions faits de nos bas. Nous nous avançâmes dans le pays, que nous trouvâmes impraticable, & presque généralement inondé. Cet inconvénient nous affligea; il nous fit reconnoître que le malheur ne nous quitteroit pas de si-tôt, & qu'il nous accompagneroit encore sur la terre ferme.

Le soleil alloit se coucher; la lassitude que nous éprouvions, la crainte de nous égarer pendant la nuit dans un lieu que nous ne connoissions pas, nous fit songer à chercher un endroit où nous pussions la passer avec le moins d'incommodité. Nous choisîmes un tertre que son élévation mettoit à l'abri de l'humidité. Trois gros arbres qui étoient à peu de distance les uns des autres, & dont les branches épaisses se joignoient, nous servirent de couvert. Je tirai ma pierre à fusil que je n'avois point négligé d'emporter, & j'allumai un grand feu, auprès duquel nous mangeâmes une partie des provisions que nous avions apportées.

Nous nous attendions à reposer tranquillement, & nous en avions un véritable besoin; mais à peine nos yeux furent-ils fermés, que nous entendîmes des hurlemens affreux qui nous réveillèrent, & portèrent l'effroi dans nos ames : c'étoient les cris des bêtes féroces. Nous les entendions de tous côtés : elles sembloient se répondre & nous environner. Nous nous levâmes avec une terreur dont rien ne peut rendre l'idée. Nous nous attendions à chaque minute à voir fondre sur nous ces monstres furieux : nous portions nos regards par-tout où nous entendions leurs hurlemens, qui ne faisoient qu'augmenter. Il sembloit que ces animaux farouches s'approchoient de nous : nous en jugions du moins ainsi par leurs cris, qui, de minute en minute nous paroissoient plus violens & plus forts.

Mon nègre, dans ce moment, ne put résister à sa peur : il courut à l'un des arbres sous lesquels nous étions, & s'élançant avec une rapidité inconcevable, il y grimpa sur le champ, & courut se cacher au sommet. Madame Lacouture l'avoit suivi ; elle le prioit à mains jointes de l'attirer avec lui, & de l'aider à gagner cet asyle. En vain je l'appelois, & lui criois de ne pas s'éloigner du feu, dont les bêtes féroces ne s'approcheroient pas, & que je tâchois d'augmenter en y jetant beaucoup de bois. Elle ne m'écoutoit point ; elle continuoit à pleurer, à supplier mon nègre, que sa propre frayeur rendoit sourd à sa voix. Je tâchois vainement aussi de me faire entendre, & je n'osois courir auprès d'elle pour la ramener ; je craignois de m'écarter du feu qui faisoit ma sûreté. Dans un instant je l'entendis pousser un cri terrible, & crier : au secours, M. Viaud, je suis perdue. Je ne pus me résoudre à l'abandonner ; je saisis un gros tison enflammé, & mon zèle supérieur à mon effroi, me conduisit de son côté. Je la vis accourant de toutes ses forces, & poursuivie par un ours d'une grosseur démesurée, qui s'arrêta à mon aspect. J'avouerai que sa vue me fit frémir. Je m'avançai d'un pas chancelant en lui présentant mon tison. Je joignis madame Lacouture, & je la ramenai à notre brasier, où l'ours ne nous suivit pas. Je le lui fis observer, en lui apprenant que l'on se servoit du feu avec succès pour écarter les monstres des forêts. L'ours qu'elle vit de loin immobile, & nous regardant d'un œil étincelant, la persuada de la vérité de ce que je lui disois, & la rassura.

L'arbre sur lequel étoit monté mon nègre, étoit à quelques pas de nous. Sa terreur ne lui avoit pas permis de choisir : il n'avoit pas même fait attention qu'il y en avoit un beaucoup plus proche. Je l'entendis bientôt pousser à son tour un cri horrible : je portai mes regards de ce côté. Le feu que j'avois allumé étoit très-flamboyant; il m'aida à voir l'ours qui s'étoit dressé contre l'arbre sur lequel s'étoit réfugié ce malheureux, & qui se disposoit à y monter. Je ne savois comment m'y prendre pour le secourir. Je lui criai de monter au sommet de l'arbre, de chercher les branches les plus pliantes, mais qui fussent capables de le soutenir, & où il ne fût pas possible à l'ours de le joindre : car ces animaux guidés par leur instinct, s'attachent, autant qu'il est possible, aux branches les plus grosses, & craignent de se fier à celles qui plient sous leur corps. Je m'avisai en même-tems de lancer de ce côté de gros tisons allumés, pour effrayer l'animal, & l'engager à quitter son entreprise. J'en jetai plusieurs avec tant d'adresse & de bonheur, qu'ils s'arrêtèrent au pied de l'arbre, se croisèrent les uns sur les autres en tombant, & continuèrent d'y brûler comme dans notre feu, qui par le soin que j'avois pris, étoit devenu un bûcher extrêmement ardent. La clarté que jetèrent ces brandons éblouit l'ours, qui redescendit avec précipitation, en prenant le côté du tronc qui leur étoit opposé, & s'éloigna sur le champ.

Il ne fallut pas songer à dormir de toute cette nuit : c'étoit une chose impossible au milieu de ces hurlemens continuels, qui sembloient redoubler de momens en momens. Jamais je n'ai rien entendu de si terrible & de si affreux. Plusieurs ours s'approchèrent encore de nous, & à une distance assez peu éloignée pour que nous pussions les appercevoir à la clarté de notre feu. Nous tremblions que la faim ne les fît s'élancer avidement sur leur proie, à travers les flammes dont nous cherchions à les éblouir & à nous couvrir. Dans notre effroi qui augmentoit sans cesse, nous crûmes voir parmi les monstres qui nous environnoient, des animaux des espèces les plus féroces, de celles même qui sont étrangères à ces climats. Pendant quelques momens la peur anéantit toutes nos facultés & nous retint immobiles. Nous ne sortîmes de cet état qu'à la vue d'un ours qui s'avança davantage ; nous courûmes à notre bûcher ; & quelques brandons enflammés que nous lançâmes de son côté, l'obligèrent de s'éloigner : mais ce ne fut pas sans avoir jeté des cris furieux auxquels tous ces monstres répondirent.

Pour nous débarrasser de la visite que d'autres auroient été tentés de nous faire encore, & de plus près, nous jetâmes beaucoup de tisons à une certaine distance autour de notre grand feu, de manière que nous en étions presque environnés. Cette précaution, en forçant ces animaux à s'écarter loin de nous, les déroboit à notre vue, & diminuoit par-là nos frayeurs; mais nous ne pûmes le faire qu'aux dépens de notre bûcher; le bois qui le composoit étoit presque tout consumé, & nous craignions fort qu'il ne le fût entièrement avant le jour; mais heureusement la nuit étoit plus avancée que nous ne le croyions. Les hurlemens qui nous avoient si fort épouvantés, diminuèrent, s'éloignèrent, & cessèrent enfin aussi-tôt que le jour parut. Les bêtes féroces, à son approche, rentrent dans leurs repaires, pour n'en sortir que lorsque les ténèbres ont pris sa place.

Je profitai de ce moment pour ramasser quelques pièces de bois que je jetai encore dans notre feu. J'appelai ensuite mon nègre, que j'eus bien de la peine à faire descendre de l'arbre où il s'étoit caché, & qui vint enfin plus mort que vif.

Après la fatigue & l'effroi de la nuit, nous ne pouvions nous remettre sur le champ en route; nous avions besoin de repos, & nous le cherchâmes. Notre agitation ne nous permit pas de le trouver facilement; nous sommeillâmes plutôt que nous ne dormîmes jusqu'à midi; alors nous prîmes un léger repas qui consomma le reste de nos provisions. Nous nous mîmes ensuite en route, & nous marchâmes du côté de l'est, dans le dessein de nous rendre à Saint-Marc des Appalaches, espérant de rencontrer dans notre marche quelques sauvages qui daigneroient nous guider, nous fournir des vivres, ou nous donner la mort: nous n'en avions rien de pis à craindre, & nous aurions mieux aimé mourir tout d'un coup, que de vivre comme nous avions vécu; passant de malheurs en malheurs, exposés à périr par la faim, ou sous la dent des monstres.

Nos forces ne nous permirent pas de faire beaucoup de chemin; notre journée se borna à une marche d'une heure & demie: nous nous hâtâmes de faire halte avant l'entier épuisement de nos forces. Encore pleins de l'effroi de la veille, nous voulûns avoir le tems & le courage de faire le plus grand amas de bois. Nous en entassâmes autant que nous le pûmes, dans un lieu situé comme celui où nous nous étions arrêtés la veille. Après avoir préparé notre bûcher, sans y mettre le feu, j'en difpofai douze autres à l'entour, à vingt pas de diftance, & dans un égal éloignement les uns des autres; nous devions, par cette précaution, en être entourés de tous les côtés : elle nous parut la plus fûre pour nous garantir des attaques des bêtes féroces.

La crainte étoit le premier fentiment qui avoit réclamé nos foins : il falloit qu'il fût bien puiffant, puifqu'il étoit fupérieur à notre faim. Nous fongeâmes enfin à chercher de quoi la contenter. Le terrein fur lequel nous étions étoit extrêmement ftérile ; nous n'y voyions ni coquillages, ni racines bonnes à manger : toutes nos perquifitions furent inutiles; nous ne découvrîmes rien qui pût nous fervir d'aliment; trop heureux de trouver une eau bourbeufe, mais douce, & dont nous bûmes beaucoup : ce fut toute la nourriture que nous prîmes ce foir-là.

Dès que la nuit parut, je fis du feu, & j'allumai tous nos bûchers. Je n'avois pas voulu le faire plutôt, parce qu'il nous étoit inutile, & que je voulois ménager le bois que j'avois amaffé avec peine, afin qu'il durât jufqu'au jour. Nous nous couchâmes auffi-tôt, afin de goûter quelques heures de fommeil, avant que les bêtes farouches fe répandiffent dans la plaine, & vinffent nous troubler par leurs hurlemens. Elles ne nous interrompirent en effet qu'à minuit : nous dormîmes très-profondément jusqu'à ce moment ; notre lassitude nous empêcha de les entendre plutôt, & j'en juge ainsi par le bruit effroyable qu'elles faisoient à l'instant de notre réveil : on eût dit que tous les monstres sauvages du nouveau monde s'étoient réunis dans ce désert pour nous épouvanter par leurs cris. Nous les entendions à une distance peu éloignée : il s'embloit qu'ils étoient autour de nous, & que nous n'en étions séparés que par nos feux : c'étoit une barrière que nous nous savions bon gré de leur avoir opposée. Aucun n'en approcha assez près pour se laisser distinguer, & ce fut un bonheur pour nous : car étourdis comme nous l'étions de leurs hurlemens qui les annonçoient en si grand nombre, nous n'aurions pu soutenir leur vue ; un seul que nous aurions apperçu, nous auroit fait craindre l'approche d'un plus grand nombre, & nous aurions succombé à notre effroi.

La constance & la fermeté que j'avois tant de fois admirées dans madame Lacouture pendant le cours de nos malheurs, l'avoient abandonnée; elle fut, ainsi que mon nègre, dans un état affreux; je les vis plus d'une fois prêts à s'évanouir; ma terreur n'étoit assurément pas moindre que la leur; j'osai cependant leur parler pour les rassurer. Hélas! en les exhortant au courage, j'avois perdu le mien; une sueur froide couloit de tout mon corps : j'étois saisi, & le feu auprès duquel j'étois couché, me fut d'un grand secours.

Le jour, en écartant les bêtes féroces, mit fin à nos alarmes; elles avoient suspendu le sentiment de la faim; nous l'éprouvâmes dans sa plus grande violence, aussi-tôt que nos craintes furent dissipées. C'est ainsi que nous souffrions alternativement les maux les plus cruels. Le besoin de manger, l'impossibilité de le satisfaire, sont assurément les plus insupportables. Nous essayâmes de tout ce qui se présentoit à nos yeux; nous ramassions de la terre, nous la portions dans notre bouche, & nous la rejetions aussi-tôt.

Nous ne pensâmes point à nous reposer le matin, comme nous avions fait la veille; nous marchâmes, dans l'espérance de rencontrer quelque chose. Nous goûtâmes de toutes les plantes que la terre produisoit dans ce désert; mais c'étoient des espèces de bruyères, des ronces sans feuilles, dont la tige étoit un bois dur que nos dents avoient de la peine à broyer, & que nous ne pouvions avaler ensuite. Chaque essai que nous faisions avec aussi peu de succès, nous arrachoit des larmes & augmentoit notre désespoir. A une heure après midi, nous nous arrêtâmes, accablés de douleur, & hors d'état de pouvoir aller plus avant. Nous nous couchâmes sur la terre, incertains si nous aurions la faculté de nous relever, attendant la mort, l'appelant par nos cris, & mettant en elle tout notre espoir.

Mon nègre qui étoit aussi foible que nous, ranimé par la fureur du besoin, se lève, & court à un arbre dont les branches étoient peu élevées, & auxquelles il pouvoit atteindre en levant les bras. Il en arrache les feuilles & les dévore avec une avidité qui nous étonne, & qui nous fait imaginer que ces feuilles ont un goût délicieux. L'idée qu'elles peuvent servir de nourriture, leur donne à nos yeux un air appétissant : nous volons après mon nègre, pour partager son triste repas : notre imagination prête à ces feuilles une saveur qu'elles n'ont point; nous ne les mangeons pas, nous les dévorons : ce mets charge notre estomac sans le rassasier. Après en avoir pris beaucoup, nous songeons que la quantité peut nous être nuisible, & nous nous imposons la loi d'être sobres.

Contens de ce repas, que nous supposons nourrissant, nous travaillons à nous mettre en état de passer la nuit; nous ranimons nos forces pour préparer des bûchers comme la veille ; nous nous mettons tous à cet ouvrage; l'abondance de bois sec qui est répandue autour de nous, facilite ce travail ; il est bientôt fini. Nous nous asseyons en attendant l'heure d'y mettre le feu ; mais à peine nous fûmes-nous reposés une heure que nous

nous fentîmes tous très-mal; les feuilles que nous avions mangées, causèrent un ravage affreux dans notre eſtomac. Nous recourûmes à l'eau; nous nous traînâmes avec efforts auprès d'une ſource voiſine, à laquelle nous arrivâmes avec bien des difficultés. A peine eûmes-nous bu, que nous nous ſentîmes extrêmement gonflés : il ſembloit que ces feuilles étoient des éponges. Nous eſſuyâmes un vomiſſement qui nous en débarraſſa par degrés, avec des convulſions horribles, & nous ne les rendîmes pas ſans beaucoup de ſang.

Nous demeurâmes long-tems ſans force & preſque ſans mouvement auprès de cette ſource; croyant toucher à notre dernière heure, incapables de nous en éloigner. Le ſoleil, en ſe couchant, nous laiſſa dans cette ſituation déplorable. La nuit s'avançoit; nous n'avions plus la faculté de nous remuer; nous gémiſſions de ne pouvoir retourner à nos feux pour les allumer; nous nous repréſentions déjà les bêtes féroces fondant ſur nous & nous dévorant. Cette appréhenſion augmentoit encore notre foibleſſe; nous ſoupirions, nous verſions des larmes, nous proférions quelques plaintes; nous n'avions pas la force de pouſſer des cris.

La nuit parut tout-à-fait, & augmenta notre effroi. Nous eſſayâmes de nous traîner encore vers nos bûchers; nous fîmes les plus grands efforts pour y réussir, & nous frémissions des obstacles que nous éprouvions. Nous nous y rendîmes enfin, mais nous étions épuisés. A peine pus-je frapper des coups assez forts sur ma pierre pour en tirer des étincelles; je parvins difficilement à les recevoir sur une manchette que madame Lacouture avoit arrachée de sa chemise; & lorsque je l'eus enfin allumée, je me vis presque sur le point de renoncer à l'espoir de communiquer le feu à quelques morceaux d'écorces sèches & à des feuilles: ni les uns ni les autres, nous ne pouvions souffler pour les enflammer. Ce travail nous tint près d'une demi-heure. Nous jetâmes ces écorces allumées sur notre bois, qui s'enflamma heureusement sans difficulté.

Le bruit affreux que nous avions entendu les nuits précédentes, recommença alors dans l'éloignement. Nous nous félicitions d'être parvenus à faire du feu; nous en sentions la nécessité. Pour nous rassurer tout-à-fait, il falloit allumer les autres bûchers que nous avions dressés autour de nous. Nous fîmes de nouveaux efforts pour cela; nous nous partageâmes cette besogne, & chacun ayant pris deux brandons dans chaque main, alla les jeter dans différens tas de bois, & vint en prendre de nouveaux pour allumer les autres. La peur qui nous animoit, nous donna les forces &

l'activité nécessaires ; nous demeurâmes même moins de tems à cette opération que notre foiblesse ne sembloit en exiger. A peine l'eûmes-nous finie, que les cris que nous avions entendu s'approcher de nous, retentirent de toutes parts, & à une très-petite distance.

Combien alors nous sentîmes-nous heureux d'avoir pu allumer nos feux, & de nous trouver au moins en sûreté sous leur abri ! Nous les avions beaucoup multipliés ce soir-là, & ce soin nous avoit rendus plus tranquilles : il ne nous empêcha cependant pas d'éprouver la plus vive épouvante, elle étoit augmentée par la foiblesse où nous étions, & par le besoin de nourriture. Celle que nous avions prise nous avoit encore plus affoiblis ; elle nous avoit horriblement fatigués. Sur la fin de la nuit, nous nous endormîmes cependant ; ce fut l'épuisement qui en fut sans doute la cause.

Nous ne nous réveillâmes qu'au grand jour, un peu reposés à la vérité, soulagés en partie, mais tourmentés plus vivement par le besoin dévorant de la faim. Nous regardâmes avec un frémissement & un dégoût supérieur encore au besoin, l'arbre dont les feuilles nous avoient semblé si appétissantes la veille, & qui nous avoient mis à deux doigts de la mort. Nous nous levâmes pour continuer notre route, dans l'espoir de faire enfin quelque

quelque découverte plus heureuse qui nous soutînt. Nous fîmes, comme le jour précédent, divers essais de différentes substances, mais avec aussi peu de succès : nous ne rencontrions plus que des arbres & des arbrisseaux qui ne nous fournissoient rien.

La faim cependant devenoit plus vive ; l'espoir de la soulager nous soutenoit à chaque pas, & nous fit continuer notre marche jusqu'à midi. Nos regards erroient autour de nous, & s'élançoient dans le plus grand éloignement sans rien découvrir. Nous étions sur une hauteur d'où nous appercevions de tous côtés un horison immense : à droite étoit la mer ; un bois sur notre gauche qui s'étendoit à perte de vue ; & devant nous, sur le chemin que nous devions prendre, une plaine aride & déserte, où l'œil n'appercevoit que des traces de bêtes féroces, & rien qui pût nous nourrir. Cette perspective nous jeta dans le désespoir le plus amer ; notre ame abattue perdit tout courage ; nous ne songeâmes plus à continuer notre route, puisque nous ne voyions pas à quoi elle devoit aboutir, & qu'il n'y avoit pour nous aucune apparence de consolation ou d'alimens.

Nous descendîmes vers la gauche ; nous dirigeâmes nos pas vers la forêt ; elle n'étoit pas éloignée : son épaisseur nous fit trembler ; les arbres étoient preſſés les uns contre les autres ; on ne pouvoit paſſer entr'eux que dans certains endroits ; le chemin qu'on eût voulu y prendre, y finiſſoit après quelques pas ; & l'on trouvoit d'autres paſſages, dont pluſieurs ramenoient à l'entrée, tandis qu'un plus grand nombre auroit pu conduire le voyageur plus loin dans l'intérieur, où il ſe ſeroit égaré, ſans eſpoir d'en ſortir jamais, & ſûr d'y périr victime de la faim ou des bêtes féroces.

Aucun de ces arbres n'offroit quoi que ce ſoit à nos yeux pour notre ſubſiſtance ; la plupart portoient des feuilles de l'eſpèce de celles qui nous avoient cauſé tant de mal, C'en eſt fait, m'écriai-je avec le ſentiment le plus amer de la douleur ; c'en en fait, il faut mourir ; nous ne pouvons plus ſoutenir notre miſérable vie.

Je me jetai à terre en prononçant ces mots. Madame Lacouture ſe mit à côté de moi : mon nègre ſe plaça à nos pieds, & à quelque diſtance : nous répandions tous des larmes ; nous ne nous regardions pas ; nous obſervions un ſilence farouche ; nous étions enſevelis dans des réflexions funeſtes ; nous nous devinions mutuellement ; nous n'avions pas beſoin de nous communiquer nos penſées ; elles n'avoient que notre affreuſe ſituation pour objet.

Dans ce moment les plus noires idées m'agitoient. Est il quelqu'un, me disois-je, qui jamais se soit vu réduit à la même extrémité que moi ? Quel homme s'est trouvé dans un désert, manquant de tout, & prêt à succomber sous la faim ? Il me vint aussi-tôt à l'esprit les aventures de quelques voyageurs, qui éloignés de leur route par la tempête, retenus dans des mers inconnues par des vents contraires, surpris quelquefois par des calmes, ont vu épuiser leurs provisions, sans pouvoir les renouveler. Je songeai qu'après avoir souffert la faim jusqu'à la dernière extrémité, ces malheureux n'avoient pas eu d'autre ressource que de sacrifier l'un d'eux pour le salut de tous; & que le sort avoit choisi quelquefois la victime qui devoit, en perdant la vie, soûtenir celle de ses compagnons, en leur donnant son corps même pour aliment.

Oserai-je vous l'avouer, mon ami ? Vous allez frémir en lisant ce qui me reste à vous apprendre; mais croyez que votre terreur n'est pas encore égale à la mienne. Voyez à quel excès le désespoir & la faim peuvent nous porter, & plaignez-moi des malheurs auxquels j'ai été exposé.

Lorsque ces aventures terribles se présentèrent à mon imagination, mes yeux égarés tombèrent sur mon nègre : ils s'y arrêtèrent avec une espèce d'avidité. Il se meurt, m'écriai-je avec fureur;

la mort la plus prompte seroit un bienfait pour lui : il va y succomber lentement ; tous les efforts humains sont insuffisans pour l'en garantir ; pourquoi sa mort ne me seroit-elle pas utile ?

Cette réflexion affreuse, je l'avouerai, ne révolta pas mon imagination : ma raison étoit aliénée ; elle éprouvoit la foiblesse de mon corps : la faim me pressoit ; je souffrois des déchiremens cruels dans mes entrailles ; le désir de les appaiser me dominoit tout entier ; les moyens étoient impossibles ; il n'y avoit que celui-là : mon ame troublée étoit incapable de réfléchir & d'examiner ; elle formoit des souhaits horribles & me fournissoit mille sophismes pour les justifier.

Quel mal ferai-je, continuai-je encore ? Il est à moi, je l'ai acheté pour me servir ; quel plus grand service peut-il jamais me rendre ? Madame Lacouture, agitée des mêmes idées funestes, avoit entendu ces derniers mots : elle ignoroit les réflexions qui les avoient amenés, & les raisonnemens qui les avoient précédés ; mais le besoin l'éclairoit : elle m'appela d'une voix foible ; je jetai les yeux sur elle : elle porta les siens sur mon nègre, & me le montrant de la main, elle les retourna sur moi d'une manière terrible, & fit un geste plus expressif encore, & que j'entendis.

Il sembloit que ma fureur attendoit le mo-

*Que fais-tu, ma Sœur ?... que vais-je faire ?
grâce... grâce ou nous payons la vie.*

ment où elle seroit avouée par un conseil : je n'hésitai plus; ravi de la voir penser comme moi, je me crus justifié ; je me lève avec précipitation, & saisissant un bâton noueux dont je me servois, pour m'appuyer dans nos marches, je m'approche du nègre qui étoit assoupi, & je lui en décharge un coup violent sur la tête : il le tira de son assoupissement, & l'étourdit. Ma main tremblante n'osa pas redoubler ; mon cœur frémit ; l'humanité gémissante y poussa un cri qui m'ôta la force de continuer.

Le nègre, revenant à lui, se leva sur ses genoux, joignit les mains, & me regardant d'un air troublé, me dit d'un ton languissant, & avec l'accent de la douleur : *Que fais-tu mon maître ?.... Que t'ai-je fait ?... Grace... grace, grace au moins pour la vie !......*

Je ne pus résister à mon attendrissement ; mes larmes coulèrent ; pendant deux minutes il me fut impossible de répondre & de prendre un parti. Les déchiremens de la faim étouffèrent enfin en moi la voix de la raison : un cri lugubre, un nouveau coup d'œil de ma compagne, me rendirent toute ma fureur. Egaré, hors de moi-même, plein d'un transport inoui, je me jette sur ce malheureux, je le précipite à terre, je pousse des cris pour achever de m'étourdir, & pour m'empêcher d'entendre les siens qui auroient détruit ma cruelle résolution. Je lui lie les mains derrière le dos; j'appelle ma compagne qui vient m'aider dans cette barbare opération: elle appuye un genou sur la tête de l'infortuné, tandis que moi je tire mon couteau.... je l'enfonce de toutes mes forces dans sa gorge, & j'y fais une ouverture très-large, qui le prive sur le champ de la vie.

Il y avoit un arbre renversé auprès de nous; j'y traînai le negre; je l'y plaçai dessus en travers pour faciliter l'écoulement de son sang. Madame Lacouture me prêta encore la main dans cette circonstance.

Ce coup horrible avoit épuisé nos forces & notre fureur: nos yeux se détournèrent avec effroi de ce corps sanglant, qui vivoit le moment d'auparavant: nous frémîmes de ce que nous venions de faire; nous courûmes rapidement à une source voisine, pour y laver nos mains sanglantes, que nous ne regardions plus qu'avec horreur. Nous tombâmes à genoux pour demander pardon au ciel de l'acte d'inhumanité que nous venions de commettre; nous le priâmes aussi pour le malheureux que nous venions d'égorger.

Combien la nature réunit les extrêmes! Que de sentimens opposés nous agitèrent en un instant! La piété succédoit à la férocité: celle-ci reprit bientôt fes droits. La faim preſſante interrompit nos prières. Grand Dieu! nous écriâmes-nous, vous voyez notre ſituation & notre miſère épouvantable!..... C'eſt elle qui a ordonné le meurtre que nos mains ont commis...... Pardonnez à des infortunés, & béniſſez au moins la nourriture affreuſe qu'ils vont prendre ; ne la leur rendez pas funeſte..... elle leur a ſuffiſamment coûté.

A ces mots, nous nous levons, nous allumons un grand feu, nous conſommons enfin notre action inhumaine. Oſerai-je entrer dans ces détails ? ils me révoltent au ſeul ſouvenir. Non, mon ami, je n'ai jamais été barbare...... Je le fus........ Hélas ! je n'étois pas né pour l'être. Vous me connoiſſez aſſez pour que je n'aie pas beſoin d'apologie auprès de vous. Vous devez être mon ſeul lecteur ; & je ſupprimerois cette partie de mon hiſtoire, ſi j'imaginois que j'en euſſe jamais d'autres. Quelle idée ſe formeroient-ils de mon caractère ? De quelles atrocités ne me ſoupçonneroient-ils pas capable ? C'eſt d'après un oubli de ma raiſon, occaſionné par les plus grands malheurs, qu'ils prétendroient peut-être m'apprécier. Peu ſeroient aſſez juſtes pour méditer ſur mes infortunes, & pour ſentir que celles de l'eſpèce des miennes ſont faites pour opérer de grands changemens dans le naturel des hommes.

& que les écarts auxquels elles peuvent les livrer, ne doivent pas leur être imputés à crime.

Auſſi-tôt que notre feu fut prêt, j'allai couper la tête du nègre ; je l'attachai au bout d'un bâton, & la plaçai devant le braſier où j'eus ſoin de la retourner ſouvent pour la faire cuire également. Notre faim ne nous permit point d'attendre que cette cuiſſon fût entière, nous la dévorâmes en peu de tems ; & après nous être raſſaſiés, nous nous arrangeâmes pour paſſer la nuit dans ce lieu, & pour nous couvrir des atteintes des bêtes féroces. Nous nous attendions que leur approche nous empêcheroit de dormir, & nous ne nous trompâmes point. Nous paſſâmes la nuit à dépecer par morceaux la chair de notre nègre, à la faire griller ſur des charbons, à la paſſer à la fumée pour la rendre propre à ſe conſerver. Ce que la faim nous avoit fait ſouffrir, nous faiſoit craindre d'y être expoſés encore, & nous ne pouvions l'éviter qu'en nous aſſurant des proviſions qui puſſent durer long-tems. Nous reſtâmes encore le lendemain & la nuit ſuivante dans le même lieu, pour finir nos préparatifs. Pendant ce tems, nous fûmes très-économes de nos alimens, & nous ne mangeâmes que ce qu'il étoit difficile de conſerver, & que par conſéquent nous ne pouvions pas emporter avec nous. Nous fîmes pluſieurs paquets du reſte que nous enveloppâmes dans des mouchoirs qui nous restoient, dans des morceaux de l'étoffe de nos habits, & nous les attachâmes sur nous avec les cordages de notre radeau.

Le 24 Avril ou environ, nous nous remîmes en chemin ; le séjour que nous avions fait nous avoit reposés ; la nourriture que nous avions prise nous avoit rendu des forces ; sûrs de n'en pas manquer de quelque tems, nous ne craignîmes point de nous engager au milieu du désert qui nous avoit paru si terrible le jour où nous avions donné la mort au nègre. Notre voyage se fit avec lenteur : nous ne nous remîmes pas en route tous deux seuls sans regretter le compagnon qui nous suivoit auparavant, & dont nous portions les tristes restes avec nous. Nous marchâmes plusieurs jours avec beaucoup de fatigue & d'embarras, à travers des joncs voisins de la mer, ou au milieu des ronces, des épines, & d'autres plantes non moins dangereuses, qui nous mettoient les pieds & les jambes en sang.

Cette incommodité, moins terrible que la faim, ne laissa pas de nous retarder souvent. Les piqûres des moustiques, des maringouins, & de la multitude des autres insectes que l'on rencontre sur ces côtes, nous avoient défigurés de manière que nous n'étions plus reconnoisfables. Notre visage, nos mains, nos jambes étoient couverts de ces piqûres, qui les avoient prodigieusement enflés. Pour les éviter, s'il étoit possible, nous nous rendîmes sur le bord de la mer, résolus de le suivre désormais, dans l'espérance d'y faire aussi quelquefois d'heureuses découvertes, qui nous procurant sur le champ quelques vivres, ménageroient ceux que nous portions. Nous ne fûmes point trompés dans cette attente; lorsque la mer étoit basse, & que le tems étoit beau, nous trouvions quelquefois sur le sable de petits coquillages & de petits poissons plats, que nous prenions à l'aide d'un bâton pointu par un bout avec lequel nous les perçions; mais nous n'en avions jamais suffisamment pour nous rassasier, & nous en trouvions encore très-rarement; c'étoit cependant un secours qui n'étoit pas à dédaigner, & que nous recevions de la Providence avec des cœurs touchés & reconnoissans.

Je ne puis vous donner, jour par jour, le détail de cette route pénible que nous suivions avec constance, & dont le terme sembloit s'éloigner. Les joncs dont le bord de la mer étoit couvert dans plusieurs endroits, & à travers desquels nous étions contraints de passer, nous étoient aussi funestes que les ronces que nous avions voulu fuir : ces jons secs & cassés par les vents, nous déchiroient les jambes, & les entamoient de la manière la plus cruelle. Les bêtes féroces nous effrayoient toutes les nuits, & ce que nous trouvions de plus affreux, c'étoit la nécessité de manger souvent de l'horrible mets que nous avions préparé. Notre fureur s'étoit appaisée avec la faim ; la raison avoit repris son empire ; elle frémissoit à l'idée seule d'une nourriture humaine ; nous n'y recourions qu'à l'extrémité, lorsque nous ne trouvions absolument rien, & que la faim renaissante faisoit disparoître le dégoût.

Un soir, comme nous faisions notre halte ordinaire, je me sentis si foible, qu'à peine eus-je la force de ramasser le bois nécessaire pour notre feu ; il me fut impossible de préparer des bûchers autour de notre asyle, comme je le faisois toutes les nuits ; mes jambes prodigieusement enflées ne pouvoient plus me soutenir. J'imaginai de suppléer à ces bûchers, en mettant le feu aux joncs & aux bruyeres : le vent qu'il faisoit ne pouvoit manquer de l'étendre ; cela suffisoit pour écarter les bêtes féroces. Il devoit en résulter un autre avantage pour notre voyage, c'est qu'il dépouilleroit notre chemin de ces joncs incommodes, & que nous pourrions marcher plus facilement sur le rivage en suivant la trace du feu. Effectivement le lendemain le feu nous avoit marqué notre route. Je regrettai de ne m'être pas avisé plutôt de cet expédient qui nous auroit préservés des blessures que nous avions aux jambes, qui nous faisoient beaucoup souffrir, & nous obligeoient de faire de très-petites journées.

Nous trouvâmes aussi sur notre chemin quelques provisions qui nous furent très-agréables : c'étoient deux serpens à sonnettes ; l'un en avoit quatorze, & l'autre vingt-une ; ce qui fait connoître leur âge, si réellement il leur croît une sonnette à la fin de chaque année : ils étoient très-gros ; le feu les avoit surpris pendant leur sommeil, & les avoit étouffés ; ces serpens nous fournirent des alimens frais pour toute cette journée & pour la suivante : nous séchâmes aussi partie de leur chair pour la conserver, & nous la joignîmes aux provisions que nous avions déjà.

Dans le cours de notre voyage, je trouvai encore l'occasion de les augmenter. J'apperçus un matin dans une mare d'eau voisine, un cayman (1) endormi : je m'en approchai pour le reconnoître. La vue de ce monstre ne m'inspira aucune terreur, quoique je susse combien il est dangereux. La seule idée qui se présenta à mon

---

(1) C'est une espèce de Crocodile : celui dont je parle étoit de douze pieds de long.

imagination, fut que fi je pouvois le tuer, ce feroit un fupplément confidérable à nos alimens. J'héfitai un moment à l'attaquer; mais ce ne fut pas la crainte qui m'arrêta, ce fut l'incertitude de la manière dont je devois m'y prendre.

Je m'avançai avec mon bâton qui étoit d'un bois dur & pefant, je lui en déchargeai précipitamment trois coups fur la tête, avec une telle vigueur, que je l'étourdis au point qu'il ne put fe jeter fur moi, ni fuir : il ouvrit feulement une gueule affreufe, dans laquelle j'enfonçai promptement le bout de mon bâton qui formoit une pointe affez aiguë : je trouvai la gorge que je traverfai, & baiffant auffi-tôt l'extrémité de mon arme fur la terre, j'y tins le monftre comme cloué : il faifoit des bonds & des mouvemens fi affreux, que fi mon bâton n'avoit pas été fortement affujetti dans le fable, & à une certaine profondeur, il m'eût été impoffible de contenir cet animal farouche, & j'aurois été la victime de ma témérité.

J'employois toutes mes forces pour le retenir : j'étois dans une pofition fatigante qui ne me permettoit pas de faire d'autre mouvement pour achever de tuer le monftre. J'appelai madame Lacouture, en la priant de venir me fecourir ; mais elle n'ofa pas le faire : elle fut feulement me chercher un morceau de bois de trois ou quatre pieds de long, & me l'apporta. Je m'en servis pour achever d'étourdir l'animal, en le frappant d'une main, & en tenant mon bâton de l'autre. Dès qu'il ne fit presque plus aucun mouvement, ma compagne rassurée prit ma place, & pouvant alors employer mes deux mains, j'achevai de casser la tête au cayman, & je lui coupai la queue.

Ce triomphe me coûta beaucoup de peine, & m'en dédommagea. Nous ne songeâmes point à poursuivre notre route de ce jour-là : nous nous occupâmes à faire un bon repas, & à préparer la chair du cayman, comme nous avions préparé celle de notre nègre : nous la coupâmes par morceaux de la grandeur de la main, afin qu'ils séchassent plus facilement, & nous retinssent moins long-tems. La peau me servit à faire des souliers à la sauvage pour madame Lacouture & pour moi : nous nous enveloppâmes les jambes d'un autre morceau de cette peau qui nous tint lieu de bottines, & nous garantit de la piqûre des insectes qui nous avoient tant fait souffrir, & que leurs aiguillons ne pouvoient pénétrer : d'autres morceaux servirent à couvrir nos mains & notre visage. Nous nous fîmes des espèces de masques, que nous trouvâmes d'abord incommodes, mais qui nous préservant encore des morsures, nous rendirent le plus grand service.

Tels furent les secours différens que nous tirâmes de notre cayman : nous passâmes tout ce jour & la nuit suivante à ces préparatifs : nous ne voulûmes point dormir, & nous renvoyâmes à la nuit suivante le soin de goûter quelque repos : nous craignions d'allonger notre voyage par des séjours : il étoit déjà assez long par les petites journées que nous étions contraints de faire. Le lendemain notre marche fut arrêtée au bout d'une heure, par une rivière qui se jetoit dans la mer : elle étoit peu large, mais son courant étoit très-rapide. J'examinai si nous pourrions la traverser; je me deshabillai & j'allai la sonder : je trouvai des obstacles insurmontables, la profondeur de l'eau qui obligeoit de se mettre à la nage, la force du courant qu'il étoit difficile de couper, & qui, infailliblement, m'auroit entraîné dans la mer. Quand j'aurois pu vaincre ces difficultés, madame Lacouture ne l'auroit pu elle-même. Je revins à terre avec un chagrin inconcevable : il n'y avoit pas d'autre parti à prendre que celui de remonter cette rivière, en suivant le bord, jusqu'à ce que nous trouvassions son cours plus tranquille, ou quelque haut fond qui rendît le trajet plus aisé.

Nous recommençâmes à marcher : deux jours entiers s'écoulèrent, & nous ne vîmes rien qui nous donnât de l'espérance. Plus nous allions, plus la rivière nous paroiſſoit impraticable; nos inquiétudes & notre déſeſpoir augmentèrent; nous déſeſpérions déjà de quitter le pays; nous n'avions rencontré aucun aliment pendant ce tems; nous avions été en conſéquence forcés de recourir au cayman, laiſſant le nègre pour la dernière extrémité: nous tremblions d'épuiſer nos proviſions avant d'être arrivés dans quelque lieu habité, & de ne trouver aucun moyen de les renouveler.

Effrayés du paſſé, incertains de l'avenir, & de la durée de nos infortunes, nous paſſions les heures à eſpérer, à gémir, à déſeſpérer. Enſuite la vue d'une rivière toujours rapide ajoutoit à notre laſſitude, l'impoſſibilité de la traverſer, la néceſſité de marcher encore, ſans ſavoir quand nous trouverions un lieu favorable, nous ôtoient le courage.

Sur la fin du ſecond jour que nous ſuivions cette rivière, je tournai ſur le bord avec mon bâton, une tortue qui pouvoit peſer environ dix livres. Cette nouvelle reſſource que la providence nous envoyoit, ſuspendit les murmures qui nous échappoient à chaque inſtant, & les changea en actions de graces. Nous avions vu auparavant une groſſe poule d'Inde qui venoit boire tous les ſoirs & tous les matins à notre vue, & qui paroiſſoit avoir ſon nid dans les environs;

environs; mais nous le cherchâmes en vain : l'espoir de trouver un aliment très-sain dans ses œufs, nous avoit fait faire les recherches les plus exactes ; elles ne nous réussirent point : c'étoit un chagrin pour nous, qui ne contribuoit pas peu à nous donner de l'humeur, & à nous faire maudire notre destinée.

La découverte de la tortue nous réconcilia un peu avec la fortune : nous songeâmes à la faire cuire; notre foyer étoit déjà préparé. Quelle fut ma consternation, lorsque je ne trouvai plus ma pierre à fusil! Je vidai toutes mes poches, je les retournai; je défis les paquets qui contenoient nos vivres ; je fouillai par-tout avec l'attention la plus scrupuleuse; Madame Lacouture me secondoit; nous ne la trouvâmes point. Quels furent nos regrets! Ils étoient proportionnés au besoin que nous avions de cette pierre, & aux secours que nous en aurions tirés. Jamais perte n'a donné plus de douleur à un homme. Nous regardions cette tortue, que nous avions trouvée avec tant de joie, de l'œil le plus indifférent; nous l'aurions troquée volontiers contre la pierre; nous aurions perdu avec moins de chagrin la moitié des provisions que nous avions. Comment, sans son secours, nous garantir du froid & des attaques des bêtes féroces? Comment cuire nos alimens, nous en procurer, nous mettre à l'abri de l'humidité.

Madame Lacouture n'étoit pas moins affligée que moi. Je songeai que nous n'avions pu perdre cette pierre que dans le lieu où nous avions reposé la nuit précédente, ou sur la route que nous avions faite depuis. Malgré ma foiblesse & ma lassitude, je ne balançai pas un instant à retourner sur mes pas pour la chercher. Je proposai à Madame Lacouture de me suivre ou de m'attendre. Elle fut obligée de se déterminer au dernier parti; elle n'avoit pas assez de forces pour entreprendre de marcher encore. Elle trembloit cependant de rester seule; mais elle ne desiroit pas moins que moi, que nous eussions le bonheur de recouvrer le trésor que nous avions perdu. Elle me fit promettre de ne pas l'abandonner, & de revenir le plutôt qu'il me seroit possible.

Nous avions fait heureusement peu de chemin; une heure & demie avoit été la durée de la course du jour; la nuit étoit encore éloignée. Je retournai sur mes pas, dans le dessein d'être de retour avant les ténèbres; mais la chose me fut impossible: j'étois trop foible pour avancer promptement; je ne faisois d'ailleurs pas un pas, sans regarder si je ne retrouverois pas ma pierre; j'espérois qu'elle auroit été perdue sur le chemin, que je la rencontrerois, fans être obligé d'aller bien loin; mais il fallut pourfuivre jufqu'au lieu où nous nous étions repofés.

J'avois mis beaucoup de tems; la nuit paroiffoit déjà lorfque j'arrivai; je ne diftinguois prefque plus les objets; je cherchai par tout où je remarquai des traces de nos pas: foins inutiles, je ne découvris rien. Je me couchois fur la terre; je paffois mes mains par-tout; elles fuppléoient à mes yeux, dont l'obfcurité ne me permettoit pas de faire ufage.

Las de me fatiguer en vain, je courus au feu que j'avois allumé la nuit précédente, pour voir fi j'y trouverois encore quelque charbon qui me mît en état de le renouveler, & de m'éclairer enfuite dans mes perquifitions. Il étoit abfolument éteint: je n'y vis plus que des cendres, & pas la moindre étincelle.

Accablé de ce nouveau contre-tems, comme fi je n'euffe pas dû m'y attendre, je reftai couché, livré à la douleur la plus profonde, défefpérant de tirer aucun fruit de ma peine, incapable de rejoindre madame Lacouture de cette nuit, & ne fongeant pas même à l'entreprendre. L'idée de repartir fans ma pierre, me défoloit; je refolus d'attendre le jour, pour la chercher de nouveau, efpérant de réuffir enfin à la trouver.

J'allai me jeter sur les tas de fougères, de feuilles & de plantes différentes qui nous avoient servi de lit; je pensai que c'étoit peut-être dans cet endroit que j'avois fait ma perte. Je délibérai un instant si j'attendrois le lendemain pour y faire mes recherches : c'étoit le parti le plus raisonnable. Le grand jour m'étoit absolument nécessaire; je ne devois pas m'attendre à rien trouver dans l'obscurité : j'en étois bien persuadé; mais mon impatience étoit trop vive pour supporter des délais.

Je passai mes mains à plusieurs reprises sur tous les points de la surface de ce lit; elles ne sentirent rien sous elles. Mon premier dessein étoit de me borner à cet essai, & de renvoyer au jour des recherches plus exactes; mais je ne pus résister à mon impatience. Je dérangeai cet amas de plantes, poignée par poignée : il n'y en eut pas une qui ne me passât par les mains. Je les mettois dans un autre endroit après les avoir bien examinées. Je demeurai la plus grande partie de la nuit dans cette occupation; je désespérois déjà de retrouver mon trésor. Toutes ces plantes avoient changé de place. J'étendis mes mains sur le terrein nud qui en étoit auparavant couvert, & elles s'arrêtèrent sur l'objet de mes recherches. Je le saisis avec une joie égale au regret que m'avoit causé sa perte ; je le serrai soigneusement, & je pris toutes sortes de précautions pour n'en être plus privé à l'avenir.

Pendant que j'avois été occupé de ce soin, je n'avois pas été sans inquiétude au sujet des bêtes féroces. Leurs cris s'étoient fait entendre, mais dans un grand éloignement. Je frémis plusieurs fois & pour moi, & pour ma malheureuse compagne qui se trouvoit seule, & dont l'effroi devoit être extrême au milieu de la nuit. Je songeai à me rendre auprès d'elle pour la rassurer, s'il étoit possible ; mais j'avoue que la crainte de faire quelque rencontre dangereuse, me retint long-tems en suspens. Je réfléchis enfin que le soin que nous avions eu de mettre le feu par-tout sur notre route, avoit dû éloigner les monstres, & qu'ils s'étoient retirés, pour le fuir, aux extrémités de ces déserts. En effet, depuis ce tems, ils ne s'étoient jamais approchés des lieux où nous faisions nos haltes, & nous n'avions plus entendu leurs hurlemens que dans un certain éloignement, qui diminuoit de beaucoup nos terreurs. Je me persuadai enfin que je n'en rencontrerois aucun, & je me mis en route ; mais ce ne fut pas sans frémir, & sans être plusieurs fois sur le point de m'arrêter & de faire du feu pour me rassurer.

Je poursuivis cependant mon chemin ; la crainte me donna des aîles, & malgré ma foiblesse, j'arrivai encore auprès de madame Lacouture environ deux heures avant le jour. Je faillis à la manquer & à m'écarter beaucoup de l'endroit où je l'avois laissée : l'obscurité, la peur m'empêchoient de reconnoître le lieu. Un gémissement que j'entendis par hasard & qui me fit frissonner, m'avertit que j'allois passer auprès d'elle sans m'en appercevoir. Elle avoit entendu le bruit de mes pas, & dans son effroi elle avoit imaginé que c'étoit une bête farouche qui venoit à elle : c'est ce qui lui avoit fait pousser ce gémissement. Je l'appelai à haute voix : est-ce vous, madame ? Oui, me répondit-elle, d'une voix presque éteinte. Bon Dieu ! que vous m'avez effrayée, & que votre éloignement & votre retard m'ont fait passer de cruels momens ! Avez-vous entendu ces hurlemens horribles ?....... Ils ont frappé mon oreille. J'ai cru que puisque vous ne reveniez point, vous aviez été dévoré, & que je ne tarderois pas à l'être.

Je vis encore, m'écriai-je ; je vous retrouve ; nous en avons été tous deux quittes pour la peur : j'ai retrouvé ma pierre ; nous allons avoir du feu ; nous pourrons nous reposer & prendre quelque nourriture.

En disant ces mots, je ramassois quelques morceaux de bois sec ; je tirois du feu de ma pierre ; un lambeau de ma chemise qui étoit entièrement usée & presque réduite en charpie, me tint lieu d'amadou : depuis long-tems elle me servoit à cet usage, & j'employois indistinctement la mienne ou celle de madame Lacouture.

Nous eûmes bientôt un grand feu, auquel nous fîmes cuire une partie de notre tortue, dont la chair étoit très-tendre & très succulente. Nous trouvâmes dans son corps, en l'ouvrant, une multitude de petits œufs que nous grillâmes sur les charbons, & qui nous procurèrent un aliment également sain & rafraîchissant, qui nous fit beaucoup de bien. Nous nous endormîmes ensuite, & le repos dont nous avions besoin, & qui dura cinq heures, nous soulagea & nous rendit quelques forces.

A notre réveil, nous consultâmes entre nous, si nous continuerions notre route. En regardant la rivière dont le cours étoit assez droit, nous désespérâmes de trouver de long-tems un lieu commode pour la traverser. Nous nous déterminâmes à risquer le passage dans celui où nous étions. Pour cela j'imaginai de construire un radeau. Six arbres effeuillés par le tems, que l'eau avoit entraînés, & qui s'étoient arrêtés vers le bord, auprès d'un autre arbre que le vent avoit couché sur l'eau, & dont les racines tenoient encore fortement à la terre, me parurent des matériaux solides & faciles à employer. J'entrai dans l'eau qui, heureusement, n'étoit pas profonde dans cet endroit: j'amarrai quatre de ces arbres ensemble; ils étoient suffisans: les liens que j'employai furent des écorces: j'y ajustai de mon mieux une longue perche, plus grosse à une extrémité qu'à l'autre, pour me servir de rame & de gouvernail.

Cet ouvrage étant fini, nous nous préparâmes à partir. Nous nous dépouillâmes de nos habits, dont nous fîmes un paquet que nous assujettîmes avec des écorces. Nous prîmes cette précaution afin de pouvoir nous sauver plus facilement, s'il nous arrivoit quelque accident. Nos habits nous auroient incommodés, si nous étions tombés dans l'eau; & en les réunissant dans un paquet, nous nous ménagions la facilité de les rattraper, s'il falloit que je me misse à la nage pour les aller chercher. L'événement nous prouva que nous avions eu raison de nous précautionner ainsi.

L'état où nous étions, madame Lacouture & moi, nous rendoit inutiles les ménagemens qu'exige la pudeur. A peine songions-nous, depuis que nous voyagions ensemble, que nous étions d'un sexe différent. Je ne m'étois apperçu de celui de ma compagne, que par la foiblesse ordinaire aux femmes. Elle ne voyoit dans le mien que la fermeté, le courage que je tâchois de lui inspirer, & les secours que mes forces, un peu plus grandes que les siennes, me mettoient dans le cas de lui donner. Tout autre sentiment étoit mort en nous, & la nature épuisée, indifférente sur tout autre objet, ne nous demandoit que des alimens.

La crainte des accidens qui pouvoient nous arriver, ne nous permit pas de nous séparer de nos provisions comme de nos habits ; la perte de ceux-ci nous eût moins affligés que celle des autres. Nous défîmes nos paquets pour les arranger de manière à pouvoir les attacher autour de notre corps, assurés de les sauver avec nous, ou de périr avec eux. Nous descendîmes sur notre radeau, que je poussai au large, en gouvernant du mieux que je le pus avec ma perche. Le courant nous entraîna d'abord avec une rapidité qui me fit trembler : il nous avoit transportés en un instant à plus de trois cens pas du lieu où nous nous étions embarqués : je craignois qu'il ne nous entraînât de même jusqu'à la mer. Je manœuvrai avec une peine infinie pour parvenir à le couper. J'y réussis à la fin, mais c'étoit toujours en cédant & en descendant prodigieusement, de manière que je ne comptois arriver à l'autre bord qu'à une demi-lieue plus bas que le point d'où nous étions partis.

Après bien des efforts, je parvins à passer le milieu de la rivière. Le courant alloit bientôt cesser d'être si rapide. Nous étions presqu'au bout de l'endroit où il avoit le plus de violence, lorsqu'il jeta notre radeau en travers sur un arbre qui se trouvoit près de nous à fleur d'eau. Le mouvement que je fis pour l'éviter, contribua à notre naufrage. La secousse fut si forte, que les liens de notre bâtiment se rompirent : les pièces de bois qui le composoient se séparèrent : nous tombâmes dans l'eau, & nous nous serions infailliblement noyés, si je ne m'étois pas pris d'une main aux branches de cet arbre : je saisis en même tems, de l'autre, madame Lacouture par les cheveux, au moment où elle plongeoit déjà, prête à disparoître sans doute pour toujours. Le sommet de sa tête étoit seulement à fleur d'eau. Je la tirai avec précipitation ; elle n'avoit pas perdu connaissance : je lui criai de remuer les bras & les jambes pour m'aider à la soutenir.

L'endroit où nous étions étoit très profond. Je la fis grimper sur le corps de l'arbre, dont je fis le tour à la nage. L'autre extrémité touchoit au bord, & cela me donna la facilité de l'y conduire : elle s'y assit. Je détachai les paquets de vivres que j'avois autour de moi, & que je mis à ses côtés. Je revins à la rivière pour voir si je découvrirois nos habits : ils s'étoient arrêtés aux branches de l'arbre où je les vis encore ; mais le mouvement de l'eau les en détachoit ; & au moment où je m'y jetois pour les aller chercher, le courant commençoit à les emporter. Je nageai après eux : j'eus le bonheur de les atteindre, & je les poussai devant moi vers le rivage, où je les conduisis.

Mon premier soin fut de les porter à madame Lacouture, qui les délia, en exprima l'eau, & les étendit au soleil, pendant que je préparois du feu pour les sécher plus promptement, & pour faire cuire encore quelques morceaux de notre tortue que nous avions apportée. Nous ne perdîmes rien dans notre naufrage. Nous ne regrettions pas notre radeau, qui, s'il nous avoit menés à l'autre bord, eût alors cessé de nous être utile, & que nous aurions abandonné.

Après avoir pris un repas qui nous rétablit de de notre fatigue, nous fîmes sécher nos provisions. Ce soin nous prit toute la journée. Nous passâmes la nuit dans ce lieu, & le lendemain nous trouvant reposés & rafraîchis, nous nous remîmes en marche, cherchant toujours à nous rendre à Saint-Marc des Appalaches, nous orientant comme nous pouvions, & tremblant toujours de nous égarer. Les bois qui se trouvoient du côté de la rivière, n'étoient pas plus praticables ; les bruyères, les joncs étoient aussi désagréables & aussi dangereux : nos chaussures, nos bottines, nos espèces de gants & de masques étoient usées ;

l'eau qui les avoit mouillées, les avoit mis hors d'état de servir davantage : les ronces nous déchiroient ; les moustiques & les maringouins nous tourmentoient comme auparavant ; leurs morsures venimeuses & continuelles avoient prodigieusement enflé nos corps : nous trouvions encore moins de vivres que de l'autre côté : notre nègre & notre cayman furent notre unique ressource.

Nous marchâmes plusieurs jours avec toutes ces incommodités, qui augmentoient journellement : nous souffrions également du corps & de l'esprit, l'espérance consolante ne venoit plus nous bercer de ses chimères : nous étions dans un état affreux, & nous ressemblions plus à des tonneaux ambulans qu'à des hommes. Nous marchions pesamment, pouvant à peine mettre un pied devant l'autre, & nous relevant difficilement lorsque nous étions assis.

Madame Lacouture résista plus long-tems que moi : tant que j'avois eu quelques forces, j'avois ménagé les siennes, & je m'étois chargé de tous les soins pénibles : son esprit étoit aussi plus tranquille que le mien, parce qu'elle se reposoit de tout sur moi seul. J'avois eu jusqu'alors tous les embarras ; mais il étoit tems de céder à de si longues infortunes.

Un jour, n'en pouvant plus, abattu, voyant à peine, parce que les ampoules qu'avoient faites autour de mes yeux les insectes dont j'ai parlé, les avoient affoiblis, & les couvroient presque tout-à-fait, je m'étois jeté sur le rivage, sous un arbre, à une centaine de pas de la mer. Après m'être reposé pendant une heure, j'essayai de me lever pour continuer de marcher : cette entreprise étoit au-dessus de mes forces.

C'en est fait, dis-je à ma compagne, je ne puis aller plus loin; ce lieu-ci sera le terme de mon voyage, de mes infortunes & de ma vie : profitez des forces qui vous restent encore, pour tâcher de gagner un lieu habité : emportez avec vous nos provisions ; ne les consommez pas inutilement à m'attendre ici : je vois que le ciel ne veut pas que j'en sorte ; il m'en avertit par mon épuisement : le courage & la santé qu'il vous a conservés, montrent qu'il a d'autres vues sur vous : jouissez de ses bienfaits, & pensez quelquefois à un infortuné qui a partagé si long-tems vos malheurs, qui vous a soulagée autant qu'il a pu, & qui ne vous eût jamais abandonnée, s'il lui avoit été permis de vous suivre, & s'il avoit le pouvoir de vous être encore utile : cédons à la nécessité cruelle qui nous impose de si dures loix : partez, tâchez de vivre ; & lorsque vous aurez oublié, dans l'abondance, la disette que nous éprouvons, dites quelquefois : *J'ai perdu un ami dans les déserts de l'Amérique.*

Vous vous retrouverez sans doute un jour avec des Européens ; les occasions des vaisseaux qui retournent dans ma patrie, ne vous manqueront pas : profitez-en pour me rendre un service, l'unique que je puisse souhaiter, & que j'attends de votre amitié : écrivez à mes parens le sort de l'infortuné Viaud ; apprenez-leur qu'il n'est plus, & qu'ils peuvent se partager les tristes débris de sa fortune, les employer comme ils le jugeront à propos, sans craindre que je reparoisse jamais pour les réclamer : dites-leur de me plaindre & de prier pour moi.

Madame Lacouture ne me répondit que par des larmes ; sa sensibilité me toucha : c'est une consolation pour les malheureux de voir qu'ils excitent la compassion ; elle me prenoit les mains, les serroit avec tendresse : je tentai encore de la disposer à notre séparation ; je lui prouvai en vain qu'elle étoit nécessaire. Non, mon ami, me dit-elle, non, je ne vous quitterai pas ; je vous rendrai, selon mon pouvoir, les soins que je vous dois, & que j'ai reçus de vous si long-tems : prenez courage, vos forces peuvent revenir : si mon espérance est trompée, je serai toujours à tems de m'exposer seule dans ce vaste désert, où je ne serois accompagnée que par mes craintes, où je croirois à chaque instant que le ciel enverroit contre moi des bêtes féroces, pour me déchirer & me punir de vous avoir laissé dans un moment où je pouvois vous être utile. A l'égard de nos provisions, nous tâcherons de les ménager : j'irai en chercher de fraîches sur le bord de la mer ; peut-être en trouverai-je ; elles vous seront plus salutaires. Je vais commencer dès-à-présent à vous servir ; mais pour vous garantir des insectes dont vous avez peine à vous défendre, prenez-ceci.

En me disant ces mots, elle détachoit un de ses jupons ; elle n'en avoit que deux : à l'aide de mon couteau, elle le partagea en deux pièces, dont elle mit l'une sur mes jambes, & l'autre sur mes bras & sur mon visage : ce fut un grand soulagement pour moi : ils me garantirent en effet des piqûres que je craignois. Ma compagne fit ensuite du feu, & alla vers la mer, d'où elle revint avec une tortue. J'imaginai que le sang de cet animal pourroit me soulager, en m'en servant à frotter mes blessures. Je l'essayai, & je conseillai à madame Lacouture de faire comme moi ; elle m'imita volontiers, car elle avoit la tête, le cou & les bras couverts des morsures des maringouins. Nous nous reposâmes ensuite ; mais ma foiblesse ne passa point : je me sentois si mal, que je ne doutois pas que ma mort ne fût très-prochaine.

Une grosse poule d'Inde que nous apperçûmes

alors, & qui se retiroit dans un taillis qui n'étoit qu'à deux pas, nous fit penser qu'elle couvoit, & nous donna le desir de nous emparer de ses œufs. Madame Lacouture se mit en devoir d'aller les chercher; je n'étois pas en état de le faire moi-même; il m'étoit impossible de me remuer, & je demeurai couché auprès de mon feu.

Je restai seul, & dans cette position, pendant environ trois heures. Le soleil venoit de se coucher. J'étois dans une espèce d'anéantissement stupide, sans mouvement, & presque entièrement privé de l'usage de la raison. Je ne puis comparer mon état qu'à ce calme profond qui est entre le sommeil & la veille. Un engourdissement affreux avoit saisi mes membres appesantis: je ne sentois pas de douleur, mais un malaise général par tout mon corps. Dans ce moment j'entendis des cris qui me tirèrent de ma léthargie, & réveillèrent mon attention. Je prêtai l'oreille: ils me parurent venir du côté de la mer, & je les pris pour ceux de quelques sauvages qui s'approchoient & qui suivoient le rivage.

Grand Dieu! m'écriai-je, est-ce la fin de mes peines que ces clameurs m'annoncent? Avez-vous envoyé ces sauvages à mon secours, ou viennent-ils m'arracher le foible reste de ma vie languissante? Quoi que vous ordonniez, je me soumets;

foumets; frappez ou fecourez-moi, ce fera toujours me délivrer de mes maux; & dans l'un & l'autre cas, ma reconnoiffance eft égale.

Les mêmes cris fe firent entendre à diverfes reprifes. Un rayon d'efpoir vint luire dans mon ame. J'effayai de me lever pour me mettre fur mon féant, & je n'en vins pas à bout fans de violens efforts. Cette réflexion cruelle vint diminuer ma joie. Peut-être, penfai-je, les hommes que j'entends font-ils fur la mer, dont ils cotoyent le bord dans leur canot; peut-être vont-ils plus loin: ils ne me verront pas s'ils ne defcendent à terre; & fi leur deffein n'eft pas de defcendre ici, que deviendrai-je? Dans l'accablement où je fuis, comment pourrai-je leur faire connoître qu'il y a dans ce lieu un être infortuné qui a befoin de leurs fecours?

Cette idée me défefpéra: j'effayai de crier; ma voix étoit éteinte. La crainte cependant de perdre l'unique reffource qui fe fût préfentée depuis fi long-tems, me rendit une partie de mes forces; je m'en fervis pour me traîner fur mes genoux & fur mes mains, le plus près du rivage qu'il me fut poffible. J'apperçus diftinctement un gros canot qui defcendoit le long de la côte, & qui ne m'avoit pas encore paffé. Je me levai fur mes genoux, & prenant mon bonnet à la

Z

main, je fis des signes que j'étois forcé d'interrompre à chaque instant, parce que je ne pouvois me soutenir & que je retombois sur le ventre. Combien ne regrettai-je point de n'avoir pas alors madame Lacouture auprès de moi ! elle auroit pu gagner le bord de la mer, courir, crier, appeler au secours, & parvenir à se faire entendre ; mais elle étoit éloignée, & il falloit que les cris des gens qui étoient dans le canot ne fussent point allés jusqu'à elle, puisqu'elle n'étoit pas accourue.

À son défaut, je n'épargnai rien pour me faire voir. Une longue perche que je trouvai à côté de moi, me servit à élever mon bonnet, & un morceau du jupon que ma compagne d'infortune m'avoit laissé. Cette espèce de drapeau flottant dans l'air, attira les regards de ceux qui conduisoient le canot. Je le connus aux nouveaux cris qu'ils poussèrent, & au mouvement de leur bâtiment, qui cessa de descendre, & qui s'approcha vers le bord. Je plantai ma perche en terre, afin qu'ils ne perdissent pas de vue mon signal, & je me laissai aller sur le sable, où je me couchai tout de mon long, fatigué des efforts que je venois de faire, mais consolé par la certitude d'une prochaine délivrance, & en remerciant le ciel des bienfaits qu'il daignoit m'accorder.

En considérant attentivement le canot, j'avois observé que les hommes qui le montoient étoient habillés. Cette observation qui me convainquit que j'avois affaire à des Européens, & non à des sauvages, me délivra de toutes les inquiétudes que l'abord des premiers n'auroit pas manqué de me causer encore. En attendant mes libérateurs, je tournai mes regards du côté de mon feu; je cherchai madame Lacouture; j'étois impatient de la voir, pour lui annoncer le bonheur qui nous arrivoit, & le lui faire partager; je n'en pouvois bien goûter l'étendue sans elle. Les soins tendres qu'elle prenoit de moi, sa résolution de ne point m'abandonner, avoient resserré l'amitié qui m'unissoit à elle, & que nos infortunes communes avoient fait naître. Je ne l'apperçus point, & ce fut le seul chagrin que j'éprouvai dans ce moment; mais il m'affecta foiblement, parce que sa félicité n'en seroit pas moins réelle, & qu'elle ne seroit différée que de très-peu d'instans : elle ne pouvoit effectivement tarder à revenir; il se faisoit tard, & la nuit n'étoit pas éloignée.

Les personnes dont j'attendois tout désormais, arrivèrent en ce moment. L'excès de ma joie, en les voyant si près de moi, faillit à m'être funeste; elle m'occasionna un saisissement si violent, que je fus pendant quelques minutes sans répondre

Z ij

à leurs questions, & sans pouvoir proférer une parole. Une goutte de raffia qu'ils me donnèrent, me fortifia & me mit en état de leur témoigner ma reconnoissance, & de leur dire un mot de mes malheurs. Ils virent au premier abord tout le danger de ma situation: ils eurent le ménagement de ne pas m'obliger à parler; & moi, satisfait de voir des Européens, jugeant à la manière dont ils s'exprimoient dans ma langue, qu'elle ne leur étoit pas naturelle, je ne songeai point à leur demander de quelle nation ils étoient; cette connoissance en vérité, m'importoit peu; il me suffisoit de voir que j'étois avec des hommes, & que je pouvois compter sur eux.

Je les priai de vouloir bien crier encore, & de chercher du côté du taillis qui étoit devant nous, pour se faire entendre à madame Lacouture, dont la longue absence commençoit à m'inquiéter. Un moment après je n'eus plus rien à desirer, elle parut: je la vis courir à moi de toutes ses forces; elle avoit attrapé la poule d'Inde & son nid qu'elle nous apporta. Ma bonne amie, lui dis-je, ces provisions arrivent fort à propos; nous allons les partager avec ces messieurs que le ciel amène à notre secours. Réjouissez-vous: la fortune ne vous abandonne point,

& votre compassion pour moi n'est pas sans récompense.

Comme la nuit étoit venue, il fut inutile de songer à s'embarquer avant le lendemain. J'appris alors que nous tenions le 6 du mois de Mai: car jusqu'à ce moment, je n'avois pas été sûr de la plupart des dates. Nous nous rendîmes tous auprès de mon feu, où mes libérateurs se donnèrent la peine de me porter. Nous mangeâmes notre poule d'Inde & ses œufs: on y joignit quelque viande fumée, & quelques verres de taffia.

Notre repas fut un des plus gais que j'eusse fait depuis mon naufrage. Le contentement de l'esprit contribue au soulagement du corps. Je sentis revenir mes forces. Mes hôtes m'apprirent qu'ils étoient Anglois: leur chef étoit un officier d'Infanterie au service de sa majesté britannique; il s'appeloit M. Wright. Je l'entretins pendant le souper d'une partie des aventures de madame Lacouture & des miennes. Je le vis frémir plusieurs fois des misères affreuses que nous avions essuyées. Lorsque je lui parlai de la nécessité qui nous avoit contraints à chercher dans mon malheureux nègre une nourriture que la nature entière nous refusoit dans ce désert, il voulut voir cet horrible mets: la curiosité l'engagea à en porter un morceau à sa bouche; il le rejeta sur le champ avec une horreur inexprimable, & il nous plaignit d'avoir été réduits à un aliment aussi dégoûtant.

J'observerai, en passant, que comme il n'y avoit que l'officier & un soldat qui parloient françois, & que tous les autres ayant témoigné le desir d'entendre mon histoire, j'avois été contraint de la faire en Anglois; comme j'avois été fait deux fois prisonnier pendant la dernière guerre, j'avois eu occasion d'apprendre cette langue; elle me fut d'une grande ressource quelque tems après; & dans ce moment, elle me concilia l'affection de mes libérateurs.

Lorsque j'eus fini mon récit, je demandai à mon tour à M. Wright à quel heureux hasard nous devions sa rencontre. Il me répondit qu'il étoit du détachement de Saint-Marc des Appalaches, commandé par M. Sevettenham; que quelques jours auparavant, un sauvage ayant rapporté qu'il avoit trouvé sur la côte un homme mort, dont le reste des vêtemens qui le couvroient, annonçoit que c'étoit un Européen, & qu'il lui manquoit le ventre & le visage, qui paroissoient avoir été dévorés par les bêtes farouches, M. Sevettenham l'avoit détaché avec quatre soldats & son interprète, pour courir la côte dans un canot, & ramasser les malheureux qui pourroient s'y trouver en état de profiter de ses secours. Il ajouta que son commandant qui avoit remarqué la constance du mauvais tems, avoit soupçonné que quelque bâtiment avoit fait naufrage, & qu'il craignoit que ce n'en fût un qu'il attendoit de Passacole, chargé de vivres pour sa troupe.

Je ne doutai pas que ce cadavre apperçu par le sauvage, dont le rapport avoit occasionné le voyage de M. Wright, ne fût celui du malheureux M. Lacouture, ou de M. Desclau, mon associé. Tous deux s'étoient noyés sans doute ; l'un avoit pu être emporté au milieu de la mer & dévoré par les caymans, & l'autre jeté sur la côte : tout sert à m'en convaincre, puisqu'on n'en a reçu aucune nouvelle depuis ce tems.

Après nous être entretenus ainsi pendant quelques heures, nous nous abandonnâmes au sommeil : il fut bientôt interrompu par un orage affreux qui s'éleva ; la pluie, le vent, le tonnerre & les éclairs ne cessèrent pas un instant du reste de la nuit ; ils incommodèrent beaucoup les Anglois ; mais madame Lacouture & moi, nous y étions accoutumés depuis long-tems ; & cette nuit, ils nous furent encore moins insupportables, à cause du secours dont nous étions assurés, & que nous possédions déjà. Le sentiment de nos infortunes n'étoit plus si vif, depuis que nous en appercevions la fin. Notre foiblesse, nos blessures sembloient nous faire moins souffrir, & nous commencions même à les regarder comme des accidens passagers qui se termineroient bientôt à l'aide d'un peu de soin & de repos.

Le jour naissant vit diminuer l'orage qui se dissipa entièrement au lever du soleil : nous ne songeâmes plus qu'à nous embarquer. J'avois repris un courage qui me soutenoit assez pour me permettre de me rendre sans secours jusqu'au canot ; mais M. Wright ne le voulut pas permettre ; il eut l'attention de m'y faire porter. Je vous félicite de reprendre des forces, me dit-il ; mais il ne faut pas en abuser : ménagez-les, vous aurez le tems & l'occasion d'en user. Madame Lacouture m'accompagna à pied : elle me regardoit pendant le chemin avec une joie brillante & naïve. Voyez, me dit-elle, si j'ai eu tort de vous résister & de rester auprès de vous : nous revenons tous les deux à la vie, & nous pouvons en jouir sans trouble & sans remords. Ah ! lui répondis-je, je ne me serois jamais consolé de vous avoir pressée de me fuir, si ce secours m'étoit venu sans que vous en pussiez profiter.

Nous entrâmes tous dans le canot, où j'achevai de me reposer. M. Wright songea à achever de remplir sa mission. Il avoit déjà parcouru plusieurs îles; il lui en restoit une à visiter avant de retourner à Saint-Marc des Appalaches. Il y dirigea son canot: nous y arrivâmes après douze heures de navigation par un vent favorable. Je la reconnus pour celle d'où nous étions partis, madame Lacouture & moi, & dans laquelle nous avions laissé son fils. Les malheurs que j'avois essuyés depuis notre départ, ne m'avoient guères permis de songer à lui. Mon retour dans cette île le rappela à mon souvenir: je ne pus m'empêcher de donner encore quelques larmes à son sort. Au milieu de mes regrets, je me rappelai qu'il n'étoit pas encore mort lorsque je l'avois quitté. Cette idée m'agita: celle qu'il pouvoit vivre encore, & recevoir quelques secours, me frappa, en vain la raison la rejetoit comme une chose impossible; je ne pus m'empêcher de souhaiter de m'assurer de son état.

Nous voguons toujours dans le dessein de faire le tour de l'île. Nos soldats, pendant ce tems, crioient de toutes leurs forces par intervalles, afin de se faire entendre; personne ne leur répondoit. Ce silence ne calma ni mes inquiétudes, ni mon agitation secrète. Le malheureux jeune homme pouvoit entendre ces cris, & être hors d'état de faire entendre les siens. Je pensai à ma situation sur la côte, lorsque les Anglois s'en étoient approchés. Celle de Lacouture, s'il vivoit, devoit être encore plus déplorable. Je ne pus résister plus long-tems à l'impatience de m'éclaircir. Je fis part de mes aventures & des mes soupçons à M. Wright. Cet officier me fit quelques représentations sur le peu d'utilité d'une recherche de cette espèce, qui vraisemblablement ne feroit que nous retarder sans fruit. Cependant son humanité l'empêcha d'insister : il voulut bien s'arrêter, & il envoya un soldat à terre, avec ordre de voir en quel état étoit le jeune homme.

Le soldat revint un demi-quart d'heure après, nous annoncer qu'il l'avoit vu, & qu'il étoit mort. M. Wright lui ordonnoit déjà de se rembarquer, lorsque je m'approchai de lui. Vous me trouverez indiscret sans doute, lui dis-je ; mais j'ai une nouvelle grace à vous demander. Ce jeune homme m'étoit cher : sa fermeté seule nous a fait sortir de cette île, sa mère & moi. Je lui dois de la reconnoissance ; elle ne peut éclater que foiblement ; mais que je fasse ce que je puis : permettez-moi de lui rendre les derniers devoirs ; accordez-nous le tems de l'enterrer.

M. Wright étoit la politesse & la complaisance même. Il consentit encore à me donner cette satisfaction. Il commanda à tout son monde de débarquer & de me porter auprès du mort. Nous nous y rendîmes tous. Madame Lacouture voulut aussi être présente à ce pieux office. Mon fils infortuné, s'écria-t-elle en soupirant, a suivi son père au tombeau; sa mere lui survit: le secours qui m'arrive commence à m'être moins cher, puisque je ne puis le partager avec lui.

Nous arrivâmes auprès de ce malheureux jeune homme: il étoit couché sur le ventre, le visage contre terre: son corps étoit d'un rouge hâlé; il sentoit déjà mauvais, ce qui nous fit présumer qu'il étoit mort depuis quelques jours. Il avoit des vers autour de ses jarretières: c'étoit un spectacle hideux & dégoûtant dont mon cœur étoit pénétré. Je me mis en prières pendant que les soldats creusoient sa fosse: dès qu'elle fut faite, ils vinrent le prendre pour l'y jeter. Quelle fut leur surprise, quelle fut la mienne & celle de sa mère, lorsque nous apperçûmes que son cœur battoit encore! au moment où l'un des soldats s'avançoit pour le prendre par la jambe, nous la lui vîmes retirer. Dans l'instant nous nous empressâmes de lui donner tous les secours qui étoient en notre pouvoir. On lui fit avaler un peu de taffia avec de l'eau : on se servit du même mélange pour laver les plaies qu'il avoit sur les genoux, & d'où nous tirâmes plusieurs vers qui les avoient peut-être faites, & qui servoient à les envenimer.

Madame Lacouture, immobile d'étonnement, passoit tour à tour de la crainte à la joie, voyant son fils qu'elle avoit cru mort, respirant encore, & se défiant de ses yeux ; cela est-il possible, s'écrioit-elle, dans une espèce de délire ? Au nom de Dieu, ne m'en imposez pas ; assurez-moi de ce qui en est ; craignez de me donner une fausse espérance, qui rendroit ma douleur plus vive, si je la voyois trompée.

Après avoir dit ces mots, elle couroit à son fils, l'examinoit ; nous regardoit ensuite, & cherchoit à lire sur nos visages ce que nous pensions de son état. Un moment après, elle retournoit à lui, le prenoit dans ses bras, cherchoit à le réchauffer par ses baisers. Nous fûmes obligés de la forcer à s'en éloigner, parce qu'elle nous troubloit dans les soins que nous lui donnions. J'étois incapable d'en offrir beaucoup. Je la priai de s'asseoir auprès de moi, & je l'entretins de tout ce qui pouvoit la flatter. Elle m'écoutoit avec inquiétude ; à chaque instant ses yeux se tournoient du côté de son fils : elle se levoit avec précipitation ; j'étois contraint de ranimer mes forces pour l'arrêter.

Un moment, lui disois-je, laissez agir ces généreux Anglois, ne les interrompez point ; votre vivacité leur seroit nuisible. Je le vois, me répondit-elle ; je vais vous obéir... je demeure. Et un instant après, elle tentoit de m'échapper. Je l'exhortois à la patience ; je lui renouvelois mes représentations ; je lui rappelois qu'elle m'avoit promis de rester tranquille. Je le sais ; je l'ai promis, je dois l'être ; mais, mon cher Viaud, je ne suis pas maîtresse de moi : je serois rassurée, si je le voyois un instant, un seul instant ?... Pourquoi me retenez-vous.... Que vous êtes cruel ! Ah ! si vous saviez ce que c'est d'être mère ! Avez-vous jamais eu un fils ? Et sans attendre ma reponse, elle me faisoit de nouvelles questions, me demandoit ce que je pensois de cette aventure, si j'espérois que son enfant pût vivre, n'écoutoit point ce que je lui répondois, & continuoit à essayer de me quitter.

Enfin M. Wright vint à nous, & nous dit qu'il avoit repris le sentiment, qu'il ouvroit les yeux, qu'il pleuroit, qu'il regardoit tout ce monde qu'il ne connoissoit pas, & qu'il demandoit sa mère, qu'il m'appeloit aussi. Nous nous transportâmes auprès de lui ; il nous reconnut. C'est vous, nous cria-t-il d'une voix languissante! Est-il possible que vous soyez encore ici.... Je ne vous ai pas vus pendant quelque tems...... où étiez-vous donc ?

Ce n'étoit pas le moment d'entrer dans des explications. Nous lui dîmes que nous venions le délivrer de ses misères, & nous l'exhortâmes à prendre courage. On le fit transporter dans le canot; on m'y conduisit aussi : je le fis coucher sur les habits de quelques soldats qui consentirent à les prêter ; je le couvris avec d'autres, & je me chargeai d'en avoir soin pendant la route. Sa mère ne le quitta pas d'un instant, & j'eus toutes les peines du monde à l'empêche de se livrer à sa tendresse babillarde, & à ses caresses fatigantes.

Comme il étoit tard, nous ne fîmes pas beaucoup de chemin. Nous nous rendîmes à l'autre extrémité de l'île, où nous débarquâmes pour y passer la nuit. Deux de nos soldats chassèrent, & eurent le bonheur de tuer trois outardes grasses qui nous procurèrent un bon souper. Le jeune homme prit quelque nourriture, & dormit toute la nuit. Le lendemain il se trouva mieux, c'est-à-dire qu'il reprit entièrement connoissance. Il ne put cependant nous rendre compte de ce qu'il avoit fait depuis notre départ. Il nous apprit seulement qu'il s'étoit trouvé mal plusieurs fois, & que lorsqu'il reprenoit connoissance, il se sentoit un grand besoin de boire & de manger. L'eau & les provisions que nous avions mises auprès de lui, lui furent d'un grand secours. Il étoit si foible, qu'il se traînoit sur les huîtres qu'il ramassoit avec la bouche pour les manger. Il ignoroit absolument le tems qu'il avoit passé seul dans cette situation. Il croyoit que nous n'étions point partis, & que nous avions trouvé sur le champ le secours dont il avoit profité.

Nous nous gardâmes bien de le détromper alors ; mais la manière dont il avoit vécu jusques-là, ne nous en parut pas moins inconcevable. Si on nous l'eût raconté, nous ne l'aurions pas cru ; & tout en effet se réunit pour rendre ce fait incroyable. Nous étions sortis de l'Ile le 19 Avril, & c'étoit le 7 Mai que nous y étions revenus ; cela faisoit dix-neuf jours, pendant lesquels il avoit vécu. Comment avoit-il pu se soutenir si long-tems sans miracle? Nous y vîmes le doigt de Dieu, madame Lacouture & moi. Elle se jeta à genoux. Grand Dieu! s'écria-t-elle, tu as conservé mon fils... tu me l'as rendu... daigne ne pas me l'ôter! Achève ton ouvrage... Accorde-moi, dès ce monde, ce dédommagement de mes souffrances... Et si tu veux l'attirer à toi, si tu ne me l'as montré que pour me l'enlever tout-à-fait... donne-moi la force de soutenir ce dernier malheur, ou précipite-moi dans son tombeau.

Je joignis mes vœux aux siens, & j'osai tout espérer. Nous nous embarquâmes le même jour pour Saint Marc des Appalaches : le vent nous fut très-favorable. Cette traversée se fit heureusement, & je me convainquis par mes observations, que sans les Anglois, nous n'aurions jamais pu nous y rendre. La partie de la côte où l'on nous avoit trouvés, n'en est éloignée que de quinze lieues, en s'y rendant par mer ; mais la distance est bien plus considérable par terre, à cause des sinuosités que forme le rivage : on peut l'évaluer à plus du double. Comment aurions-nous pu arriver à Saint-Marc ? Comment aurions-nous traversé plusieurs rivières très-larges qui se trouvoient sur notre route, & dont je vis, en passant, les embouchures qui m'annonçoient assez leur largeur, leur profondeur, & la rapidité de leur cours ? Que d'obstacles insurmontables à notre foiblesse ! Combien de fois il eût fallu nous écarter de notre chemin pour remonter ces rivières, par des déserts inconnus, en cherchant un gué ou un paſſage ſans danger! De combien ces détours auroient augmenté le nombre des lieues que nous avions à faire! C'eſt ce qu'il eſt impoſſible d'évaluer. La ſeule choſe qui eſt ſûre, c'eſt que nous n'aurions jamais réuſſi, & que nous ſerions morts à la peine.

Le même jour 8 Mai, nous arrivâmes à ſept heures du ſoir à Saint-Marc des Appalaches. M. Sevettenham nous reçut avec beaucoup d'humanité. Il commença par me faire porter chez lui, & il envoya madame Lacouture & ſon fils chez le caporal de ſon détachement. Il ordonna en même tems à ſon chirurgien de nous donner tous les ſecours de ſon art. Il pouſſa la bonté juſqu'à partager ſon lit avec moi, en me faiſant prendre un de ſes matelas. Il fit porter auſſi des draps à madame Lacouture. Il n'oublia aucun des ſoins qui pouvoient nous ſoulager, & dont nous avions un ſi grand beſoin.

Notre bonheur nous fit tomber entre les mains d'un homme bienfaiſant, & nous ne tardâmes pas à en éprouver les heureux effets. Que ſerions-nous devenus, ſi nous avions trouvé un officier moins ſenſible qui, croyant avoir ſatisfait à l'humanité, en nous tirant de notre déſert, nous auroit laiſſé le ſoin de chercher par nous-mêmes les autres ſecours qui nous étoient ſi néceſſaires?

Il étoit tems que nous trouvassions un terme à nos souffrances : elles avoient commencé d'une manière terrible le 16 Février 1766, que nous avions fait naufrage : elles avoient duré quatre-vingt-un jours, jusqu'au 7 Mai. Que ce tems nous avoit paru long ! Par combien d'épreuves horribles avions-nous passé ! Quel homme peut dire qu'il a été plus malheureux ! Il n'est pas étonnant que de si longues infortunes eussent épuisé notre tempérament : il l'est sans doute davantage que nous y ayons résisté & que nous nous soyons rétablis. Mais notre guérison fut pendant quelques jours incertaine. Nous enflâmes prodigieusement. Le chirurgien qui nous soignoit, désespéra d'abord de notre vie : ce ne fut que par des alimens bien nourrissans, & en très-petite quantité, qu'il parvint à réparer les ravages qu'avoit faits sur nous le manque de nourriture, ainsi que sa mauvaise qualité. Il réussit à nous guérir, à ressusciter le jeune Lacouture, dont le mal étoit, sans contredit, le plus dangereux. Il eut beaucoup moins de peine à rétablir sa mère.

Je demeurai treize jours dans le fort. Pendant ce tems, j'appris par un chef de sauvages, qui vint apporter des lettres à M. Sevettenham, de la part de l'officier Anglois qui commandoit à Passacoie, des nouvelles du perfide Antonio, &

des matelots qui étoient restés derrière nous dans l'île où il nous avoit tous conduits. Ces infortunés, après avoir attendu vainement le retour de ce sauvage, avoient surpris pendant leur sommeil, sa mère, sa sœur & son neveu, & les avoient massacrés. Ils s'étoient emparés ensuite de leurs armes à feu, de leur poudre, & d'une petite pirogue. Comme ce bâtiment ne pouvoit contenir que cinq personnes, ils avoient tiré au sort quels seroient ceux qui s'embarqueroient, & ceux qui resteroient à terre. Trois furent contraints d'attendre dans ce lieu une meilleure fortune, & virent avec douleur le départ de leurs compagnons. Deux jours après, Antonio revint pour prendre le reste de nos effets, & les emporter chez lui. Il vengea sur eux la mort de ses parens, & les tua les uns après les autres à coups de fusil. De retour dans son village, il se vanta de cette expédition. C'est par ce moyen que le chef des sauvages en fut instruit, & qu'il me l'apprit. Je n'ai jamais pu savoir ce qu'étoient devenus les cinq qui s'étoient embarqués dans la pirogue. Tout sert à me persuader que de seize personnes avec lesquelles j'avois entrepris ce funeste voyage, nous ne sommes réchappés que trois.

Après un séjour d'environ treize jours à Saint-

Marc des Appalaches, me trouvant une meilleure santé, & n'ayant plus besoin que de la fortifier, je songeai à quitter ce fort; & comme il s'en présenta une occasion, je résolus d'en profiter sur le champ, dans la crainte de n'en pas trouver d'autre de long-tems. Il y vient très-rarement des bâtimens; on y reste quelquefois des six mois entiers sans en voir. J'avois été prévenu qu'il devoit partir le 21 un bateau pour Saint-Augustin. Je me déterminai à m'y embarquer. Je pensai que je serois plus à portée de me procurer dans cette ville les secours nécessaires à ma situation, que dans un poste aussi reculé que celui de Saint-Marc, où je ne pouvois d'ailleurs demeurer plus long-tems, sans diminuer les provisions du commandant, & les vivres de la garnison.

Madame Lacouture m'auroit suivi bien volontiers, mais son fils n'étoit pas encore en état de faire le voyage, & elle ne voulut pas l'y exposer. Comme elle étoit de la Louisiane, où ses parens étoient établis, elle préféra de s'y rendre. On l'avoit assurée qu'elle en trouveroit l'occasion à la fin du mois suivant, & que son fils pourroit alors faire ce voyage sans péril. Nous nous séparâmes avec regret. L'habitude d'errer & de souffrir ensemble, nous avoit unis d'une amitié tendre : l'infortune en avoit formé les liens : les secours que nous nous étions prêtés réciproquement les avoient resserrés. Isolés pendant longtems au milieu des vastes déserts de l'Amérique, nous n'avions trouvé de soulagemens, d'encouragemens, de consolations que dans nous-mêmes. Le plus grand malheur que nous redoutions, étoit d'être séparés. La solitude eût alors paru affreuse au survivant. Le besoin & l'intimité nous attachoient l'un à l'autre. Le tems étoit enfin venu où il falloit nous quitter : la raison, les circonstances qui avoient changé, nous en faisoient un devoir ; nous le remplîmes en gémissant : mais nous étions accoutumés à céder à la nécessité ; elle nous entraînoit dans des climats différens. Ce qui nous consoloit, c'est que nos malheurs étoient finis, & que nous n'avions aucun sujet d'inquiétude sur le sort l'un de l'autre. Nos adieux furent touchans ; nous ne pûmes nous empêcher de verser des larmes : nous nous promîmes de ne point nous oublier. Son fils, qui dans ce moment étoit dans son lit, se joignit à nous : il se leva, & se mettant à genoux, il cria : Mon Dieu, conservez celui qui m'a rendu ma mère, qui m'a rappelé moi-même à la vie ; récompensez-le de ces deux bienfaits, & daignez m'acquitter envers lui.

Cette effusion d'un cœur honnête & sensible m'attendrit encore davantage, je l'embrassai avec transport, en lui disant que j'étois trop payé par ses sentimens, qu'il ne me devoit rien; que si j'avois eu le bonheur d'être utile à sa mère, ses secours ne m'avoient pas moins servi; qu'à son égard, j'avois fait mon devoir, & qu'en contribuant à le tirer de l'île, je ne me flattois point d'avoir expié la barbarie que j'avois eue de l'y abandonner.

Toutes les fois que je songeois à l'état où je l'avois trouvé, j'avois horreur de moi-même, & je me félicitois de l'idée que j'avois eue de le faire chercher à terre, & ensuite de l'inhumer. Je frémissois, en pensant qu'il ne seroit plus, si lorsque le soldat étoit venu nous dire qu'il étoit mort, nous avions continué notre route.

Je quittai enfin madame Lacouture, & j'allai faire mes remerciemens à M. Sevettenham & à M. Wright. Ils ne voulurent point m'entendre parler de reconnoissance; ils m'embrassèrent d'une manière qui l'augmenta. Ils m'accompagnèrent au bâtiment, où je vis qu'ils avoient déjà fait transporter toutes les provisions dont j'avois besoin pour mon voyage : tous deux me recommandèrent au capitaine, de la manière la plus pressante, & se firent promettre qu'il auroit les plus grands égards pour moi, & qu'il me rendroit tous les services qui dépendroient de lui ; ils se chargèrent même de ma reconnoissance ; ils m'embrassèrent de nouveau. M. Sevettenham me remit ensuite un paquet pour le gouverneur de Saint-Augustin, & il me donna un certificat de la situation dans laquelle M. Wright nous avoit trouvés, madame Lacouture & moi, & ensuite son fils (1). Ces deux officiers s'éloignèrent enfin, & me laissèrent pénétré d'admiration & de reconnoissance pour leurs procédés.

Mon voyage de Saint-Marc des Appalaches à Saint-Augustin, dura vingt-quatre jours. Je n'entrerai pas dans des détails ; je me contenterai de vous dire que la première chose que fit le patron du bateau, fut d'oublier les recommandations de M. Sevettenham. Il eut pour moi des manières extrêmement brutales, auxquelles je n'avois pas lieu de m'attendre, & dont je n'ai jamais connu le motif. Elles me rendirent la traversée fort désagréable, & me firent trouver le chemin bien

---

(1) On trouvera la traduction de ce certificat à la fin de cette relation. Je l'avois demandé à mon arrivée à Saint-Marc, M. Sevettenham l'avoit préparé, & il me le donna à mon départ.

long. J'eus aussi le malheur de manquer d'eau, & le capitaine eut la dureté de m'en refuser. Cette privation d'une liqueur si nécessaire à un convalescent, faillit à m'occasionner une rechûte très-dangereuse; & j'aurois fait sans doute, une maladie considérable, si nous n'avions pas été sur la fin de notre route.

J'arrivai le 13 Juin à Saint-Augustin. Le bateau mouilla à la barre. Le canot du pilote me débarqua sur le rivage, où un caporal vint me prendre. Il me conduisit chez M. Grant, qui commandoit dans ce lieu, & à qui je remis le paquet de M. Sevettenham. Si j'avois eu lieu de me louer de cet officier, je n'éprouvai pas moins de bontés de la part de M. Grant. Il ne voulut point me laisser sortir du gouvernement : il y fit arranger une chambre & un bon lit pour moi. Son chirurgien vint me visiter par son ordre. J'avois quelques ulcères à la gorge, occasionnés par le manque d'eau : une partie de mon corps avoit recommencé à enfler. Les soins qu'on prit de moi, firent enfin disparoître tous ces symptômes. Le 7 Juillet, je me trouvai en état de sortir & de me promener par la ville. C'est à la générosité de M. Grant que je dois la conservation de la vie, que M. Wright & M. Sevettenham m'avoient rendue. Je ne puis penser, sans attendrissement aux bontés que les uns & les autres ont eues pour moi, & qu'un étranger inconnu n'avoit guères droit d'attendre : mais j'étois malheureux, & c'en étoit assez pour exciter leur sensibilité bienfaisante.

Je demeurai chez M. Grant jusqu'au 21 Juillet, que je partis pour la nouvelle Yorck. Je n'oublierai jamais la manière dont le généreux gouverneur couronna ses bienfaits. Il eut la complaisance de faire venir le capitaine du bateau, auquel il me recommanda : il lui donna trente-sept schellings pour mon passage ; & après avoir choisi lui-même les provisions qu'il me falloit pour mon voyage, il les fit embarquer avec quelques rafraîchissemens particuliers, & pourvut ainsi au commode & au nécessaire. Il fit porter aussi une petite malle remplie de linge & d'habits pour mon usage, dont j'avois aussi grand besoin. Lorsque j'allai lui témoigner ma reconnoissance & lui dire adieu : ne parlons point de cela, me répondit-il ; vous avez souffert : j'ai fait ce que je voudrois qu'on fît pour moi, si je me trouvois jamais à votre place. Mais ce n'est pas assez, ajouta-t-il, vous ne devez pas être en argent, & cependant il en faut un peu. Vous trouverez de l'emploi à la nouvelle Yorck, je pense que vous ne vous attendez pas à en avoir en arrivant ;

quelques jours, peuvent s'écouler ; pendant ce tems vous aurez des besoins : dix guinées peuvent vous être utiles ; j'espère qu'il ne vous en faudra pas davantage : les voilà.

M. Grant me les mit alors dans la main. La manière dont elles m'étoient offertes, la bonté avec laquelle on me prévenoit, me pénétrèrent, je voulus balbutier un remerciement ; ma sensibilité étoit trop vive : un sentiment profond s'exprime toujours difficilement. M. Grant m'embrassa : c'est une bagatelle, me dit-il, & vous êtes trop sensible ; vous m'affligerez si vous m'en parlez : faites comme moi, oubliez tout cela ; je je ne m'en souviens déjà plus.

Je fus forcé de me taire ; mais mon cœur & mes yeux se firent entendre. On vint m'avertir alors qu'on n'attendoit plus que moi pour partir, & je quittai mon bienfaiteur avec le plus vif regret.

Après quatorze jours de traversée, sous la conduite d'un capitaine plus honnête que le premier, & qui n'auroit pas eu pour moi moins d'attention ni moins d'égards, quand même je ne lui aurois pas été recommandé par le gouverneur de Saint-Augustin, j'arrivai à la nouvelle Yorck. Nous étions au 3 Août. Je fis connaissance avec des François établis dans cette ville,

& qui, touchés de mes infortunes, m'offrirent tous leurs secours. Ils me présentèrent le 7 du même mois à M. Dupeystre, l'un des plus riches négocians de cette ville qui m'offrit généreusement de l'emploi ; mais après avoir écouté le récit de mes traverses inouies ; il ne seroit pas prudent à vous, me dit-il, de songer à vous occuper de quelque tems : un long repos vous est nécessaire après tout ce que vous avez souffert ; & pour le rendre plus salutaire, il faut que vous soyiez délivré de toute inquiétude sur le présent & sur l'avenir. Il vous faudra aussi des soins & des remèdes : tout cela me regarde. Dès ce jour vous devenez mon hôte ; vous trouverez dans ma maison une bonne chambre, un bon lit, une table abondante & saine. Lorsque je vous verrai tout-à-fait rétabli, je ne vous empêcherai pas de chercher de l'occupation, & je vous en procurerai moi-même. Ces arrangemens vous conviennent, ajouta-t-il, en me prenant la main ; & sur le champ, il donna des ordres pour qu'on préparât mon appartement, & que je ne manquasse de rien.

Je ne vous parlerai point de la reconnoissance que ces procédés m'inspirèrent. Depuis que j'étois sorti de la côte déserte, où j'étois expirant, je n'avois trouvé que des ames honnêtes, sensibles

& généreuses. En est-il beaucoup comme celles-là ? Qu'elles m'ont dédommagé de mes malheurs ! C'est à eux que je dois leur connoissance.

Pendant que mes jours s'écouloient tranquillement dans la maison de M. Dupeyftre, j'écrivis à ma famille que je vivois encore, & que j'avois éprouvé pendant quatre-vingt-un jours des peines inexprimables. C'est cette lettre qu'on vous a montrée, & dont les détails n'ont pas satisfait votre amitié. Je me servis de l'occasion d'un vaisseau qui partoit pour Londres. Ignorant si mon séjour seroit bien long à la nouvelle Yorck, je ne demandai point de réponse, me réservant de donner une adresse sûre, lorsque je saurois ma véritable destination.

M. Dupeyftre me retint chez lui jusqu'au mois de Février 1767, qu'il me proposa de conduire à Nantes le Senau le comte d'Estaing. Je partis en conséquence le 6 Février, & je suis arrivé à bon port le 27 du même mois. Mon Senau étoit à l'adresse de M. Walch, que j'ai trouvé aussi sensible à mes malheurs que M. Dupeyftre son correspondant. C'est de Nantes que j'ai encore écrit à ma famille; c'est dans cette ville que j'ai reçu ses réponses & votre lettre. Vous me demandiez le récit détaillé de mes infortunes : je n'ai rien pu refuser à l'amitié;

j'ai employé le loisir que m'ont laissé mes affaires, à les tracer sur le papier. Je ne doute pas que cette triste relation ne vous attendrisse, & ne vous fasse plaindre le sort de votre ami. Puisse l'empressement avec lequel je me suis hâté de répondre à vos desirs, vous convaincre de plus en plus de l'attachement que je vous ai voué pour la vie, & de l'importance que j'attache au retour le plus tendre de votre part !

Fin du Naufrage & des Aventures de M. Pierre Viaud.

Traduction du Certificat donné par M. Sevettenham, Commandant du Fort Saint-Marc des Appalaches, à M. Viaud.

Je soussigné, Georges Sevettenham, lieutenant au service de sa majesté britannique, en son neuvième régiment d'infanterie, & commandant au fort Saint-Marc des Appalaches, certifie que sur l'avis d'un sauvage, qui me dit avoir vu un corps mort sur le sable, à environ quarante milles du Fort Saint-Marc, ayant de fortes raisons de soupçonner que quelque bâtiment avoit péri dans ces mers, craignant que ce n'en fût un que j'attendois depuis plusieurs jours, & dont je ne recevois aucune nouvelle, j'ai détaché quatre soldats & mon interprète, sous la conduite de M. Wright, enseigne dans le même régiment, pour visiter la côte, & secourir les infortunés qui pouvoient y avoir fait naufrage. M. Wright à son retour m'a présenté le sieur Viaud, François, & une femme, qu'il a trouvés sur une côte déserte, tous deux dans une situation déplorable, & presque mourans de faim, n'ayant que quelques huîtres, & le reste d'un nègre qu'ils avoient tué pour conserver leur vie. Le sieur Viaud m'a dit qu'il étoit capitaine de navire & officier bleu au service du roi ; qu'un sauvage qu'il avoit rencontré, & qui lui avoit promis de le mener ici, à Saint-Marc, lui avoit enlevé ce qu'il avoit sauvé du naufrage, & s'étant enfui pendant la nuit dans son canot, l'avoit abandonné dans une île déserte. M. Wright m'a présenté encore un jeune homme, fils de la dame qui étoit avec le sieur Viaud, qu'il avoit trouvé sur une île, dans un état plus triste, qui vraisemblablement sans son secours, n'auroit pu vivre plus d'une demi-journée sans nourriture, & qui avoit perdu le mouvement & la connoissance lorsqu'il l'a rencontré. L'affreuse situation dans laquelle ils étoient, leur foiblesse extrême & ce que j'ai appris depuis par quelques sauvages, me prouvent que le rapport que m'a fait le sieur Viaud au sujet du sauvage qui l'a volé & abandonné, est véritable : en foi de quoi j'ai donné le présent certificat audit sieur Viaud, qui doit partir, dès que faire se pourra, pour Saint-Augustin, & passer de-là dans quelque Colonie Françoise. Au fort Saint-Marc des Appalaches, le 12 Mai 1766.

Signé SEVETTENHAM.

RELATION

RELATION
DU NAUFRAGE
DE MADAME GODIN,
SUR LA RIVIÈRE DES AMAZONES.

RELATION
DU NAUFRAGE
DE MADAME GODIN,
SUR LA RIVIÈRE DES AMAZONES.

Lettre de M. Godin des Odonais à M. de la Condamine.

Vous me demandez, monsieur, une relation du voyage de mon épouse, par le fleuve des Amazones, la même route que j'ai suivie auprès de vous. Les bruits confus qui vous sont parvenus, des dangers auxquels elle s'est vue exposée, & dont elle seule, de huit personnes, est échappée, augmentent votre curiosité. J'avois résolu de n'en parler jamais, tant le souvenir m'en est douloureux ; mais le titre de votre ancien compagnon de voyage, titre dont je me fais honneur, la part que vous prenez à ce qui me regarde, & les marques d'amitié que vous me donnez, ne me permettent pas de refuser de vous satisfaire.

Nous débarquâmes à la Rochelle, le 26 Juin dernier (1773), après soixante-cinq jours de traversée, ayant appareillé de Cayenne le 21 Avril. A notre arrivée, je m'informai de vous, & j'appris avec déplaisir que vous n'y étiez plus depuis quatre à cinq mois. Ma femme & moi vous donnâmes des larmes, que nous avons essuyées avec toute la joie possible, en reconnoissant qu'à la Rochelle, on lit moins les journaux littéraires, & les nouvelles des académies, que les gazettes de commerce. Recevez, monsieur, notre félicitation, ainsi que madame de la Condamine, à qui nous vous prions de faire agréer nos respects.

Vous vous souviendrez que la dernière fois que j'eus l'honneur de vous voir, en 1742, lorsque vous partîtes de Quito, je vous dis que je comptois prendre la même route que vous alliez suivre, celle du fleuve des Amazones, autant par le désir que j'avois de connoître cette route, que pour procurer à mon épouse, la voie la plus commode pour une femme, en lui épargnant un long voyage par terre, dans un pays de montagnes, où les mules font l'unique voiture. Vous eûtes l'attention, dans le cours de votre navigation, de donner avis dans les missions espagnoles & portugaises établies sur ses bords, qu'un de vos camarades devoit vous suivre; & ils n'en avoient pas perdu le souvenir plusieurs années après votre départ. Mon épouse desiroit beaucoup de venir en France; mais ses grossesses fréquentes ne me permettoient pas de l'exposer, pendant les premières années, aux fatigues d'un si long voyage. Sur la fin de 1748, je reçus la nouvelle de la mort de mon père; & voyant qu'il m'étoit indispensable de mettre ordre à des affaires de famille, je résolus de me rendre à Cayenne seul, en descendant le fleuve, & de tout disposer pour faire prendre commodément la même route à ma femme. Je partis en Mars 1749, de la province de Quito, laissant mon épouse grosse. J'arrivai en Avril 1750 à Cayenne. J'écrivis aussi-tôt à M. Rouillé, alors ministre de la marine, & le priai de m'obtenir des passeports & des recommandations de la cour de Portugal, pour remonter l'Amazone, aller chercher ma famille, & l'amener par la même route. Un autre que vous, monsieur, seroit surpris que j'aie entrepris si lestement un voyage de quinze cens lieues, uniquement pour en préparer un autre ; mais vous savez que dans ce pays-là les voyages exigent moins d'appareil qu'en Europe. Ceux que j'avois faits depuis douze ans, en reconnoissant le terrein de la méridienne de Quito, en posant des signaux sur les plus hautes montagnes, en allant & revenant de Carthagène, m'avoient aguerri ; je profitai de cette occasion pour envoyer plusieurs morceaux d'histoire naturelle au jardin du cabinet du roi; entr'autres la graine de Salse-Pareille, la Butua dans ses cinq espèces, & une grammaire imprimée à Lima, de la langue des Incas, dont je faisois présent à M. de Buffon, de qui je n'ai reçu aucune réponse. Par celle dont M. Rouillé m'honora, j'appris que sa majesté trouvoit bon que MM. les gouverneurs & intendans de Cayenne me donnassent des recommandations pour le gouverneur du Para. Je vous écrivis alors, monsieur, & vous eûtes la bonté de solliciter mes passeports. Vous m'envoyâtes aussi une lettre de recommandation de M. le commandeur de la Cerda, ministre de Portugal en France, pour le gouverneur du Para, & une lettre de M. l'abbé de la Ville, qui vous marquoit que mes passeports étoient expédiés à Lisbonne, & envoyés au Para. J'en demandai des nouvelles au gouverneur de cette place, qui me répondit n'en avoir aucune connoissance. Je répétai mes lettres à M. Rouillé, qui ne se trouva plus dans le ministère. Depuis ce tems, j'ai sollicité quatre, cinq & six fois chaque année, pour avoir les passeports, & toujours infructueusement. Plusieurs de mes lettres ont été perdues ou interceptées pendant la guerre. Je n'en puis douter, puisque vous avez cessé de recevoir les miennes, quoique j'aye continué de vous écrire. Enfin, ayant oui dire que M. le comte d'Hérouville avoit la confiance de M. le duc de Choiseul, je m'avisai en 1765, d'écrire au premier sans avoir l'honneur d'en être connu. Je lui marquois en peu de mots qui j'étois, & le suppliois d'intercéder pour moi auprès de M. de Choiseul, au sujet des passeports. Je ne puis attribuer qu'aux bontés de ce seigneur, le succès de ma démarche; puisque le dixième mois, à compter de la date de ma lettre à M. le comte d'Hérouville, je vis arriver à Cayenne une galiote pontée, armée au Para, par ordre du roi de Portugal, avec un équipage de trente rameurs, & commandée par un capitaine de la garnison de Para, chargé de m'y conduire, & du Para, en remontant le fleuve, jusqu'au premier établissement espagnol, pour y attendre mon retour, & me ramener à Cayenne avec ma famille: le tout aux frais de fa majefté très-fidèle ; générofité vraiment royale & peu commune, même parmi les fouverains. Nous partîmes de Cayenne les derniers jours de Novembre 1765, pour aller prendre mes effets à Oyapok (1), où je réfidois. Je tombai malade, & même affez dangereufement. M. de Rebello, chevalier de l'ordre de Chrift, & commandant de la galiote, eut la complaifance de m'attendre fix femaines. Voyant que je n'étois pas en état de m'embarquer, & craignant d'abufer de la patience de cet officier, je le priai de fe mettre en chemin, en me permettant d'embarquer quelqu'un que je chargerois de mes lettres, & de tenir ma place pour foigner ma famille au retour. Je jetai les yeux fur Triftan d'Orcafval, que je connoiffois depuis long-tems, & que je crus propre à remplir mes vues. Le paquet dont je le chargeois, contenoit des ordres du père général des Jéfuites, au provincial de Quito & au fupérieur des miffions de Maïnas, de faire fournir les canots & équipages néceffaires pour le voyage de mon époufe. La commiffion dont je chargeois Triftan, étoit uniquement de porter ces lettres au fupérieur réfident à la Laguna,

_____

(1) Fort fur la rivière du même nom, à trente lieues au fud de la ville de Cayenne.

chef-lieu des missions espagnoles de Maïnas, que je priois de faire tenir mes lettres à Riobamba, afin que mon épouse fût avertie de l'armement fait par ordre du roi de Portugal, à la recommandation du roi de France, pour la conduire à Cayenne. Tristan n'avoit d'autre chose à faire, sinon d'attendre à la Laguna la réponse de Riobamba. Il partit du poste d'Oyapok, sur le bâtiment portugais, le 24 Janvier 1766. Il arriva à Lorèto, premier établissement espagnol, dans le haut du fleuve, au mois de Juillet ou d'Août de la même année. Lorèto est une mission nouvellement fondée au-dessous de celle de Pévas, & qui ne l'étoit pas encore lorsque vous descendîtes la rivière en 1743, ni même lorsque je suivis la même route en 1749, non plus que la mission de Tavatinga, que les Portugais ont aussi depuis fondée au-dessus de Sanpablo, qui étoit leur dernier établissement en remontant. Pour mieux entendre ceci, il seroit bon d'avoir sous les yeux la carte que vous avez levée du cours de l'Amazone, ou celle de la province de Quito, insérée dans votre journal historique du voyage à l'équateur. L'officier Portugais, M. de Rebello, après avoir débarqué Tristan à Lorèto, revint à Tavatinga, suivant les ordres qu'il avoit reçus d'y attendre l'arrivée de madame Godin; & Tristan, au lieu de se rendre à la Laguna, chef-lieu des missions espagnoles, & d'y remettre mes lettres au supérieur, ayant rencontré à Loreto un missionnaire Jésuite, Espagnol, nommé le père Xesquen, qui retournoit à Quito, lui remit le paquet de lettres par une bévue impardonnable, & qui a toute l'apparence de la mauvaise volonté. Le paquet étoit adressé à la Laguna, à quelques journées de distance du lieu où se trouvoit Tristan : il l'envoye à près de cinq cens lieues plus loin, au-delà de la Cordilliere (1), & il reste dans les missions portugaises à faire le commerce. Remarquez qu'outre divers effets dont je l'avois chargé pour m'en procurer le débit, je lui avois remis plus que suffisamment de quoi subvenir aux dépenses du voyage dans les missions d'Espagne. Malgré sa mauvaise manœuvre, un bruit vague se répandit dans la province de Quito, & parvint jusqu'à madame Godin, qu'il étoit venu non-seulement des lettres pour elle, qui avoient été remises à un père Jésuite, mais qu'il étoit arrivé, dans les missions les plus hautes de Portugal, une barque armée par ordre de sa majesté

(1) La chaîne de hautes montagnes, connues sous le nom de *Cordillière des Andes*, qui traverse toute l'Amérique méridionale du nord au sud.

portugaise, pour la transporter à Cayenne. Son frère, religieux de Saint-Augustin, conjointement avec le père Férol, provincial de l'ordre de Saint Dominique, firent de grandes instances au provincial des Jésuites pour recouvrer ces lettres. Le Jésuite comparut, & dit les avoir remises à un autre; celui-ci se disculpa de la même manière, sur ce qu'il en avoit chargé un troisième; mais quelques diligences qu'on pût faire, le paquet n'a jamais paru. Je vous laisse à penser l'inquiétude où se trouva ma femme, sans savoir le parti qu'elle avoit à prendre. On parloit diversement dans le pays de cet armement; les uns y ajoutoient foi, les autres doutoient de sa réalité. Se déterminer à faire une si longue route, arranger en conséquence ses affaires domestiques, vendre les meubles d'une maison, sans aucune certitude, c'étoit mettre tout au hasard. Enfin, pour savoir à quoi s'en tenir, madame Godin résolut d'envoyer aux missions un nègre d'une fidélité éprouvée. Le nègre part avec quelques Indiens de compagnie; & après avoir fait une partie du chemin, il est arrêté & obligé de revenir chez sa maîtresse, qui l'expédia une seconde fois avec de nouveaux ordres & de plus grandes précautions. Le nègre retourne, surmonte les obstacles, arrive à Loreto, voit Tristan, & lui parle; il revient avec la nouvelle que l'armement du roi de Portugal étoit certain, & que Tristan étoit à Lorèto. Madame Godin se détermina pour lors à se mettre en chemin; elle vendit ce qu'elle put de ses meubles, laissa le reste, ainsi que sa maison de Riobamba, le jardin & les terres de Guaslén, un autre bien entre Galté & Maguazo, à son beau-frère. On peut juger du long tems qui s'écoula depuis le mois de Septembre 1766, que les lettres furent remises au Jésuite, par le tems qu'exigèrent le voyage de ce père à Quito, les recherches pour retrouver le paquet passé de main en main, l'éclaircissement des bruits répandus dans la province de Quito, & parvenus à madame Godin à Riobamba, ses incertitudes, les deux voyages de son nègre à Lorèto, son retour à Riobamba, la vente des effets d'une maison, & les préparatifs d'un si long voyage; aussi ne put-elle partir de Riobamba, quarante lieues au sud de Quito, que le premier Octobre 1769.

Le bruit de l'armement portugais s'étoit entendu jusqu'à Guayaquil & sur les bords de la mer du Sud, puisque le sieur R...., soi-disant médecin François, qui revenoit du Haut-Pérou, & alloit à Panama ou Porto-Bello, chercher un embarquement pour passer à Saint-Domingue ou à la Martinique, ou du moins à la Havane, & de-là en Europe, ayant fait échelle dans le Golfe de Guyaquil, à la pointe Sainte-Helène, apprit qu'une dame de Riobamba se disposoit à partir pour le fleuve des Amazones, & s'y embarquer sur un bâtiment armé par ordre du roi de Portugal, pour la conduire à Cayenne. Il changea aussi-tôt de route, monta la rivière de Guyaquil, & vint à Riobamba demander à madame Godin qu'elle voulût bien lui accorder passage, lui promettant qu'il veilleroit sur sa santé ; & auroit pour elle toutes sortes d'attentions. Elle lui répondit d'abord qu'elle ne pouvoit pas disposer du bâtiment qui étoit venu la chercher. Le sieur R.... eut recours aux deux frères de madame Godin, qui firent tant d'instances à leur sœur, en lui représentant qu'un médecin pouvoit lui être utile dans une si longue route, qu'elle consentit à l'admettre dans sa compagnie. Ses deux frères, qui partoient aussi pour l'Europe, ne balancèrent pas à suivre leur sœur, pour se rendre plus promptement, l'un à Rome où les affaires de son ordre l'appeloient, l'autre en Espagne, pour ses affaires particulières. Celui-ci amenoit un fils de neuf à dix ans, qu'il vouloit faire élever en France. M. de Grandmaison, mon beau-père, avoit déjà pris les devants, pour tout disposer sur la route de sa fille, jusqu'au lieu de l'embarquement au-delà de la grande Cordelière. Il se trouva d'abord des difficultés de la part du président & capitaine-général de la province de Quito. Vous savez, monsieur, que la voie de l'Amazone est défendue par le roi d'Espagne; mais les difficultés furent bientôt levées. J'avois apporté à mon retour de Carthagène, où j'avois été envoyé en 1740, pour les affaires de notre compagnie, un passe-port du vice-roi de Santa-Fé, don Sébastien de Esclava, qui nous laissoit la liberté de prendre la route qui nous paroîtroit la plus convenable ; aussi le gouverneur Espagnol de la province de Maïnas & d'Omagnas, prévenu de l'arrivée de mon épouse, eut la politesse d'envoyer à sa rencontre un canot avec des rafraîchissemens, comme fruits, laitage, &c. qui l'atteignit à peu de distance de la peuplade d'Omagnas; mais quelles traverses, quelles horreurs devoient précéder cet heureux moment! Elle partit de Riobamba, lieu de sa résidence, avec son escorte, le premier Octobre 1769; ils arrivèrent à Canélos, lieu de l'embarquement, sur la petite rivière de Bobonasa, qui tombe dans celle de Pastasa, & celle-ci dans l'Amazone. M. de Grandmaison qui les précéda d'environ un mois, avoit trouvé le village de Canélos peuplé de ses habitans, & s'étoit aussi-tôt embarqué pour continuer sa route, & prévenir des équipages à l'arrivée de sa fille dans tous les lieux de son passage. Comme il la savoit bien accompagnée de ses frères, d'un médecin, de son nègre & de trois domestiques, mulâtresses ou Indiennes, il avoit continué sa route jusqu'aux missions portugaises. Dans cet intervalle, une épidémie de petite vérole, maladie que les Européens ont portée en Amérique, & plus funeste aux Indiens, que la peste, qu'ils ne connoissent pas, ne l'est au levant, avoit fait déserter tous les habitans du village de Canélos, qui avoient vu mourir ceux que ce mal avoit attaqués les premiers ; les autres s'étoient dispersés au loin dans les bois, où chacun d'eux avoit son abattis ; c'est leur maison de campagne. Ma femme étoit partie avec une escorte de trente-un Indiens, pour la porter elle & son bagage. Vous savez que le chemin, le même qu'avoit pris don Pedro Maldonado, aussi parti de Riobamba pour se rendre à la Laguna, où vous vous étiez donné rendez-vous, que ce chemin, dis-je, n'est pas praticable, même pour des mulets ; que les hommes en état de marcher le font à pied, & que les autres se font porter. Les Indiens que madame Godin avoit amenés, & qui étoient payés d'avance, suivant la mauvaise coutume du pays, à laquelle la méfiance quelquefois bien fondée de ces malheureux, a donné lieu, à peine arrivés à Canélos, retournent sur leurs pas, soit par la crainte du mauvais air, soit de peur qu'on ne les obligeât de s'embarquer, eux qui n'avoient jamais vu un canot que de loin. Il ne faut pas même chercher de si bonnes raisons pour leur désertion; vous savez, monsieur, combien de fois ils nous ont abandonnés sur nos montagnes, sans le moindre prétexte, pendant le cours de nos opérations. Quel parti pouvoit prendre ma femme en cette circonstance? Quand il lui eût été possible de rebrousser chemin, le desir d'aller joindre cette barque disposée pour la recevoir par ordre de deux souverains, celui de revoir un époux après vingt ans d'absence, lui firent braver tous les obstacles dans l'extrémité où elle se voyoit réduite.

Il ne restoit plus dans le village que deux Indiens échappés à la contagion; ils étoient sans canot. Ils promirent de lui en faire un, & de la conduire à la mission d'Andoas, environ douze journées plus bas, en descendant la rivière de Bobonasa, distance qu'on peut estimer de cent quarante à cent cinquante lieues. Elle les paya d'avance; le canot achevé, ils partent tous de
Canélos;

Canélos; ils naviguent deux jours : on s'arrête pour passer la nuit. Le lendemain matin, les deux Indiens avoient disparu; la troupe infortunée se rembarque sans guide, & la première journée se passe sans accident. Le lendemain, sur le midi, ils rencontrent un canot arrêté dans un petit port voisin d'un carbet (1). Ils trouvent un Indien convalescent, qui consentit d'aller avec eux, & de tenir le gouvernail. Le troisième jour, voulant ramasser le chapeau du sieur R...., qui étoit tombé à l'eau, l'Indien y tombe lui-même; il n'a pas la force de gagner le bord, & se noye. Voilà le canot dénué de gouvernail, & conduit par des gens qui ignoroient la moindre manœuvre : aussi fut-il bientôt inondé ; ce qui les obligea de mettre à terre, & d'y faire un carbet. Ils n'étoient plus qu'à cinq ou six journées d'Andoas. Le sieur R.... s'offrit à y aller, & partit avec un autre François de sa compagnie, & le fidèle nègre de madame Godin, qu'elle leur donna pour les aider. Le sieur R...... eut grand soin d'emporter ses effets. J'ai reproché depuis à

---

(1) C'est le nom que l'on donne, dans nos colonies des îles & en Canada, aux feuillées qui servent d'habitations aux sauvages, & d'abri aux voyageurs. Les Espagnols leur donnent le nom de *Ranche*.

mon épouse de n'avoir pas envoyé aussi un de ses frères avec le sieur R..... chercher du secours à Andoas ; elle m'a répondu que ni l'un ni l'autre n'avoient voulu se rembarquer dans le canot, après l'accident qui leur étoit arrivé. Le sieur R.... avoit promis, en partant, à madame Godin & à ses frères, que, sous quinze jours, ils recevroient un canot & des Indiens. Au lieu de quinze, ils en attendirent vingt-cinq ; & ayant perdu l'espérance à cet égard, ils firent un radeau sur lequel ils se mirent avec quelques vivres & effets. Ce radeau, mal conduit aussi, heurta contre une branche submergée, & tourna. Effets perdus, & tout le monde à l'eau. Personne ne périt, graces au peu de largeur de la rivière en cet endroit. Madame Godin, après avoir plongé deux fois, fut sauvée par ses frères. Réduits à une situation encore plus triste que la première, ils résolurent tous de suivre à pied le bord de la rivière. Quelle entreprise ! Vous savez, monsieur, que les bords de ces rivières sont garnis d'un bois fourré d'herbes, de lianes & d'arbustes, où l'on ne peut se faire jour que la serpe à la main, en perdant beaucoup de tems. Ils retournent à leur carbet, prennent les vivres qu'ils y avoient laissés, & se mettent en route à pied. Ils s'apperçoivent, en suivant le bord de la rivière, que fes finuofités alongent beaucoup leur chemin : ils entrent dans le bois pour les éviter, &, peu de jours après, ils s'y perdent. Fatigués de tant de marches dans l'âpreté d'un bois si incommode pour ceux même qui y font faits, bleffés aux pieds par les ronces & les épines, leurs vivres finis, preffés par la foif, ils n'avoient d'autres reffources que quelques graines, fruits fauvages, & choux palmiftes. Enfin, épuifés par la faim, l'altération, la laffitude, les forces leur manquent, ils fuccombent, ils s'affeyent, & ne peuvent plus fe relever. Là ils attendent leurs derniers momens : en trois ou quatre jours, ils expirent l'un après l'autre. Madame Godin, étendue à côté de fes frères & de ces autres cadavres, refta deux fois vingt-quatre heures étourdie, égarée, anéantie, & cependant tourmentée d'une foif ardente. Enfin, la providence, qui vouloit la conferver, lui donna le courage & la force de fe traîner, & d'aller chercher le falut qui l'attendoit. Elle fe trouvoit fans chauffure, demi-nue : deux mantilles & une chemife en lambeaux par les ronces, la couvroient à peine. Elle coupa les fouliers de fes frères, & s'en attacha les femelles aux pieds. Ce fut à peu près du 25 au 30 Décembre 1769, que cette troupe infortunée périt au nombre de fept. J'en juge par des dates poftérieures, bien constatées ; & sur ce que la seule victime, échappée à la mort, m'a dit que ce fut neuf jours après avoir quitté le lieu où elle avoit vu ses frères & ses domestiques rendre les derniers soupirs, qu'elle parvint au bord du Bobonasa. Il est fort vraisemblable que ce tems lui parut très-long. Comment, dans cet état d'épuisement & de disette, une femme délicatement élevée, réduite à cette extrémité, put-elle conserver sa vie, ne fût-ce que quatre jours ? Elle m'a assuré qu'elle a été seule dans le bois dix jours, dont deux à côté de ses frères, attendant elle-même son dernier moment, & les autres huit, à se traîner çà & là. Le souvenir du long & affreux spectacle dont elle avoit été témoin, l'horreur de la solitude & de la nuit dans un désert, la frayeur de la mort toujours présente à ses yeux, frayeur que chaque instant devoit redoubler, firent sur elle une telle impression, que ses cheveux blanchirent. Le deuxième jour de sa marche, qui ne pouvoit pas être considérable, elle trouva de l'eau ; &, les jours suivans, quelques fruits sauvages & quelques œufs verts qu'elle ne connoissoit pas, mais que j'ai reconnus, par la description qu'elle m'en a faite, pour des œufs de perdrix (1). A peine elle pouvoit

---

(1) C'est du moins le nom que donnent les Espagnols à

avaler, tant l'œsophage s'étoit rétréci par la privation des alimens. Ceux que le hasard lui faisoit rencontrer, suffirent pour substanter son squelette. Il étoit tems que le secours qui lui étoit réservé parût.

Si vous lisiez dans un roman, qu'une femme délicate, accoutumée à jouir de toutes les commodités de la vie, précipitée dans une rivière, retirée à demi-noyée, s'enfonce dans un bois elle huitième, sans route, & y marche plusieurs semaines, se perd, souffre la faim, la soif, la fatigue, jusqu'à l'épuisement, voit expirer ses deux frères beaucoup plus robustes qu'elle, un neveu à peine sorti de l'enfance, trois jeunes femmes, ses domestiques, un jeune valet du médecin qui avoit pris les devants; qu'elle survit à cette catastrophe; qu'elle reste seule deux jours & deux nuits entre ces cadavres, dans des cantons où abondent les tigres & beaucoup de serpens très-dangereux (1), sans avoir jamais

---

ce gibier, assez commun dans le pays chaud de l'Amérique.

(1) J'ai vu dans ces quartiers, des Onces, sorte de tigre noir la plus féroce. Il y a aussi, en serpens, des espèces les plus venimeuses, telle que le serpent à sonnette, celle que les Espagnols nomment *Corat*, & le fameux Balalao, qu'on nomme à Cayenne *Serpent Grage*.

rencontré un seul de ces animaux ; qu'elle se relève, se met en chemin, couverte de lambeaux, errante dans un bois sans route, jusqu'au huitième jour qu'elle se trouva sur le bord du Bobonasa, vous accuseriez l'auteur du roman, de manquer à la vraisemblance ; mais un historien ne doit à son lecteur que la simple vérité. Elle est attestée par les lettres originales, que j'ai entre les mains, de plusieurs missionnaires de l'Amazone, qui ont pris part à ce triste évènement, dont je n'ai eu d'ailleurs que trop de preuves, comme vous le verrez par la suite de ce récit. Ces malheurs ne seroient point arrivés, si Tristan n'eût pas été un commissionnaire infidèle. Si, au lieu de s'arrêter à Loreto, il avoit porté mes lettres au supérieur à la Laguna, mon épouse eût trouvé, comme son père, le village de Canélos peuplé d'Indiens, & un canot prêt pour continuer sa route.

Ce fut donc le huit ou neuvième jour, suivant le compte de madame Godin, qu'après avoir quitté le lieu de la scène funeste, elle se trouva sur les bords du Bobonasa à la pointe du jour ; elle entendit du bruit à environ deux cens pas d'elle. Un premier mouvement de frayeur la fit d'abord se renfoncer dans le bois ; mais faisant réflexion que rien ne pouvoit lui arriver de pis que fon état actuel, & qu'elle n'avoit par conféquent rien à craindre, elle gagna le bord, & vit deux Indiens qui pouſſoient un canot à l'eau. Il eſt d'uſage, l'orſqu'on met à terre pour faire nuit, d'échouer en tout ou en partie les canots, pour éviter les accidens. Et en effet, un canot à flot pendant la nuit, & dont l'amarre cefferoit, s'en iroit à la dérive; & que deviendroient ceux qui dorment tranquillement à terre? Les Indiens apperçurent de leur côté madame Godin, & vinrent à elle. Elle les conjura de la conduire à Andoas. Ces Indiens, retirés depuis long-tems de Canélos avec leurs femmes pour la contagion de la petite vérole, venoient d'un abattis qu'ils avoient au loin, & deſcendoient à Andoas. Ils reçurent mon époufe avec des témoignages d'affection, la foignèrent & la conduifirent à ce village. Elle auroit pu s'arrêter quelques jours, pour fe repofer, & l'on peut juger qu'elle en avoit grand befoin; mais indignée du procédé du miſſionnaire à la merci duquel elle fe trouvoit livrée, & avec lequel, pour cette raifon même, elle fe vit obligée de diffimuler, elle ne voulut pas prolonger fon féjour à Andoas, & n'y eût pas même paffé la nuit, s'il lui eût été poffible d'agir autrement.

Il venoit d'arriver une grande révolution dans

les missions de l'Amérique espagnole, dépendantes de Lima, de Quito, de Charcas & du Paraguay, desservies & fondées par les Jésuites depuis un & plusieurs siècles. Un ordre imprévu de la cour de Madrid, les avoit expulsés de tous leurs collèges & de leurs missions. Ils avoient tous été arrêtés, embarqués & envoyés dans l'état du pape. Cet évènement n'avoit pas causé plus de trouble que n'eût fait le changement d'un vicaire de village. Les Jésuites avoient été remplacés par des prêtres séculiers. Tel étoit celui qui remplissoit les fonctions des missionnaires à Andoas, & dont je cherche à oublier le nom. Madame Godin, dénuée de tout, & ne sachant comment témoigner sa reconnoissance aux deux Indiens qui lui avoient sauvé la vie, se souvint qu'elle avoit au col, suivant l'usage du pays, deux chaînes d'or du poids d'environ quatre onces ; elle en donna une à chaque Indien, qui crut voir les cieux ouverts ; mais le missionnaire, en sa présence même, s'empara des deux chaînes, & les remplaça, en donnant aux Indiens trois ou quatre aunes de cette grosse toile de coton fort claire, que vous savez qui se fabrique dans le pays, & qu'on nomme *tucuyo*. Ma femme fut si irritée de cette inhumanité, qu'elle demanda à l'instant même un canot & un équipage, &

partit dès le lendemain pour la Laguna. Une Indienne d'Andoas lui fit un jupon de coton, qu'elle envoya payer dès qu'elle fut arrivée à Laguna, & qu'elle conserve précieusement, ainsi que les semelles des souliers de ses frères, dont elle s'étoit fait des sandales : triste monument qui m'est devenu cher ainsi qu'à elle.

Pendant qu'elle erroit dans les bois, son fidèle nègre remontoit la rivière avec les Indiens d'Andoas, qu'il amenoit à son secours. Le sieur R....., plus occupé de ses affaires personnelles, que de presser l'expédition du canot qui devoit rendre la vie à ses bienfaiteurs, à peine arrivé à Andoas, en étoit parti avec son camarade & son bagage, & s'étoit rendu à Omagnas. Le nègre arrivé au carbet, où il avoit laissé sa maîtresse & ses frères, suivit leur trace dans les bois, avec les Indiens du canot, jusqu'à la rencontre des corps morts déjà infects & méconnoissables. A cet aspect, persuadés qu'aucun n'avoit échappé à la mort, le nègre & les Indiens reprirent le chemin du carbet, recueillirent tout ce qu'on y avoit laissé, & revinrent à Andoas avant que ma femme y fût arrivée. Le nègre à qui il ne restoit plus de doute sur la mort de sa maîtresse, alla trouver le sieur R..... à Omagnas, & lui remit tous les effets dont il s'étoit chargé. Celui-ci n'ignoroit pas que M. de

Grandmaison, arrivé à Lorèto, y attendoit ses enfans avec impatience. Une lettre de Tristan que j'avois entre les mains, prouve même que mon beau-père, informé de l'arrivée du nègre Joachim, recommandoit à Tristan de l'aller chercher & de le lui amener; mais ni Tristan ni le sieur R..... ne jugèrent pas à propos de satisfaire mon beau-père; & loin de se conformer à son desir, le sieur R....., de son autorité, renvoya le nègre à Quito, en gardant les effets qu'il avoit rapportés.

Vous savez, monsieur, que la Laguna n'est pas située sur le bord de l'Amazone, mais à quelques lieues en remontant le Guallaga, l'une des rivières qui grossissent ce fleuve de leurs eaux. Joachim congédié par le sieur R...., n'eut garde d'aller rechercher à la Laguna sa maîtresse qu'il croyoit morte. Il retourna droit à Quito; ce nègre étoit perdu pour elle & pour moi. Vous n'imagineriez pas quelle raison m'a depuis alléguée le sieur R.... pour se disculper d'avoir renvoyé un domestique fidèle, & qui nous étoit si nécessaire. « Je craignois, me dit-il, qu'il ne » m'assassinât ». Qui pouvoit, lui répliquai-je, vous donner un tel soupçon d'un homme dont vous connoissez le zèle & la fidélité; & qui avoit navigué avec vous pendant long tems? Si vous craigniez qu'il ne vous vît de mauvais œil, & qu'il ne vous imputât la mort de sa maîtresse, que ne l'envoyiez-vous à M. de Grandmaison, qui le réclamoit, & qui n'étoit pas loin de vous ? Que ne le faisiez-vous au moins mettre aux fers ? Vous étiez chez le gouverneur d'Omagnas, qui vous auroit prêté main-forte. J'ai de tout cela un certificat de M. d'Albanet, commandeur d'Oyapok, en présence de qui je fis ces reproches au sieur R..., & ce certificat est légalisé par le juge de Cayenne.

Pendant ce tems, madame Godin, avec le canot & les Indiens d'Andoas, étoit arrivée à la Laguna, où elle fut reçue avec toute l'affabilité possible par le docteur Roméro, nouveau supérieur des missions, qui, par ses bons traitemens pendant environ six semaines qu'elle y séjourna, n'oublia rien pour rétablir sa santé fort altérée, & pour la distraire du souvenir de ses malheurs. Le premier soin du docteur Roméro fut de dépêcher un exprès au gouverneur d'Omagnas, pour lui donner avis de l'arrivée de madame Godin, & de l'état de langueur où elle se trouvoit. Sur cette nouvelle, le sieur R...., qui lui avoit promis tous ses soins, ne put se dispenser de la venir trouver, & lui apporta quatre assiettes d'argent, un pot à boire, une jupe de velours, une de perſienne, une autre de taffetas, quelques linge & nippes, tant à elle qu'à ſes frères, en ajoutant que tout le reſte étoit pourri. Il oublioit que des bracelets d'or, que des tabatières, des reliquaires d'or, & des pendans d'oreilles d'émeraudes ne pourriſſent point, non plus que d'autres effets de cette nature, ou qui ſont dans le même cas. Si vous m'aviez ramené mon nègre, ajouta madame Godin, je ſaurois de lui ce qu'il a fait des effets qu'il a dû trouver dans le carbet. A qui voulez-vous que j'en demande compte? Allez, monſieur, il ne m'eſt pas poſſible d'oublier que vous êtes l'auteur de mes malheurs & de mes pertes ; prenez votre parti, je ne puis plus vous garder en ma compagnie. Mon épouſe n'étoit que trop bien fondée ; mais les inſtances de M. Roméro, à qui elle n'avoit rien à refuſer, & qui lui repréſenta que ſi elle abandonnoit le ſieur R....., il ne ſauroit que devenir, triomphèrent de ſa répugnance, & elle conſentit enfin à permettre au ſieur R.... de la ſuivre.

Quand madame Godin fut un peu rétablie, M. Roméro écrivit à M. de Grandmaiſon qu'elle étoit hors de danger, qu'il eût à lui envoyer Triſtan, pour la conduire à bord de la barque de Portugal. Il écrivit auſſi au gouverneur, qu'il avoit repréſenté à madame Godin, dont il loüoit le courage & la piété, qu'elle ne faisoit que de commencer un long & pénible voyage, quoiqu'elle eût déjà fait quatre cens lieues & plus; qu'il lui en restoit quatre ou cinq fois autant jusqu'à Cayenne; qu'à peine échappée à la mort, elle alloit s'exposer à de nouveaux risques; qu'il lui avoit offert de la faire reconduire en toute sûreté à Riobamba sa résidence; mais qu'elle lui avoit répondu qu'elle étoit étonnée de la proposition qu'il lui faisoit; que Dieu l'avoit préservée seule des périls où tous les siens avoient succombé; qu'elle n'avoit d'autre désir que de joindre son mari; qu'elle ne s'étoit mise en route qu'à cette intention, & qu'elle croiroit contrarier les vues de la providence, en rendant inutile l'assistance qu'elle avoit reçue de ses deux chers Indiens & de leurs femmes, ainsi que tous les secours que lui-même, M. Roméro, lui avoit prodigués; qu'elle leur devoit la vie à tous, & que Dieu seul pouvoit les récompenser. Ma femme m'a toujours été chère; mais de pareils sentimens m'ont fait ajouter le respect à la tendresse. Tristan n'arrivant point, M. Roméro, après l'avoir attendu inutilement, arma un canot, & donna ordre de conduire madame Godin à bord du bâtiment du roi de Portugal, sans s'arrêter en aucun endroit. Ce fut alors que le gouverneur d'Omagnas, sachant qu'elle descendoit le fleuve, & ne devoit mettre à terre nulle part, envoya un canot à sa rencontre, avec quelques rafraîchissemens.

Le commandant Portugais, M. de Rebello, en ayant eu avis, fit armer une pirogue commandée par deux de ses soldats, & munie de provisions, avec ordre d'aller au-devant de madame Godin. Ils la joignirent au village de Pévas. Cet officier, pour remplir plus exactement encore les ordres du roi son maître, fit remonter avec beaucoup de peine son bâtiment, en doublant les rameurs, jusqu'à la mission espagnole de Lorèto, où il la reçut à son bord. Elle m'a assuré que, depuis ce moment jusqu'à Oyapok, pendant le cours d'environ mille lieues, rien ne lui manqua pour les commodités les plus recherchées, ni pour la chère la plus délicate ; à quoi elle ne pouvoit s'attendre, ce qui n'a peut-être pas d'exemple dans une pareille navigation, provisions de vins & de liqueurs pour elle, dont elle ne fait aucun usage, abondance de gibier & de poisson, au moyen de deux canots qui prenoient les devants de la galiote. M. le gouverneur du Para avoit envoyé des ordres dans la plupart des postes, & de nouveaux rafraîchissemens.

J'oubliois de vous dire que les souffrances de mon épouse n'étoient pas finies; qu'elle avoit le pouce d'une main en fort mauvais état. Les épines qui y étoient entrées dans le bois, & qu'on n'avoit pu encore extirper, y avoient formé un abcès; le tendon & l'os même étoient endommagés. On parloit de lui couper le pouce. Cependant, à force de soins & de topiques, elle en fut quitte pour les douleurs de l'opération, par laquelle on lui tira quelques esquilles à San-Pablo, & pour la perte du mouvement de l'articulation du pouce. La galiote continua sa route à la forteresse de Curupa, que vous connoissez, à soixante lieues environ au-dessus du Para. M. de Martel, chevalier de l'ordre du Christ, major de la garnison du Para, y arriva le lendemain par ordre du gouverneur, pour prendre le commandement de la galiote, & conduire madame Godin au fort d'Oyapok. Peu après le débouquement du fleuve, dans un endroit de la côte où les courans sont très-violens (1), il perdit une de ses ancres; & comme il eût été imprudent de s'exposer avec une seule, il envoya sa chaloupe à Oyapok chercher du secours, qui lui fut

---

(1) A l'embouchure d'une rivière dont le nom indien, corrompu à Cayenne, est le Carapa-ourri.

aussi-tôt envoyé. A cette nouvelle, je sortis du port d'Oyapok, sur une galiote qui m'appartenoit, avec laquelle j'allai croiser sur la côte, à la rencontre du bâtiment que j'atteignis, le quatrième jour, par le travers de Mayacaré; & ce fut sur son bord, qu'après vingt ans d'absence, d'alarmes, de traverses & de malheurs réciproques; je rejoignis une épouse chérie, que je ne me flattois plus de revoir. J'oubliai, dans ses embrassemens, la perte des fruits de notre union, dont je me félicite même, puisqu'une mort prématurée les a préservés du sort funeste qui les attendoit, ainsi que leurs oncles, dans les bois de Canélos, sous les yeux de leur mère, qui n'auroit sûrement pas survécu à ce spectacle (1). Nous mouillâmes à Oyapok, le 22 Juillet 1770. Je trouvai en M. de Martel un officier aussi distingué par ses connoissances, que par les avantages extérieurs. Il possède presque toutes les langues de l'Europe, la latine même fort bien,

---

(1) Ma dernière fille étoit morte de la petite vérole, dix-huit mois avant le départ de sa mère, de Riobamba, âgée de dix-huit à dix-neuf ans. Elle étoit née trois mois après mon départ de la province de Quitto; & c'est par une de vos lettres de Paris, que j'en reçus la nouvelle à Cayenne, en 1752.

&

& pourroit briller sur un plus grand théâtre que le Para. Il est d'origine françoise, de l'illustre famille dont il porte le nom. J'eus le plaisir de le posséder pendant quinze jours à Oyapok, où M. de Fiedmond, gouverneur de Cayenne, à qui le commandant d'Oyapok donna avis de son arrivée par un exprès, dépêcha aussi-tôt un bateau avec des rafraîchissemens. On donna au bâtiment portugais une carène dont il avoit besoin, & une voiture propre à remonter la côte contre les courans. M. le commandant d'Oyapok donna à M. de Martel un pilote-côtier, pour l'accompagner jusqu'à la frontière. Je me proposois de le conduire jusque-là dans ma galiote; mais il ne me permit pas de le suivre plus loin que le cap d'Orange. Je le quittai avec tous les sentimens que m'avoient inspirés, ainsi qu'à mon épouse, les procédés nobles & les attentions fines qu'elle & moi avions éprouvés de cet officier & de sa généreuse nation. J'y avois été préparé dès mon précédent voyage.

J'aurois dû vous dire plutôt, qu'en descendant l'Amazone, en l'année 1749, sans autre recommandation pour les Portugais, que le souvenir de la nouvelle que vous aviez répandue à votre passage en 1743, qu'un de vos compagnons de voyage prendroit la même route que vous, je fus reçu dans tous les établissemens du Portugal, par les missionnaires & tous les commandans des forts, avec toute l'affabilité possible. J'avois fait, en passant à San-Pablo, l'acquisition d'un canot, sur lequel j'avois descendu le fleuve jusqu'au fort de Curupa, d'où j'écrivis au gouverneur du grand Para, M. François Mendoza Gorjaô, pour lui faire part de mon arrivée, & lui demander la permission de passer de Curupa à Cayenne, où je comptois me rendre en droiture. Il m'honora d'une réponse si polie, que je n'hésitai pas de quitter ma route, & à prendre un très-long détour pour l'aller remercier, & lui rendre mes devoirs. Il me reçut à bras ouverts, me logea, ne permit pas que j'eusse d'autre table que la sienne, me retint huit jours, & ne voulut pas me laisser partir avant qu'il ne partît lui-même pour Saint-Louis de Maranao, où il alloit faire sa tournée. Après son départ, je remontai à Curupa, avec mon canot, escorté d'un autre plus grand, que m'avoit donné le commandant de ce fort, pour descendre au Para, qui, comme vous l'avez remarqué, est sur une grande rivière, qu'on a prise mal-à-propos pour le bras droit de l'Amazone, avec laquelle la rivière de Para communique par un canal naturel, creusé par les marées, qu'on nomme *Tagipuru*. Je trouvai à

Curupa une grande pirogue qui m'attendoit, armée par ordre du gouverneur de Para, commandée par un sergent de la garnison, & armée de quatorze hommes, pour me conduire à Cayenne, où je me rendis à Macapa, en côtoyant la rive gauche de l'Amazone jusqu'à son embouchure, sans faire, comme vous, le tour de la grande île de Joannes ou de Marajo. Après un pareil traitement, reçu sans recommandation expresse, à quoi ne devois-je pas m'attendre depuis que S. M. T. S. avoit daigné donner des ordres précis pour expédier un bâtiment jusqu'à la frontière de ses états, & destiné à recevoir ma famille, pour la transporter à Cayenne?

Je reviens à mon récit. Après avoir pris congé de M. de Martel sur le cap d'Orange, avec toutes les démonstrations d'usage en pareil cas entre les marins, je revins à Oyapok, d'où je me rendis à Cayenne.

Il ne me manquoit plus que d'avoir un procès que j'ai gagné bien inutilement. Tristan me demandoit le salaire que je lui avois promis de 60 livres par mois. J'offris de lui payer dix-huit mois, qui étoient le tems au plus qu'auroit duré son voyage, s'il eût exécuté sa commission. Un arrêt du conseil supérieur de Cayenne, du 7 Janvier dernier, l'a condamné à me rendre compte de sept à huit mille francs d'effets que je lui avois remis, déduction faite de mil quatre-vingt livres que je lui offrois pour dix-huit mois de salaire entre nous convenus : mais ce malheureux, après avoir abusé de ma confiance, après avoir causé la mort de huit personnes, en comptant l'Indien noyé, & tous les malheurs de mon épouse; après avoir dissipé tout le produit des effets que je lui avois confiés, restoit insolvable, & je n'ai pas cru devoir augmenter mes pertes, en le nourrissant en prison.

Je crois, monsieur, avoir satisfait à ce que vous désiriez. Les détails où je viens d'entrer m'ont beaucoup coûté, en me rappelant de douloureux souvenirs. Le procès contre Tristan, & les maladies de ma femme depuis son arrivée à Cayenne, qui n'étoient que la suite de ce qu'elle avoit souffert, ne m'ont pas permis de l'exposer, plutôt que cette année, à un voyage de long cours par mer. Elle est actuellement avec son père dans le sein de ma famille, où ils ont été reçus avec tendresse. M. de Grandmaison ne songeoit pas à venir en France; il ne vouloit que remettre sa fille à bord du bâtiment portugais; mais, se voyant dans un âge avancé, sans enfans, pénétré de la plus vive douleur, il abandonna tout, & s'embarqua avec elle, chargeant son autre gendre, le sieur Savala, résident aussi à Riobamba, des effets qu'il y avoit laissés. Quelques soins que l'on se donne pour égayer mon épouse, elle est toujours triste : ses malheurs lui sont toujours présens. Que ne ma-t il pas coûté pour tirer d'elle les éclaircissemens dont j'avois besoin, pour les exposer à mes juges dans le cours de mon procès ! Je conçois même qu'elle ma tu, par délicatesse, des détails dont elle voudroit perdre le souvenir, & qui ne pouvoient que m'affliger. Elle ne vouloit pas même que je poursuivisse Tristan, laissant encore agir sa compassion, & suivant les mouvemens de sa pitié envers un homme si mal-honnête, & si injuste.

Fin du douzième Volume.

TABLE
DES
VOYAGES IMAGINAIRES
CONTENUS DANS CE VOLUME.

AVERTISSEMENT DE L'ÉDITEUR, page 1

AVENTURES D'UN ESPAGNOL, 7

RELATION DU NAUFRAGE D'UN VAISSEAU HOLLANDOIS, 75

PRÉFACE 213

NAUFRAGE ET AVENTURES DE M. PIERRE VIAUD, CAPITAINE DE NAVIRE, 225

RELATION DU NAUFRAGE DE MADAME GODIN, SUR LA RIVIERE DES AMAZONES, 387

Fin de la Table.

www.ingramcontent.com/pod-product-compliance
Lightning Source LLC
Chambersburg PA
CBHW050918230426
43666CB00010B/2230